UTB 2970

Eine Arbeitsgemeinschaft der Verlage

Böhlau Verlag · Köln · Weimar · Wien
Verlag Barbara Budrich · Opladen · Farmington Hills
facultas.wuv · Wien
Wilhelm Fink · München
A. Francke Verlag · Tübingen und Basel
Haupt Verlag · Bern · Stuttgart · Wien
Julius Klinkhardt Verlagsbuchhandlung · Bad Heilbrunn
Lucius & Lucius Verlagsgesellschaft · Stuttgart
Mohr Siebeck · Tübingen
Nomos Verlagsgesellschaft · Baden-Baden
Orell Füssli Verlag · Zürich
Ernst Reinhardt Verlag · München · Basel
Ferdinand Schöningh · Paderborn · München · Wien · Zürich
Eugen Ulmer Verlag · Stuttgart
UVK Verlagsgesellschaft · Konstanz
Vandenhoeck & Ruprecht · Göttingen · Oakville
vdf Hochschulverlag AG an der ETH Zürich

Christian Ranacher/Fritz Staudigl

Einführung in das EU-Recht

Institutionen, Recht und Politiken der Europäischen Union

2., überarbeitete Auflage 2010

facultas.wuv

Christian Ranacher,
Dr., MAS, ist Vorstand der Abteilung Verfassungsdienst des Amtes der Tiroler Landesregierung, zu deren Wirkungsbereich rechtliche Angelegenheiten der EU gehören. Er lehrt am Institut für Öffentliches Recht, Staats- und Verwaltungslehre der Universität Innsbruck.

Fritz Staudigl,
Dr., LL.M., ist Vorstand der Abteilung Außenbeziehungen des Amtes der Tiroler Landesregierung und verantwortlich für die Vertretung des Landes Tirol bei der Europäischen Union. Er lehrt am Institut für Politikwissenschaften der Universität Innsbruck.

Bibliografische Information Der Deutschen Nationalbibliothek

Die Deutsche Nationalbibliothek verzeichnet diese Publikation in der Deutschen Nationalbibliografie; detaillierte bibliografische Daten sind im Internet über http://dnb.d-nb.de abrufbar.

facultas.wuv Universitätsverlag, Berggasse 5, 1090 Wien, Österreich

Satz und Druck: Facultas Verlags- und Buchhandels AG
Einbandgestaltung: Atelier Reichert, Stuttgart
Printed in Austria
ISBN 978-3-8252-2970-2

Vorwort zur 2. Auflage

Die erste Auflage des vorliegenden Kurzlehrbuches hat eine erfreulich gute Aufnahme gefunden, insbesondere auch auf Universitäten und Fachhochschulen. Der mit 1. Dezember 2009 in Kraft getretenen Vertrag von Lissabon hat nun die Rechtsordnung, die Struktur und das institutionelle Gefüge der EU großteils völlig neu gestaltet und daher eine umfassende Neubearbeitung erforderlich gemacht. Dabei wurde das Konzept der ersten Auflage beibehalten. Das Buch will also wie bisher in fünf übersichtlichen Kapiteln Aufschluss über Entwicklung, Struktur, Institutionen, rechtliche Grundlagen und Funktionsweise der EU, Bürgerrechte und die vielfältigen Aktivitäten im Rahmen der zahlreichen Politikfelder geben.

Die grundlegenden Kapitel über Struktur, Aufbau und Institutionen sowie über Recht, Rechtsetzung und Verwaltung der EU wurden aufgrund der umfassenden Neuerungen durch den Vertrag von Lissabon zur Gänze neu gefasst. Gleiches gilt – aufgrund der Dynamik dieser Bereiche – für das die Politiken der EU darstellende Kapitel, das zudem um die durch den Vertrag von Lissabon neu hinzugekommenen Politikbereiche erweitert wurde; auch die GASP und die (bisherige) PJZS werden aufgrund der Auflösung der bisherigen Säulenstruktur nun hier behandelt. Die übrigen Teile wurden zur Gänze überarbeitet und punktuell ergänzt, wie zB die Strukturprinzipien des Unionsrechts um Ausführungen zum funktionellen Staatsbegriff oder das Kapitel über die Grundfreiheiten um einen Exkurs zur öffentlichen Auftragsvergabe. Allgemein wurde die Darstellung – zum Teil auch Anregungen folgend, für die wir herzlich danken – durch zusätzliche Schaubilder, Tabellen und Beispiele angereichert. Auch der Rechtsprechung des EuGH wird breiterer Raum als bisher eingeräumt.

Dies alles hat eine Ausweitung des Umfangs gegenüber der Erstauflage zur Folge, ohne dass dadurch die grundlegende Zielsetzung, einen konzisen und geschlossenen Überblick über die wesentlichen Aspekte des EU-Rechts zu geben, aufgegeben wird. Gleichzeitig hoffen wir, dass die genannten Ergänzungen zum besseren Verständnis komplexer Zusammenhänge und zu einer noch besseren Ausrichtung des Kurzlehrbuches auf seine Verwendbarkeit in der Lehre und auf den Juristen wie Nichtjuristen gleichermaßen umfassenden Benutzerkreis beitragen.

Die den einzelnen Kapiteln vorangestellten Hinweise auf weiterführende Internetseiten wurden mit Stand 15. September 2010 aktualisiert.

Die Federführung hinsichtlich der Neubearbeitung der Kapitel II. (exkl. D.), III. (exkl. D.) und IV. lag bei *Christian Ranacher*, hinsichtlich der Kapitel I., II.D., III.D. und V. bei *Fritz Staudigl*. Trotz aller Sorgfalt nicht auszuschließende Fehler verantworten wir gemeinsam. Für Kritik und Anregungen sind wir weiterhin dankbar (Kontakt: christian.ranacher@tirol.gv.at bzw. fritz.staudigl@tirol.gv.at).

Der größte Teil des Manuskripts zu den Kapiteln II., III. und IV. entstand unter äußerst angenehmen Rahmenbedingungen im griechischen Sarakiniko, wofür *Apostolis* und *Christina Anessis* sowie *Ina* und *Walter Hacksteiner* herzlich gedankt sei. Dem Verlag facultas.wuv danken wir für die – erneut – ausgezeichnete Zusammenarbeit.

Innsbruck, im September 2010 *Christian Ranacher, Fritz Staudigl*

Inhaltsverzeichnis

Abkürzungsverzeichnis

aA	auswärtige Angelegenheiten
Abb	Abbildung
ABl	Amtsblatt der EU
Abs	Absatz
AdR	Ausschuss der Regionen
AEUV	Vertrag über die Arbeitsweise der Europäischen Union
AKP-Staaten	Afrikanische, Karibische und Pazifische Staaten
Art	Artikel
AStV	Ausschuss der Ständigen Vertreter
B	Beschluss, Beschlüsse
BGBl	Bundesgesetzblatt
BIP	Bruttoinlandsprodukt
BNE	Bruttonationaleinkommen
brit	britisch
bzw	beziehungsweise
ca	circa
COD	Mitentscheidungsverfahren (Co-Decision)
COREPER	Comité des représantants permanents
COSAC	Konferenz der Europa-Ausschüsse aus den nationalen Parlamenten
DAWI	Dienstleistungen von allgemeinem wirtschaftlichen Interesse
dh	das heißt
div	diverse
dt	deutsch
EAD	Europäischer Auswärtiger Dienst
EAG	Europäische Atomgemeinschaft (auch: Euratom)
EAGV	Vertrag zur Gründung der Europäischen Atomgemeinschaft
EBS	Europäische Beschäftigungsstrategie
EFF	Europäischer Fischereifonds
EFR	Europäischer Forschungsraum
EFRE	Europäischer Fonds für regionale Entwicklung
EFTA	European Free Trade Area (Europäische Freihandelszone)

EG	Europäische Gemeinschaft(en)
EGFL	Europäischer Garantiefonds für die Landwirtschaft
EGKS	Europäische Gemeinschaft für Kohle und Stahl
EGKSV	Vertrag über die Gründung der Europäischen Gemeinschaft für Kohle und Stahl
EGV	Vertrag zur Gründung der Europäischen Gemeinschaft
EIB	Europäische Investitionsbank
einschl	einschließlich
ELER	Europäischer Landwirtschaftsfonds für die Entwicklung des ländlichen Raums
EMAS	Eco Management and Audit Scheme
EMRK	Europäische Menschenrechtskonvention
endg	endgültig
ENP	Europäische Nachbarschaftspolitik
EP	Europäisches Parlament
ERC	Europäischer Forschungsrat
ESF	Europäischer Sozialfonds
ESS	Europäische Sicherheitsstrategie
ESZB	Europäisches System der Zentralbanken
etc	et cetera
ETAP	Aktionsplan für Umwelttechnologie
ETI	Europäisches Technologieinstitut
EU	Europäische Union
EuG	Europäisches Gericht 1. Instanz
EuGH	Europäischer Gerichtshof
EUMC	European Union Military Committee (Militärausschuss der EU)
EUMS	European Union Military Staff (Militärstab der EU)
Euratom	Europäische Atomgemeinschaft (auch: EAG)
EUROJUST	Europäische Stelle für justizielle Zusammenarbeit
EUROPOL	Europäisches Polizeiamt
EUV	Vertrag über die Europäische Union
EVG	Europäische Verteidigungsgemeinschaft
EWG	Europäische Wirtschaftsgemeinschaft
EWGV	Vertrag zur Gründung der Europäischen Wirtschaftsgemeinschaft

EWR	Europäischer Wirtschaftsraum
EZB	Europäische Zentralbank
f	für
f, ff	folgende
GA	Generalanwalt, Generalanwälte
GAP	Gemeinsame Agrarpolitik
GASP	Gemeinsame Außen- und Sicherheitspolitik
GSVP	Gemeinsame Sicherheits- und Verteidigungspolitik
ggf	gegebenenfalls
GMO	Gemeinsame Marktordnung
GRC	Charta der Grundrechte der EU
idF	in der Fassung
idR	in der Regel
IGC	Intergovernmental Conference (Regierungskonferenz)
IKT	Informations- und Kommunikationstechnologien
IMI	Binnenmartk-Informationssystem
ISS	Strategie der inneren Sicherheit der EU
JI	Justiz und Inneres
KMU	Kleine und mittelgroße Unternehmen
KOM	Kommissionsdokument(e)
lit	litera
Mio	Millionen
MS	Mitgliedstaat(en)
Mrd	Milliarden
NATO	North Atlantic Treaty Organisation
Nr	Nummer
NRP	Nationale Reformprogramme
OMK	Offene Methode der Koordinierung
Org	Organ(e)
öst	österreichisch
Prot	Protokoll
PSK	Politisches und sicherheitspolitisches Komitee
RL	Richtlinie
Rs	Rechtssache
S	Seite
s	siehe
SA	Schlussanträge

SAL	Sonderausschuss Landwirtschaft
SDS	Strategie für nachhaltige Entwicklung
SE	Europäische Gesellschaft (Societas Europea)
SEPA	Single Euro Payments Area
SET-Plan	Strategieplan für Energietechnologie
Slg	Sammlung der Rechtsprechung des EuGH
sog	sogenannt(e)
TEN	Transeuropäische Netze
u	und
ua	und andere; unter anderem
uam	und andere mehr
uU	unter Umständen
va	vor allem
VO	Verordnung
VvL	Vertrag von Lissabon
WSA	Wirtschafts- und Sozialausschuss
WTO	World Trade Organisation
WWU	Wirtschafts- und Währungsunion
zB	zum Beispiel
zT	zum Teil

Verzeichnis weiterführender Literatur

Bieber Roland/Epiney Astrid/Haag Marcel, Die Europäische Union, Europarecht und Politik[8] (2009)
Borchardt Klaus-Dieter, Die rechtlichen Grundlagen der Europäischen Union[4] (2010)
Haratsch Andreas/Koenig Christian/Pechstein Matthias, Europarecht[7] (2010)
Hakenberg Waltraud, Europarecht[5] (2010)
Herdegen Matthias, Europarecht[12] (2010)
Ranacher Christian/Frischhut Markus, Handbuch Anwendung des EU-Rechts (2009)
Schroeder Werner, Grundkurs Europarecht (2009)
Schulze Reiner/Zuleeg Manfred/Kadelbach Stefan (Hg), Europarecht[2] (2010)
Schweitzer Michael/Hummer Waldemar/Obwexer Walter, Europarecht (2007)
Streinz Rudolf, Europarecht[9] (2010)
Vedder Christoph/Heintschel von Heinegg Wolff (Hg), Europäisches Unionsrecht (2010)
Weidenfeld Werner, Die Europäische Union (2010)

Verzeichnis allgemein weiterführender Internetseiten der EU

Portal der Europäischen Union: www.europa.eu/index_de.htm
EUR-Lex Zugang zum EU-Recht: www.eur-lex.europa.eu
Zugang zur Rechtsprechung des EuGH: www.curia.europa.eu/jurisp/cgi-bin/form.pl?lang=de
PreLex Werdegang der interinstitutionellen Verfahren: www.ec.europa.eu/prelex
OEIL Legislative Observatory: www.europarl.europa.eu/oeil
Portal zu den amtliche Dokumenten: www.europa.eu/documentation/official-docs/index_de.htm
Zusammenfassungen der EU-Gesetzgebung: www.europa.eu/legislation_summaries/index_de.htm

Politikfelder der EU: www.europa.eu/pol/index_de.htm
Who is who in der EU: www.europa.eu/whoiswho
Die EU im Überblick: www.europa.eu/abc/index_de.htm
EU-Nachrichten: www.europa.eu/news
EU-Presseraum: www.europa.eu/press_room/index_de.htm
Wegweiserdienst (für die Rechte der EU-Bürger): www.ec.europa.eu/citizensrights
Europa für Sie (allgemeiner Ratgeber): www.ec.europa.eu/youreurope
Unterwegs in Europa (Ratgeber für Reisen): www.europa.eu/travel/index_de.htm
Die EU in Ihrem Land: www.europa.eu/euinyourcountry
Die EU für LehrerInnen: www.europa.eu/teachers-corner
Kalender aller Institutionen: www.europa.eu/eucalendar
Eurostat (Statistisches Amt der EU): www.epp.eurostat.ec.europa.eu
Amt für Veröffentlichungen: www.publications.europa.eu/index_de.htm
Eurobarometer (öffentliche Meinungsumfragen der EU): www.ec.europa.eu/public_opinion
EU-Glossar (Begriffserklärungen): www.europa.eu/legislation_summaries/glossary/index_de.htm
Die EU in sozialen Netzwerken: www.europa.eu/take-part/social-media/index_de.htm

Spezifische Internethinweise finden sich jeweils am Beginn der einzelnen Kapitel und punktuell in den Endnoten.

Benutzerhinweise

Die Rechtsgrundlagen in den Europäischen Verträgen zu den einzelnen Kapiteln sowie weiterführende Informationen im Internet werden in grauen Kästchen hervorgehoben.
Aufzählungen und vertiefende Informationen sind mit ▶ und Beispiele zur Veranschaulichung mit ➔ gekennzeichnet

I. Die Geschichte der Europäischen Integration

A. Der Begriff „Europäische Integration" und das Entstehen der Europaidee

Der aus dem Lateinischen stammende Begriff „Integration" bedeutet die Herstellung oder Wiederherstellung eines Ganzen, den Prozess des Zusammenschlusses und der Verbindung. Integration ist demnach ein Prozess oder Zustand, der einen größeren Grad an Einheit gegenüber der Ausgangssituation bringt.

Der Begriff „Europäische Integration" bezeichnet in einem weiteren, europapolitischen Sinn das Bestreben, einen immer engeren Zusammenschluss der europäischen Völker zu schaffen. Im europarechtlichen Zusammenhang bedeutet „Europäische Integration" die Übertragung von Hoheitsrechten auf supranationale europäische Einrichtungen.

Die Europaidee geht – mit höchst unterschiedlichen Ansätzen – auf die griechisch-römische Antike zurück. Ihre politische Wirksamkeit entfaltete sie jedoch erst im 20. Jahrhundert, als vor dem Hintergrund der beiden Weltkriege führende westeuropäische Staatsmänner, darunter *Konrad Adenauer, Sir Winston Churchill, Alcide de Gasperi* und *Robert Schuman,* die Einigung der Völker Europas als vorrangige Aufgabe der europäischen Politik begriffen und entsprechend vorantrieben.

Von den frühen Konzepten bildete im Mittelalter vor allem die Kaiseridee im Rahmen des Heiligen Römischen Reiches Deutscher Nation ein Band europäischer Gemeinsamkeit. Nach der Herausbildung souveräner Nationalstaaten in der Neuzeit wurde die christlich-abendländische Kaiseridee allmählich vom Gedanken des Zusammenschlusses der europäischen Mächte abgelöst. In der realen Politik haben damals freilich die verschiedenen Entwürfe für ein konföderales europäisches Staatensystem keine praktische Bedeutung erlangt. Die als typische Produkte der Aufklärung entwickelten Pläne europäischer Friedensordnungen etwa eines *Immanuel Kant,* der in seinem Traktat „Zum ewigen Frieden" 1795 ein Bündnis der europäischen Staaten vorschlug, vermochten die Richtung der europäischen Politik nicht maßgeblich zu beeinflussen.

Erst nach dem Ersten Weltkrieg bildete sich im öffentlichen Bewusstsein die Überzeugung, dass nur ein Zusammenschluss der europäischen Staaten und Völker in einer Konföderation im Stande wäre, den Frieden in Europa auf Dauer zu sichern. So warb bereits

1923 der Österreicher *Richard Coudenhove-Kalergi* in seinem Werk „Pan-Europa“ und mit seiner Bewegung „Paneuropäische Union“, in der sich neben vielen anderen bedeutenden Persönlichkeiten auch die Außenminister Deutschlands und Frankreichs *Gustav Stresemann* und *Aristide Briand* engagierten, für die Schaffung eines europäischen Bundesstaates. 1929 legte *Aristide Briand* dem Völkerbund den Plan für eine europäische Föderation vor.

Es bedurfte jedoch der Erfahrungen des Zweiten Weltkriegs, um in einer Atmosphäre der geistigen und politischen Erneuerung die europäische Idee aus der Phase der Entwürfe schließlich in die politische Realität überzuführen. Dabei zeichneten sich unmittelbar nach Kriegsende die Konturen der heutigen Europäischen Union noch keineswegs ab. Im Wesentlichen schwankte die europapolitische Debatte auch nach 1945 zwischen den Vorstellungen eines europäischen Bundesstaates und dem konföderalen Modell eines Bundes souverän bleibender europäischer Staaten.

B. Von der EGKS zur EU der Gegenwart

Weitere Informationen:
www.europa.eu/abc/index_de.htm
(Die EU im Überblick > Geschichte sowie Europa in 12 Lektionen)

1. Die Gründung der EGKS, der EWG und der EAG

Das bestechende Konzept, das die Gründungsväter der europäischen Integration, der französische Außenminister *Robert Schuman* und sein Mitarbeiter *Jean Monnet*, 1950 in ihrem Plan für eine Europäische Gemeinschaft für Kohle und Stahl (EGKS) vorlegten, kann dahingehend zusammengefasst werden, dass die französischen und deutschen Schlüsselindustrien in den Bereichen Kohle und Stahl der nationalen Verfügung entzogen und einer supranationalen Verwaltung unterstellt werden sollten. Diesem ökonomischen Projekt lag die Überlegung zugrunde, dass Deutschland wirtschaftlich so eng mit den westeuropäischen Staaten verbunden werden müsste, dass zwischen ihnen keine kriegerischen Konflikte mehr ausbrechen könnten. Die Errichtung der EGKS durch Frankreich, Deutschland, Italien, Belgien, Luxemburg und die Niederlande im Jahr 1952 wird als Beginn der heutigen EU gesehen.

Die Bemühungen, eine europäische Gemeinschaft auch im Verteidigungsbereich zu schaffen, scheiterten hingegen, als im Jahre 1954 die französische Nationalversammlung die Genehmigung des von den EGKS-Gründungsstaaten ebenfalls unterzeichneten Vertrags über die Europäische Verteidigungsgemeinschaft verweigerte.

Angesichts der positiven Erfahrungen mit der EGKS beschloss die Außenministerkonferenz in Messina 1955, unter der Leitung des belgischen Außenministers *Paul-Henri Spaak* Verträge für einen gemeinsamen Markt und eine gemeinsame Atompolitik ausarbeiten zu lassen. Auf dieser Grundlage unterzeichneten die sechs EGKS-Staaten im Jahr 1957 in Rom den Vertrag zur Gründung der Europäischen Wirtschaftsgemeinschaft EWG und den Vertrag zur Gründung der Europäischen Atomgemeinschaft EAG. Beide Verträge traten am 1. Jänner 1958 in Kraft.

2. Die Entwicklung in den Folgejahren

Mit dem am 1. Juli 1967 in Kraft getretenen Fusionsvertrag bewerkstelligten die Europäischen Gemeinschaften EGKS, EWG und EAG (kurz: EG) eine entscheidende Konsolidierung ihrer Strukturen, indem ein gemeinsamer Rat und eine gemeinsame Kommission eingesetzt wurden. Bereits 1958 waren eine gemeinsame parlamentarische Versammlung und ein gemeinsamer Gerichtshof eingerichtet worden. Seit 1977 prüft ein gemeinsamer Rechnungshof den Haushalt der Gemeinschaften. Ein wichtiges Datum für die Verbesserung der demokratischen Legitimation der EG stellte die erste Direktwahl des Europäischen Parlaments (EP) im Jahre 1979 dar.

Die ersten Erweiterungsbestrebungen stießen auf Schwierigkeiten, als Frankreich unter Präsident *Charles de Gaulle* im Jahr 1961 den britischen Antrag auf Beitritt zu den drei Europäischen Gemeinschaften ablehnte. Die Aufnahme der beitrittswilligen Staaten Großbritannien, Dänemark und Irland konnte daher erst am 1. Jänner 1973 erfolgen, nachdem Frankreich seinen Widerstand aufgegeben hatte. Darauf folgend wurden die EG in Richtung Süden erweitert, indem am 1. Jänner 1981 Griechenland und am 1. Jänner 1986 Spanien und Portugal beitraten.

3. Die Einheitliche Europäische Akte und die Gründung der EU

Den nächsten Meilenstein in der Entwicklung der europäischen Integration stellte die am 1. Juli 1987 in Kraft getretene Einheitliche Europäische Akte dar, die eine Vollendung des Binnenmarkts bis zum 31. Dezember 1992 vorsah.

Die für die Weiterentwicklung der EG zur angestrebten Europäischen Union notwendigen Vertragsänderungen wurden in den Folgejahren in zwei Regierungskonferenzen vorbereitet. Die erste befasste sich auf der Basis eines unter dem Vorsitz des Kommissionspräsidenten *Jacques Delors* erarbeiteten Plans mit den erforderlichen Änderungen des Rechtsbestands zur Errichtung einer Wirtschafts- und Währungsunion, die zweite Regierungskonferenz widmete sich den rechtlichen Grundlagen zur Verwirklichung einer politischen Union. Im Vordergrund standen dabei die Gemeinsame Außen- und Sicherheitspolitik sowie die Einrichtung einer breit angelegten Zusammenarbeit in den Bereichen Justiz und Inneres.

Als Ergebnis dieser Regierungskonferenzen wurde im Jahr 1992 der Vertag von Maastricht über die Europäische Union unterzeichnet. Dieser trat am 1. November 1993 in Kraft und begründete die EU als solche. Deren Grundlage bildeten die Europäischen Gemeinschaften, ergänzt um die Zusammenarbeit der Mitgliedstaaten in der Gemeinsamen Außen- und Sicherheitspolitik und in den Bereichen Justiz und Inneres.

Mit 1. Jänner 1995 traten schließlich Schweden, Finnland und Österreich der EU bei. Norwegen musste vom bereits ausverhandelten Beitritt Abstand nehmen, nachdem dieser 1994 von der norwegischen Bevölkerung in einem Referendum mehrheitlich abgelehnt worden war. Ein Schweizer Beitrittsantrag aus 1992 wird wegen der mehrheitlich ablehnenden Haltung der Bevölkerung dieses Staates nach wie vor nicht weiterverfolgt. Die Beziehungen der Schweiz zur EU basieren auf einem Freihandelsabkommen und einer Reihe bilateraler Abkommen.

4. Die Weiterentwicklung der EU durch die Verträge von Amsterdam und Nizza

Der am 2. Oktober 1997 unterzeichnete Vertrag von Amsterdam, der am 1. Mai 1999 in Kraft trat, entwickelte einige im Maastrichter Vertrag nicht ausreichend gelöste institutionelle Fragen weiter. Integrationspolitische Fortschritte wurden insbesondere in den vom EUV erfassten Gebieten der Justiz und der inneren Angelegenheiten erzielt, die bis auf die polizeiliche und justizielle Zusammenarbeit in Strafsachen (PJZS) vergemeinschaftet wurden (Überführung der Bereiche Visa, Asyl, Einwanderung und der justiziellen Zusammenarbeit in Zivilsachen in den EGV). Die GASP wurde ausgeweitet. Weiters erfuhren die Mitwirkungsbefugnisse des EP durch die Ausdehnung des Mitentscheidungsverfahrens eine Stärkung. Darüber hinaus fanden neue Regelungen über Beschäftigung und Sozialpolitik, Umwelt und Gesundheit sowie Möglichkeiten zu einer verstärkten Zusammenarbeit (Flexibilitätsklausel) zwischen Gruppen von Mitgliedstaaten Eingang in den EU-Rechtsbestand.

Mit dem am 26. Februar 2001 unterzeichneten Vertrag von Nizza sollten im Hinblick auf die bevorstehende große Erweiterungsrunde die rechtlichen Voraussetzungen für die Aufrechthaltung der Funktionsfähigkeit der Institutionen der EU geschaffen werden. Neben der Neugewichtung der Stimmen im Rat der EU wurden die künftige Zusammensetzung einer verkleinerten Kommission, die Sitzverteilung im EP sowie die Anzahl der Sitze im Ausschuss der Regionen und im Wirtschafts- und Sozialausschuss neu geregelt. Weitere zentrale Themen waren die Ausweitung der Beschlussfassung mit qualifizierter Mehrheit auf zusätzliche Politikfelder und das Zustandekommen dieser qualifizierten Mehrheit sowie ein Frühwarnsystem für Fälle, in denen in Mitgliedstaaten ein schwerwiegender Verstoß gegen die Grundsätze der EU droht. Der Vertrag von Nizza ist am 1. Februar 2003 in Kraft getreten, konnte aber aufgrund des Kompromisscharakters seiner zentralen Inhalte zahlreiche institutionelle Problemfelder nur unbefriedigend lösen.

Die am 7. Dezember 2000 vom Rat der EU, dem EP und der Kommission proklamierte Charta der Grundrechte, in der die bürgerlichen, politischen, sozialen, wirtschaftlichen und gesellschaftlichen Rechte der EU-Bürger ausformuliert sind, wurde nicht Bestandteil des Vertrags von Nizza.

Im Jahr 2002 hat schließlich die EGKS, deren Gründung 50 Jahre zuvor den Grundstein der Entwicklung bis zur heutigen EU gelegt hatte, aufgehört zu bestehen und ist in der EG aufgegangen.

5. Die Osterweiterung

Zu Beginn der Neunzigerjahre stand als Folge der politischen Umwälzungen in Osteuropa die nächste Erweiterung der EU auf der politischen Tagesordnung: Ungarn, Slowenien, die Tschechische Republik, die Slowakei, Polen, Estland, Lettland, Litauen, Zypern, Malta, Rumänien, Bulgarien sowie Kroatien und Mazedonien stellten Beitrittsansuchen. Die Türkei hatte bereits 1989 einen Beitritt beantragt.

Nach einer Phase der schrittweisen rechtlichen und wirtschaftlichen Heranführung der Beitrittswerberländer an die EU wurden im Dezember 2002 die Beitrittsverhandlungen mit Estland, Lettland, Litauen, Malta, Polen, der Slowakei, Slowenien, der Tschechischen Republik, Ungarn und Zypern abgeschlossen. Nach Unterzeichnung der Beitrittsverträge am 16. April 2003 traten diese zehn neuen Mitgliedstaaten am 1. Mai 2004 der EU bei. Am 25. April 2005 wurde schließlich der Beitrittsvertrag mit Bulgarien und Rumänien unterzeichnet, auf dessen Grundlage die Aufnahme dieser beiden Staaten mit 1. Jänner 2007 erfolgte. Die EU umfasst seither 27 Mitgliedstaaten mit aktuell rund 500 Mio Einwohnern.

6. Der Konvent zur Zukunft Europas und der Vertrag über eine Verfassung für Europa

Von März 2002 bis Juli 2003 tagte ein vom Europäischen Rat eingesetzter Konvent zur Zukunft Europas. Das aus Vertretern der Regierungen und der nationalen Parlamente der Mitgliedstaaten, Vertretern des EP und der Kommission sowie Beobachtern der beratenden Organe der EU zusammengesetzte Gremium arbeitete den Entwurf eines Vertrages über eine Verfassung für Europa aus. Das Dokument bildete die Arbeitsgrundlage für die im Oktober 2003 eingesetzte Regierungskonferenz zur Revision der Gründungsverträge.

Am 29. Oktober 2004 wurde in Rom der Vertrag über eine Verfassung für Europa von den Staats- und Regierungschefs unterzeichnet. Der Verfassungsvertrag sollte nach der Ratifikation durch alle Mitgliedstaaten in Kraft treten. Aufgrund der negativen Referenden in Frankreich und den Niederlanden kam der Ratifikationsprozess Mitte 2005 jedoch zum Erliegen.

7. Der Vertrag von Lissabon

Nach einer knapp zweijährigen Reflexionsphase haben am 25. März 2007, anlässlich des 50. Jahrestages der Unterzeichnung der Römischen Verträge, die Präsidenten des Rates, der Kommission und des EP in einer „Berliner Erklärung" das politische Ziel formuliert, die EU bis zum Jahr 2009 auf eine erneuerte vertragliche Grundlage zu stellen. Ausgehend davon verabschiedete der Europäische Rat im Juni 2007 ein Mandat für eine Regierungskonferenz, die einen Reformvertrag mit dem Ziel vorbereitete, die Substanz des Verfassungsvertrags, insbesondere seines institutionellen Teils, in den EUV und den EGV überzuführen. Der Vertrag von Lissabon (VvL)[1] wurde von der Regierungskonferenz am 13. Dezember 2007 verabschiedet und anschließend den Mitgliedstaaten zur Ratifikation (Annahme durch die nach der nationalen Verfassung jeweils zuständigen Organe) vorgelegt. Der VvL trat sodann mit 1. Dezember 2009 in Kraft. Seine Kernpunkte sind:

- Die EU erhält eine einheitliche Struktur und Rechtspersönlichkeit: Sie ist Rechtsnachfolgerin der EG und tritt an deren Stelle (siehe unten II.A.1.). Sichtbar ist dies va dadurch, dass der Ausdruck „Gemeinschaft" durchgängig durch den Ausdruck „Union" ersetzt und der EGV in „Vertrag über die Arbeitsweise der Union" (AEUV) umbenannt wird. Die gesamte EU und ihr nunmehr einheitlich als „Unionsrecht" bezeichnetes Recht werden supranational, womit auch die bisherige Unterscheidung zwischen supranationalem Gemeinschaftsrecht (bisherige erste Säule) und völkerrechtlichem Unionsrecht (bisherige zweite und dritte Säule) obsolet wird (siehe unten III.A.).
- Änderungen gegenüber dem Verfassungsvertrag: Begriffe, die einen (bundes)staatsähnlichen Charakter der EU indiziert hätten, werden nicht mehr verwendet (zB „Verfassung", „Europäisches Gesetz", „Europäisches Rahmengesetz"). Auch auf Bestimmungen über Symbole (Flagge, Hymne, Leitspruch) wird verzichtet. Statt des vorgesehenen „Europäischen Außenministers" gibt es nun einen „Hohen Vertreter der Union für Außen- und Sicherheitspolitik" (zu diesem siehe unten II.C.4.).
- Übernahme inhaltlicher Neuerungen aus dem Verfassungsvertrag: Diese betreffen ua die klarere Regelung der Kompetenzen der EU und ihre Abgrenzung von den Zuständigkeiten der Mitgliedstaaten (siehe unten II.B.3.), die Rolle der nationalen Parlamente

(siehe unten III.C.3.), die besondere Stellung der GASP und die Einführung eines Mechanismus, der es einzelnen Mitgliedstaaten in bestimmten Bereichen erlaubt, hinsichtlich einzelner Maßnahmen voranzuschreiten (verstärkte Zusammenarbeit).

- Grundrechte: Die Charta der Grundrechte der EU (GRC) wird rechtsverbindlich. Weiters wird eine Rechtsgrundlage für einen Beitritt der EU zur Europäischen Menschenrechtskonvention (EMRK) geschaffen (siehe unten IV.D.).
- Subsidiaritätskontrolle: Einführung der Möglichkeit der nationalen Parlamente zur Erhebung einer Subsidiaritätsrüge sowie einer Subsidiaritätsklage vor dem EuGH durch die nationalen Parlamente und den AdR (siehe unten II.B.4.).
- Europäischer Rat: Dieser wird von einem rein politischen Leitungsgremium zu einem „echten" Organ der EU und erhält einen auf zweieinhalb Jahre gewählten Präsidenten (siehe unten II.C.2.).
- Rat: Das System eines halbjährlich rotierenden Ratsvorsitzes wird zur Teampräsidentschaft ausgebaut. Für Beschlüsse mit qualifizierter Mehrheit wird ab dem 1. November 2014 das System der sog „doppelten Mehrheit" eingeführt; bis zu diesem Zeitpunkt bleibt das bestehende System der Stimmgewichtung erhalten. Weiters werden Mehrheitsentscheidungen weiter ausgedehnt (siehe unten II.C.3.).
- Kommission: Der Kommissionspräsident wird vom EP gewählt. Seine Stellung innerhalb des Kollegiums wird durch eine Richtlinienkompetenz gestärkt. Die an sich vorgesehene Reduktion der Anzahl der Kommissionsmitglieder soll jedoch nicht wirksam werden (siehe unten II.C.4.).
- EP: Die Zahl der Mitglieder des EP wird mit höchstens 751 und die Zahl der Abgeordneten pro Mitgliedstaat mit mindestens sechs und höchstens 96 festgelegt (siehe unten II.C.5.).
- Rechtsetzung: Der EUV erhält einen eignen Abschnitt mir Bestimmungen über die demokratischen Grundsätze der Union (siehe unten III.C.1.) Das Mitentscheidungsverfahren wird zum ordentlichen Gesetzgebungsverfahren; durch die gleichzeitige Erweiterung seines Anwendungsbereichs werden die Befugnisse des EP weiter gestärkt (siehe unten III.C.2.). Rechtsetzungsvorschläge können künftig auch von den Bürgerinnen und Bürgern eingebracht werden (sog Europäische Bürgerinitiative; siehe unten IV.C.4.).

- Austritt aus der EU: Für den Fall des Austritts eines Mitgliedstaats werden erstmals die Modalitäten und das Verfahren vertraglich geregelt.

C. Erweiterungsperspektive

Rechtsgrundlage: Art 49 EUV

Weitere Informationen:
www.europa.eu/pol/enlarg/index_de.htm
(Politikfelder der EU > Erweiterung)
www.ec.europa.eu/enlargement/index_de.htm
(Kommission > Politikbereiche > Erweiterung)

Die – vor allem aufgrund der letzten Erweiterungen notwendig gewordene – Reform der EU wurde allgemein auch als politische Voraussetzung für zukünftige Erweiterungen betrachtet.

Für den Beitritt neuer Mitgliedstaaten zur EU gelten folgende Kriterien:

- Vertragliche Beitrittskriterien (Art 49 EUV): Danach kann jeder europäische Staat, der die Menschenwürde, Freiheit, Demokratie, Gleichheit, Rechtsstaatlichkeit und die Menschenrechte achtet und sich für die Förderung dieser Werte einsetzt, beantragen, Mitglied der EU zu werden.
- „Kopenhagener Kriterien“: Der Europäische Rat von Kopenhagen im Jahr 1993 präzisierte die Beitrittskriterien und verlangt von den Beitrittskandidaten die politische Stabilität ihrer Institutionen als Garantie für eine demokratische und rechtstaatliche Ordnung, für die Wahrung der Menschenrechte und für den Schutz von Minderheiten, weiters eine funktionsfähige Marktwirtschaft und die wirtschaftliche Fähigkeit, dem Wettbewerbsdruck und den Marktkräften innerhalb der Union standzuhalten, und schließlich die effektive Übernahme des EU-Rechtsbestandes (sog Besitzstand oder *„acquis“*) in Gesetzgebung, Verwaltung und Gerichtsbarkeit einschließlich der Fähigkeit, die sich aus einer Mitgliedschaft ergebenden Verpflichtungen tatsächlich zu übernehmen. Ein zusätzliches, insbesondere im Zusammenhang mit den Beitrittsverhandlungen mit der Türkei verstärkt ins Spiel gebrachtes Kriterium ist die Aufnahmefähigkeit der EU im Hinblick auf neue Mitgliedstaaten. Danach soll in allen wichtigen Phasen des Erweiterungspro-

zesses eine Bewertung der Fähigkeit der EU zur Integration eines bestimmten Landes erfolgen. Die Kommission erstellt „Folgenabschätzungen", die sich auf die Auswirkungen des Beitritts auf die Institutionen, auf den EU-Haushalt sowie die EU-Politiken, wie insbesondere die Agrar- und Strukturpolitik, beziehen.

Der Beitritt eines neuen Mitgliedstaats bedarf – nach dem Abschluss der von der Kommission geführten Beitrittsverhandlungen – eines einstimmigen Beschlusses des Rates nach Anhörung der Kommission und nach Zustimmung des EP. Die Aufnahmebedingungen und die durch die Aufnahme erforderlichen Anpassungen der Verträge werden durch ein Abkommen zwischen den Mitgliedstaaten und dem beitretenden Staat geregelt (Beitrittsvertrag), das in Kraft treten kann, sobald es durch alle Vertragsstaaten gemäß ihren verfassungsrechtlichen Vorschriften ratifiziert worden ist.

Die aktuelle Erweiterungsperspektive stellt sich wie folgt dar:

- Kroatien, die Türkei, Mazedonien und Island sind offizielle Beitrittskandidaten: Schon sehr weit gediehen sind die Verhandlungen mit Kroatien; diese könnten noch im Jahr 2010 abgeschlossen werden. Mit Island gibt es trotz der Mitgliedschaft im EWR und im Schengen-System gegenwärtig schwierige Verhandlungen auf den Gebieten Fischerei, Landwirtschaft, freier Kapitalverkehr, Finanzdienstleistungen und Finanzaufsicht. Jene mit der Türkei werden viele weitere Jahre in Anspruch nehmen; ob sie schließlich zu einem EU-Beitritt der Türkei führen werden, ist ungewiss. Allerdings besteht bereits seit 1963 ein – insbesondere hinsichtlich der Freizügigkeit von Arbeitnehmern und deren Angehörigen sehr weitreichendes – Assoziierungsabkommen der Türkei mit der EU, seit 1996 eine Zollunion und seit 2001 eine Beitrittspartnerschaft. Mit Mazedonien können die Beitrittsverhandlungen nach der Lösung des Konflikts mit Griechenland wegen des Staatsnamens beginnen.
- Weitere Beitrittsanträge liegen von Montenegro (2008), Albanien (2009) und Serbien (2009) vor. Potenzielle Bewerberländer sind Bosnien und Herzegowina (Beitrittsantrag angekündigt) sowie der Kosovo.

Die EU unterstützt Beitrittskandidaten und mögliche Bewerberländer im Rahmen von Beitrittspartnerschaften und Europäischen Partnerschaften bei der politischen, administrativen und wirtschaftlichen Umgestaltung sowie der schrittweisen Heranführung an die Standards und die Politik der EU. Für diesen Heranführungsprozess an die EU besteht mit dem Instrument für Heranführungshilfe (IPA – „Instrument for Pre-Accession Assistance") für den Zeitraum von 2007 bis 2013 auch ein spezielles, mit € 11,5 Mrd dotiertes Förderprogramm.

II. Struktur, Aufbau und Institutionen der EU

A. Struktur, Charakter und Ziele der EU

Weitere Informationen:
www.europa.eu/abc/index_de.htm
(Die EU im Überblick > Europa in 12 Lektionen)

1. Die neue einheitliche supranationale Struktur der EU

Rechtsgrundlage: Art 1, 47 EUV; Art 106a EAGV

Seit dem Inkrafttreten des VvL verfügt die EU über eine einheitliche Struktur und Rechtspersönlichkeit. Sie erlangte damit den Status einer eigenständigen Internationalen Organisation, der die Mitgliedstaaten Zuständigkeiten zur Verwirklichung ihrer gemeinsamen Ziele übertragen und die mit supranationalen Befugnissen ausgestattet ist. Als wesentliche Kriterien der Supranationalität gelten:

- das Bestehen selbstständiger und von den Mitgliedstaaten unabhängiger Organe (EP, Kommission, EuGH, Rechnungshof),
- die Möglichkeit der Verabschiedung bindender Rechtsakte und Beschlüsse auch gegen den Willen einzelner Mitgliedstaaten (sei es durch unabhängige Beschlussorgane oder durch Mehrheitsbeschlüsse im Rat),
- die finanzielle Selbstständigkeit durch Eigenmittel,
- die Eigenständigkeit und der Vorrang des Unionsrechts,
- die unmittelbare (direkte) Anwendung und Durchsetzbarkeit von Unionsrechtsakten in den Mitgliedstaaten (Durchgriffswirkung).

Die vormalige Säulenstruktur, die unter dem gemeinsamen Dach der EU eine Trennung in die supranationale erste Säule (EG und EAG) und die intergouvernemental organisierte zweite (GASP) und dritte Säule (PJZS) vorgesehen hat,[2] wurde aufgegeben, indem EU und EG miteinander verschmolzen wurden. Die EU ist an die Stelle der EG getreten, deren Rechtsnachfolgerin sie ist. Die GASP und die PJZS wurden als Politiken der EU in den neuen einheitlichen Rahmen übergeführt; allerdings bleiben in beiden Bereichen bestimmte Besonderheiten im Rechtsetzungsverfahren und im Rechtsschutz erhalten (siehe unten V.A. und B.). Aufgrund der Auflösung der Säulenstruktur wird das gesamte Recht der EU nunmehr einheitlich als Unionsrecht bezeichnet (siehe unten III.A.).

Neben der EU besteht die EAG als eigenständige supranationale Internationale Organisation weiter, bleibt mit dieser aber institutionell und rechtlich verklammert. So werden etwa die Organe der EU auf der Grundlage des EAGV auch für die EAG tätig, und die im EUV geregelten Vertragsänderungs-, Beitritts- und Austrittsverfahren gelten auch für den EAGV bzw die EAG.[3] Das Recht der EAG heißt jedoch weiterhin Gemeinschaftsrecht.

2. Die EU als Staatenverbund

Die EU nimmt eine Mittelstellung zwischen einer Internationalen Organisation im völkerrechtlichen Sinne und einem Bundesstaat ein und wird daher vielfach als „Staatenverbund" bezeichnet.

- Von einer traditionellen Internationalen Organisation unterscheidet sie in erster Linie der supranationale Charakter. Vor allem ihre Kompetenzfülle, ihre weitgehende finanzielle Unabhängigkeit, ihre Rechtsetzungsgewalt, die Selbstständigkeit ihrer Organe sowie die Gewährung von umfänglichem und effektivem Rechtsschutz durch ein unabhängiges Rechtsprechungsorgan, den EuGH, verleihen der EU insgesamt einen staatenähnlichen Charakter. Dies umso mehr, als die Mitgliedstaaten in einen dynamischen Prozess der fortschreitenden Integration dauerhaft gebunden sind.
- Daher ist die EU mehr als eine bloße Konföderation souveräner Staaten, aber eben doch kein (Bundes-)Staat, weil ihr die wesentlichen Kriterien der Staatlichkeit an sich (Staatsgebiet, Staatsvolk und Staatsgewalt) fehlen. Insbesondere fehlt der EU auch die Kompetenz, ihre Zuständigkeiten und damit die verbleibenden (Rest-)Zuständigkeiten der Mitgliedstaaten selbst festzulegen (Kompetenz-Kompetenz). Vielmehr empfängt sie ihre Legitimation von den Mitgliedstaaten, die zwar auf einen Teil ihrer Zuständigkeiten zugunsten der EU verzichtet haben, aber auf europäischer Ebene nach wie vor gemeinsam die oberste Gewalt ausüben. Auch ein europäisches Gesamtvolk, welches für die Bildung eines vom Willen der Mitgliedstaaten abgelösten Gesamtstaates erforderlich wäre, existiert nicht.

3. Die Werte und Ziele der EU

Rechtsgrundlage: Art 2, 3 und 7 EUV

Die EU gründet sich auf bestimmte Werte, die allen Mitgliedstaaten gemeinsam sind. Dabei handelt es sich nach Art 2 EUV um die Achtung der Menschenwürde, Freiheit, Demokratie, Gleichheit, Rechtsstaatlichkeit und die Wahrung der Menschenrechte einschließlich der Personen, die Minderheiten angehören. Eine schwerwiegende und anhaltende Verletzung dieser Werte durch einen Mitgliedstaat kann in einem besonderen Verfahren durch die Aussetzung bestimmter Rechte des betreffenden Mitgliedstaats einschließlich des Stimmrechts im Rat sanktioniert werden (Art 7 EUV).

Auf der Grundlage dieser gemeinsamen Werteordnung und entsprechend den Zuständigkeiten, die ihr in den Verträgen übertragen sind (siehe unten II.B.), verfolgt die EU im Wesentlichen die folgenden Ziele (Art 3 EUV):

- die Förderung des Friedens, ihrer Werte und des Wohlergehens ihrer Völker,
- die Schaffung eines Raums der Freiheit, der Sicherheit und des Rechts ohne Binnengrenzen, in dem der freie Personenverkehr gewährleistet ist,
- die Errichtung eines Binnenmarkts einschließlich verschiedener wirtschafts- und sozialpolitischer Zielsetzungen sowie einer Wirtschafts- und Währungsunion,
- den Schutz und die Förderung ihrer Werte und Interessen in den Beziehungen zur übrigen Welt einschließlich des Schutzes ihrer Bürgerinnen und Bürger; die EU leistet dabei auch einen Beitrag zu Frieden, Sicherheit, globaler nachhaltiger Entwicklung, Solidarität und gegenseitiger Achtung unter den Völkern.

B. Die Kompetenzen der EU

Weitere Informationen:
www.europa.eu/legislation_summaries/glossary/index_de.htm (EU-Glossar)

1. Die Mitgliedstaaten als „Herren der Verträge"

Die Mitgliedstaaten haben mit dem Abschluss der die EU begründenden Verträge keinen endgültigen Souveränitätsverzicht abgegeben, sondern sich an die EU mit dem Willen zur langfristigen Mitgliedschaft gebunden. Sie sind „Herren der Verträge" geblieben, dh sie können gemeinsam über deren Inhalt entscheiden (zB durch Vertragsänderung). Insbesondere sind es nach wie vor die Mitgliedstaaten, die über die „Kompetenz-Kompetenz" verfügen. So bezeichnet man die Kompetenz, die Zuständigkeiten der EU festzulegen. Demnach bleiben alle der EU nicht in den Verträgen übertragenen Zuständigkeiten bei den Mitgliedstaaten.

2. Das Prinzip der begrenzten Einzelermächtigung

Rechtsgrundlage: Art 4 Abs 1, 5 EUV

Für die Abgrenzung der Zuständigkeiten der EU im Verhältnis zu jenen der Mitgliedstaaten gilt das Prinzip der begrenzten Einzelermächtigung. Dieses besagt, dass die Organe als Handlungsträger der EU nur in den Fällen und in den Handlungsformen tätig werden können, die die Verträge ausdrücklich vorsehen. Im Unterschied zu Staaten besitzt die EU nämlich keine umfassende Hoheitsgewalt, sondern ist grundsätzlich auf jene Befugnisse eingegrenzt, die ihr von den Mitgliedstaaten eingeräumt wurden. Nach Art 5 Abs 2 EUV wird die EU daher nur innerhalb der Grenzen der Zuständigkeiten tätig, die ihr die Mitgliedstaaten in den Verträgen zur Verwirklichung der darin niedergelegten Ziele übertragen haben.

Allerdings hat der EuGH in seiner Rechtsprechung die Reichweite der vertraglichen Einzelermächtigungen – ausgehend von deren finalem Charakter – regelmäßig beträchtlich ausgeweitet. Zudem stehen der EU neben den geschriebenen auch all jene Kompetenzen zu, die sie zur Erfüllung der ihr gestellten Aufgaben benötigt, selbst wenn diese Kompetenzen nicht ausdrücklich in den Verträgen enthalten sind, aber an bereits vorhandene Kompetenzbestimmungen angeknüpft werden können (sog *„implied powers"*).

Das Prinzip der begrenzten Einzelermächtigung wird außerdem durch die Bestimmungen über die Vertragsabrundung durchbrochen (sog Lückenschließungskompetenz nach Art 352 AEUV). Im Vertragsabrundungsverfahren wird der Rat ermächtigt, auf Vorschlag der Kommission und nach Zustimmung des EP geeignete Vorschriften zu erlassen, wenn ein Tätigwerden der EU im Rahmen der in den Verträgen festgelegten Politikbereiche erforderlich scheint, um eines ihrer Ziele der Verträge zu verwirklichen, dies aber nicht möglich ist, weil die hierfür erforderlichen Befugnisse fehlen. In diesem Fall wird also nicht an vorhandene Kompetenzbestimmungen angeknüpft, sondern es werden vertragliche Zielbestimmungen für die Begründung bisher nicht gegebener Kompetenzen herangezogen. Allerdings erfordern auf Art 352 AEUV gestützte Beschlüsse des Rates Einstimmigkeit, sodass jedem Mitgliedstaat ein Vetorecht zukommt.

Inhaltlich räumen die Kompetenzbestimmungen der Verträge der EU meist sehr weitreichende und breite Handlungs- und Rechtsetzungsbefugnisse ein, wie zB bei der Erlassung von Maßnahmen der Rechtsharmonisierung zur Verwirklichung des Binnenmarkts (Art 114 und 115 AEUV).

3. Die Struktur der Kompetenzverteilung zwischen der EU und den Mitgliedstaaten

Rechtsgrundlage: Art 2 bis 6 AEUV

Der AEUV enthält nunmehr erstmals eine ausdrückliche Regelung der Kompetenzen der EU in der Form einer geschlossenen Aufzählung der vorgesehenen Kompetenzkategorien. Die konkrete Reichweite der jeweiligen Befugnisse und die Einzelheiten ihrer Ausübung ergeben sich jeweils aus näheren Bestimmungen, die diese hinsichtlich ihrer Zielsetzung, ihrer Wirkungsweise, der zulässigen Handlungsformen, des zuständigen Organs und der Beschlusserfordernisse umschreiben. Diese Einzelermächtigungen sind über die Verträge verstreut.

a. Ausschließliche Zuständigkeiten

Bei den ausschließlichen Zuständigkeiten handelt es sich um Bereiche, in denen die Mitgliedstaaten generell nicht mehr handlungsbefugt sind. D.h., dass grundsätzlich nur die EU gesetzgeberisch tätig werden und verbindliche Rechtsakte erlassen kann. Die Mitgliedstaaten dürfen dies dagegen nur mehr dann, wenn sie von der Union hierzu ausdrücklich ermächtigt oder zu Durchführungsmaßnahmen zu Unionsrechtsakten verpflichtet werden. Über ausschließliche Kompetenzen verfügt die EU hinsichtlich der Zollunion, der Festlegung der Wettbewerbsregeln im Binnenmarkt, der Währungspolitik für die Euro-Zone, der Erhaltung biologischer Meeresschätze, der gemeinsamen Handelspolitik und unter bestimmten weiteren Voraussetzungen auch des Abschlusses internationaler Übereinkünfte. Obwohl nicht explizit genannt, ist auch das interne Organisations- und Verfahrensrecht den ausschließlichen Zuständigkeiten zuzurechnen.

b. Geteilte Zuständigkeiten

Im Bereich geteilter (auch: konkurrierender) Kompetenzen bleiben die Mitgliedstaaten zuständig, sofern und soweit die EU ihre Zuständigkeit nicht ausgeübt hat, dh eine bestimmte Angelegenheit überhaupt nicht oder nicht abschließend geregelt hat. Außerdem dürfen die Mitgliedstaaten ihre Zuständigkeit erneut wahrnehmen, sofern und soweit die EU entschieden hat, ihre Zuständigkeit nicht mehr auszuüben. Die Hauptbereiche geteilter Zuständigkeiten sind: Binnenmarkt, Sozialpolitik, wirtschaftlicher, sozialer und territorialer Zusammenhalt, Landwirtschaft und Fischerei (ausgenommen die Erhaltung biologischer Meeresschätze), Umwelt, Verbraucherschutz, Verkehr, transeuropäische Netze, Energie, Raum der Freiheit, der Sicherheit und des Rechts sowie gemeinsame Sicherheitsanliegen im Bereich der öffentlichen Gesundheit.

c. Unterstützungs-, Koordinierungs- und Ergänzungszuständigkeiten

Bei den Befugnissen der EU zur Unterstützung, Koordinierung oder Ergänzung der Maßnahmen der Mitgliedstaaten handelt es sich um sog parallele Kompetenzen, die nicht an die Stelle der Zuständigkeiten der Mitgliedstaaten treten, sondern neben diesen bestehen und diese daher auch nicht einschränken. Zudem sind hier Maßnahmen zur Vereinheitlichung der Rechtsvorschriften der Mitgliedstaaten ausdrücklich verboten. Unterstützungs-, Koordinierungs- und Ergänzungsmaßnahmen können in folgenden Bereichen getroffen werden: Schutz und Verbesserung der menschlichen Gesundheit, Industrie, Kultur, Tourismus, allgemeine berufliche Bildung, Jugend und Sport, Katastrophenschutz sowie Verwaltungszusammenarbeit. Spezifische Befugnisse der EU bestehen darüber hinaus zur

Koordinierung der Wirtschafts-, Beschäftigungs- und Sozialpolitik der Mitgliedstaaten; diese sind allerdings auf nicht rechtsetzende Maßnahmen (wie Leitlinien oder Empfehlungen) beschränkt.

Zu den vielfältigen Aktivitäten der EU in all diesen Politikfeldern siehe unten V.

4. Das Subsidiaritäts- und das Verhältnismäßigkeitsprinzip als Kompetenzausübungsschranken

Rechtsgrundlage: Art 5 Abs 3 und 4 EUV, Protokoll Nr 2 über die Anwendung der Grundsätze der Subsidiarität und Verhältnismäßigkeit

Weitere Informationen:
subsidiarity.cor.europa.eu/
(Netzwerk für die Subsidiaritätskontrolle des AdR)

Neben der grundsätzlichen Beschränkung der Zuständigkeiten der EU auf den Umfang der vertraglichen Einzelermächtigungen ist die Ausübung dieser Befugnisse weiteren Schranken in Gestalt des Subsidiaritäts- und des Verhältnismäßigkeitsprinzips unterworfen. Diese werden daher als Kompetenzausübungsschranken bezeichnet. Sie regeln nicht die Verteilung der Zuständigkeiten zwischen der EU und den Mitgliedstaaten, sondern betreffen lediglich die Frage, ob und wie eine der EU vertraglich eingeräumte Kompetenz durch diese ausgeübt werden soll.

a. Zum Subsidiaritätsprinzip:

Der in der katholischen Soziallehre entwickelte Gedanke der Subsidiarität besagt, dass die größere Einheit nicht Aufgaben erfüllen soll, die von der kleineren Einheit zufriedenstellend bewältigt werden können. Dieser Grundsatz, der auch für die europäische Integration Bedeutung erlangt hat, wird im Art 5 Abs 3 EUV wie folgt verankert: „Nach dem Subsidiaritätsprinzip wird die Union in den Bereichen, die nicht in ihre ausschließliche Zuständigkeit fallen, nur tätig, sofern und soweit die Ziele der in Betracht gezogenen Maßnahmen von den Mitgliedstaaten weder auf zentraler noch auf regionaler oder lokaler Ebene ausreichend verwirklicht werden können, sondern vielmehr wegen ihres Umfanges oder ihrer Wirkungen auf Unionsebene besser zu verwirklichen sind."

Materiell gibt Art 5 Abs 3 EUV für die Subsidiaritätsprüfung zwei Kriterien vor, einerseits ein sog Negativ- oder Effizienzkriterium – die Ziele der in Betracht kommenden Maßnahmen können von den Mitgliedstaaten nicht ausreichend erreicht werden – und andererseits ein sog Positiv- oder Erforderlichkeitskriterium – die Ziele können wegen ihres Umfangs oder ihrer Wirkungen besser auf Unionsebene erreicht werden. Es geht also um die Frage, ob die EU im Hinblick auf die genannten Kriterien unter Ausübung einer ihr zugewiesenen Kompetenz überhaupt handeln soll. Die Tragweite beider Kriterien wird in einem den Verträgen beigefügten Protokoll[4] näher verdeutlicht. Außerdem wird dort auch eine Begründungspflicht von Entwürfen zu Gesetzgebungsakten im Hinblick auf den Grundsatz der Subsidiarität festgelegt.

In der Praxis gestaltete sich die Überprüfung der Einhaltung des Subsidiaritätsprinzips wegen der Unbestimmtheit seiner Kriterien bislang als relativ schwierig. Wenig überraschend geht daher auch die Rechtsprechung des EuGH von einem sehr großzügigen Maßstab aus. Das Subsidiaritätsprinzip eignete sich daher kaum als Mittel für die Bewahrung nationaler Zuständigkeiten. Zu einer verstärkten politischen Kontrolle seiner Beachtung soll der nunmehr im genannten Protokoll neu vorgesehene Mechanismus der Subsidiaritätskontrolle durch die nationalen Parlamente führen:

- Danach können die nationalen Parlamente oder deren Kammern – ggf nach Konsultation der regionalen Parlamente mit Gesetzgebungsbefugnis – binnen acht Wochen in einer begründeten Stellungnahme darlegen, weshalb der Entwurf eines Gesetzgebungsakts ihres Erachtens nicht mit dem Subsidiaritätsprinzip vereinbar ist (sog Subsidiaritätsrüge). Diese Stellungnahmen sind im weiteren Rechtsetzungsverfahren zu berücksichtigen.
- Erreicht die Anzahl begründeter Stellungnahmen das Quorum von einem Drittel[5] (jedes Parlament hat zwei, in einem Zweikammernsystem, wie es etwa in Österreich und Deutschland besteht, hat jede der beiden Kammern eine Stimme), so muss der Entwurf formell überprüft werden. Hat jedoch eine Mehrheit der nationalen Parlamente eine Subsidiaritätsrüge erhoben, so muss die Kommission ihren Vorschlag in einer begründeten Stellungnahme im Hinblick auf die Einhaltung des Subsidiaritätsprinzips gesondert rechtfertigen. Schließen sich ungeachtet dessen der Rat oder das EP den Bedenken der Mehrheit der nationalen

Parlamente an, so können sie die weitere Behandlung des Vorschlags mit einer Mehrheit von 55 % der Mitglieder des Rates oder einer einfachen Mehrheit im EP ablehnen.

- Schließlich können die Mitgliedstaaten – diese auch im Namen ihres nationalen Parlaments oder einer Kammer dieses Parlaments – sowie der Ausschuss der Regionen (AdR) vor dem EuGH gegen einen Gesetzgebungsakt Nichtigkeitsklage wegen Nichteinhaltung des Subsidiaritätsprinzips erheben (sog Subsidiaritätsklage).

Der AdR unterstützt die Subsidiaritätskontrolle durch ein unter seiner Federführung aufgebautes Subsidiaritäts-Monitoring („*subsidiarity monitoring network*"), an dem sich vor allem auch regionale Gebietskörperschaften beteiligen.

b. Zum Verhältnismäßigkeitsprinzip:

Nach dem in Art 5 Abs 4 EUV verankerten Grundsatz der Verhältnismäßigkeit gehen die Maßnahmen der Union inhaltlich wie formal nicht über das zur Erreichung der Ziele der Verträge erforderliche Maß hinaus. Hier geht es also im Hinblick auf Art, Umfang und Intensität der vorgesehenen Maßnahme um die Frage, wie die EU handeln soll. Ob das Verhältnismäßigkeitsprinzip gewahrt wird, ist sowohl materiell (inhaltliche Ausgestaltung und Regelungsdichte der Maßnahme) als auch formell (Wahl der Handlungsform, zB VO oder RL) zu beurteilen.

C. Die Organe und Institutionen der EU und ihre Aufgaben

Weitere Informationen:
europa.eu/about-eu/institutions-bodies/index_de.htm
(Institutionen und Einrichtungen der EU)

1. Organstruktur

Rechtsgrundlage: Art 13 EUV

Die EU verfügt innerhalb ihres institutionellen Rahmens über folgende Organe: das Europäische Parlament (EP), den Europäischen

Rat, den Rat, die Europäische Kommission (kurz: Kommission), den Gerichtshof der Europäischen Union (EuGH), die Europäische Zentralbank (EZB) und den Rechnungshof.

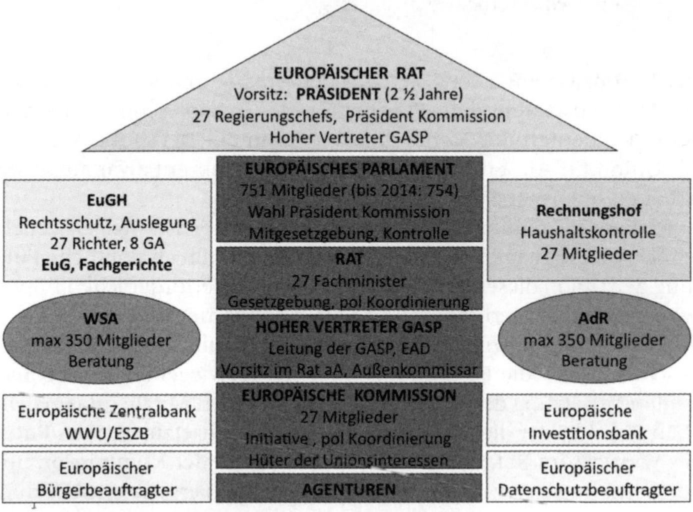

Abb. 1: Organe und Institutionen der EU

Daneben bestehen mit dem Ausschuss der Regionen (AdR) und dem Wirtschafts- und Sozialausschuss (WSA) beratende Einrichtungen, die zur Unterstützung des EP, des Rates und der Kommission berufen sind.

Von Bedeutung sind ferner eine Vielzahl sonstiger Einrichtungen und Stellen, die zwar keine Organe der EU im eigentlichen Sinn sind, aber deren Tätigkeit auf unterschiedliche Weise unterstützen, wie die Europäische Investitionsbank (EIB) oder die zahlreichen für die Besorgung bestimmter Aufgaben eingerichteten Agenturen (zu diesen siehe unten III.F.1.). Besondere unabhängige Kontrolleinrichtungen im Interesse der Bürger sind der Europäische Bürgerbeauftragte und der Europäische Datenschutzbeauftragte.

2. Der Europäische Rat

Rechtsgrundlage: Art 15 EUV, Art 235 und 236 AEUV

Weitere Informationen:
www.european-council.europa.eu/
(Homepage des Europäischen Rates)

Der Europäische Rat setzt sich aus den Staats- und Regierungschefs der Mitgliedstaaten, dem Präsidenten des Europäischen Rates und dem Präsidenten der Kommission zusammen. Der Hohe Vertreter der Union für Außen- und Sicherheitspolitik nimmt zwar an seinen Arbeiten teil, ist aber kein formelles Mitglied.

In diesem Gremium kommen die politisch höchstrangigen Vertreter der Mitgliedstaaten und der EU zusammen, um als politische Führung der Union dieser die für ihre Entwicklung erforderlichen Impulse zu geben und hierfür die allgemeinen politischen Zielvorstellungen und Prioritäten festzulegen. Daneben obliegen ihm sonstige wichtige Beschlüsse, wie die Feststellung einer schwerwiegenden und anhaltenden Verletzung der Werte der EU durch einen Mitgliedstaat (siehe oben II.A.3.) oder die Festlegung der Zusammensetzungen des Rates, des Vorsitzes im Rat, der Anzahl der Mitglieder der Kommission und der Zusammensetzung des EP, sowie wichtige Personalentscheidungen, namentlich die Wahl seines Präsidenten, die Benennung des Hohen Vertreters der Union für Außen- und Sicherheitspolitik (mit Zustimmung des Präsidenten der Kommission), der Vorschlag für den Präsidenten der Kommission und (nach Zustimmung durch das EP) die Ernennung der Kommission sowie (nach Anhörung des EP) die Ernennung des Direktoriums der EZB.

Obwohl der Europäische Rat keine Rechtsetzungsbefugnisse hat, kommt ihm als politischem Leitungsgremium der EU eine entscheidende integrationspolitische Funktion zu. Er tritt mindestens zweimal pro Halbjahr in Brüssel zusammen. Bei Bedarf können auch außerordentliche Tagungen einberufen werden. Die Ergebnisse der Tagungen werden in (politischen) Schlussfolgerungen zusammengefasst.[6] Die dort enthaltenen Positionen werden zuvor im Konsens festgelegt. Nur in den vertraglich vorgesehenen Fällen gibt es im Europäischen Rat Mehrheitsbeschlüsse; dies ist etwa hinsichtlich der dem Europäischen Rat übertragenen Personalentscheidungen und der Festlegung der Zusammensetzungen des Rates und des Vorsitzes im Rat (jeweils qualifizierte Mehrheit[7]) oder in Verfahrens- und

Geschäftsordnungsfragen (einfache Mehrheit, also 14 von 27 Stimmen) der Fall. An den Abstimmungen nehmen der Präsident des Europäischen Rates und der Präsident der Kommission nicht teil.

In die durch den VvL neu geschaffene Funktion des Präsidenten des Europäischen Rates wurde *Herman van Rompuy* gewählt. Die Amtszeit des Präsidenten beträgt zweieinhalb Jahre, wobei eine einmalige Wiederwahl zulässig ist. Dem Präsidenten, der kein einzelstaatliches Amt ausüben darf, obliegen neben der Vorsitzführung auch die Einberufung und die Vor- und Nachbereitung der Tagungen des Europäischen Rates sowie Koordinationsaufgaben im Verhältnis zur Kommission und zum Rat. Weiters nimmt er unbeschadet der Befugnisse des Hohen Vertreters der Union für Außen- und Sicherheitspolitik die Außenvertretung der Union in Angelegenheiten der GASP wahr.

3. Der Rat

Rechtsgrundlage: Art 16 EUV; Art 237 bis 243 AEUV

Weitere Informationen:
www.consilium europa.eu
(Homepage des Rates)

Der Rat ist (gemeinsam mit dem EP) das maßgebliche Rechtsetzungsorgan der EU und verfügt zugleich über exekutive Befugnisse und Zuständigkeiten im Haushaltswesen. Zu seinen Aufgaben gehört insbesondere auch die Festlegung der Politik und die Koordinierung nach Maßgabe der Verträge.

Der Rat setzt sich aus je einem Vertreter der Mitgliedstaaten auf Ministerebene zusammen. Er tagt in verschiedenen Zusammensetzungen, die sich nach den zu behandelnden Angelegenheiten richten und in einem Beschluss des Rates wie folgt festgelegt wurden (sog Ratsformationen):[8]

Ratsformationen	
1. Allgemeine Angelegenheiten	6. Wettbewerbsfähigkeit (Binnenmarkt, Industrie, Forschung)
2. Auswärtige Angelegenheiten	7. Verkehr, Telekommunikation, Energie
3. Wirtschaft und Finanzen (ECOFIN-Rat)	8. Landwirtschaft und Fischerei
4. Justiz und Inneres	9. Umwelt
5. Beschäftigung, Sozialpolitik, Gesundheit und Verbraucherschutz	10. Bildung, Jugend und Kultur

In den einzelnen Ratsformationen sind die Mitgliedstaaten durch ihre jeweiligen Ressortminister vertreten. Für bundesstaatlich organisierte Mitgliedstaaten wie Deutschland und Österreich besteht auch die Möglichkeit, einen Landesminister (Landesrat) zu entsenden.

Eine etwas hervorgehobene Stellung haben der Rat Allgemeine Angelegenheiten und der Rat Auswärtige Angelegenheiten, denen wichtige koordinierende Funktionen für die politische Tätigkeit der EU zukommen: Ersterem obliegt die Sicherstellung der Kohärenz der Arbeiten des Rates in seinen verschiedenen Zusammensetzungen und (gemeinsam mit dem Präsidenten des Europäischen Rates und dem Präsidenten der Kommission) die Vorbereitung der Tagungen des Europäischen Rates. Der unter dem Vorsitz des Hohen Vertreters der Union für Außen- und Sicherheitspolitik tagende Rat Auswärtige Angelegenheiten gestaltet das auswärtige Handeln der EU entsprechend den strategischen Vorgaben des Europäischen Rates und sorgt für die Kohärenz des Handelns der Union.

Der Vorsitz im Rat (auch: Ratspräsidentschaft) wird – mit Ausnahme des Rates Auswärtige Angelegenheiten – nach dem Rotationsprinzip jeweils für sechs Monate von einem Mitgliedstaat wahrgenommen. Im ersten Halbjahr 2010 hatte Spanien den Ratsvorsitz inne. Im zweiten Halbjahr 2010 übt Belgien den Ratsvorsitz aus. Die weitere Reihenfolge ist laut Beschluss des Rates wie folgt festgelegt:[9]

Ungarn	Jänner–Juni 2011
Polen	Juli–Dezember 2011
Dänemark	Jänner–Juni 2012
Zypern	Juli–Dezember 2012
Irland	Jänner–Juni 2013
Litauen	Juli–Dezember 2013
Griechenland	Jänner–Juni 2014
Italien	Juli–Dezember 2014
Lettland	Jänner–Juni 2015
Luxemburg	Juli–Dezember 2015
Niederlande	Jänner–Juni 2016
Slowakei	Juli–Dezember 2016
Malta	Jänner–Juni 2017
Vereinigtes Königreich	Juli–Dezember 2017
Estland	Jänner–Juni 2018
Bulgarien	Juli–Dezember 2018
Österreich	Jänner–Juni 2019
Rumänien	Juli–Dezember 2019
Finnland	Jänner–Juni 2020

Dem Ratsvorsitz obliegen neben der Vertretung des Rates auch wichtige Geschäftsführungsaufgaben (insbesondere Vorbereitung, Einberufung und Leitung aller Tagungen und Sitzungen). Darüber hinaus kommt ihm eine wichtige politische Funktion als Impulsgeber für die Bestimmung der zentralen politischen Inhalte und Vorhaben der EU zu. Um eine bessere Kontinuität zu gewährleisten, wird dabei nunmehr auf der Grundlage eines mit den beiden nachfolgenden Präsidentschaften abgestimmten, 18 Monate gültigen gemeinsamen Arbeitsprogramms vorgegangen (sog Teampräsidentschaft[10]).

Die wesentlichen Aufgaben des Rates lassen sich wie folgt zusammenfassen:

- Rechtsetzung: Der Rat ist – gemeinsam mit dem EP – das Hauptrechtsetzungsorgan für sekundäres Unionsrecht (zum Begriff siehe unten III.A., zu den Rechtsetzungsverfahren unten III.C.2.). Wenn er Gesetzgebungsvorschläge berät und beschließt, tagt er öffentlich (mit Übertragung im Internet[11]).
- Initiative: Der Rat kann die Kommission auffordern, die nach seiner Ansicht zur Verwirklichung der gemeinsamen Ziele geeigneten Untersuchungen vorzunehmen und ihm entsprechende Vorschläge zu unterbreiten (indirektes Initiativrecht). Kommt die Kommission dem nicht nach, so trifft sie eine Begründungspflicht.
- Koordination: Diese Aufgaben des Rates betreffen einerseits die Koordinierung von Politiken der Mitgliedstaaten, wie etwa im Bereich der Wirtschafts- und Beschäftigungspolitik, andererseits politische Instrumente auf EU-Ebene, wie etwa die Koordinierung der Strukturfonds.
- Ernennungen: Der Rat ernennt (nach Anhörung des EP) die Mitglieder des Rechnungshofes, des WSA und des AdR sowie (im Einvernehmen mit dem EP) den Europäischen Datenschutzbeauftragten.
- Haushalt: Auf Vorschlag der Kommission erlässt der Rat gemeinsam mit dem EP den Haushaltsplan (siehe unten II.D.2.).
- Außenbeziehungen: Der Rat ist zuständig für den Abschluss von Abkommen mit dritten Staaten und internationalen Organisationen. Er beschließt nach Zustimmung des EP über den Beitritt von Staaten zur EU.
- Personalrecht: Der Rat erlässt (gemeinsam mit dem EP) das Beamtenstatut und die Beschäftigungsbedingungen für die Bediens-

teten der EU. Weiters regelt er die Besoldung des Präsidenten des Europäischen Rates, des Präsidenten der Kommission, des Hohen Vertreters der Union für Außen- und Sicherheitspolitik, der Mitglieder der Kommission, der Präsidenten, der Mitglieder und der Kanzler des EuGH sowie des Generalsekretärs des Rates.

Die Beschlüsse im Rat werden, soweit in den Verträgen nichts anderes festgelegt ist, grundsätzlich mit qualifizierter Mehrheit gefasst. In nur wenigen, überwiegend organisatorischen Angelegenheiten genügt die einfache Mehrheit, also 14 von 27 Stimmen (siehe Seite 44), in besonders sensiblen Bereichen ist nach wie vor Einstimmigkeit vorgesehen (siehe Seite 43). Für die zuletzt genannten Bereiche (mit Ausnahme bestimmter Angelegenheiten, wie Beschlüssen mit militärischen oder verteidigungspolitischen Bezügen oder der Ausübung der Vertragsabrundungskompetenz) kann der Europäische Rat nach Art 48 Abs 7 EUV einstimmig den Übergang zur qualifizierten Mehrheit im Rat oder zum ordentlichen Gesetzgebungsverfahren mit qualifizierter Mehrheit beschließen (sog allgemeine Brückenklausel, auch Passerelle-Klausel); für einen solchen Beschluss bedarf es der zumindest konkludenten Zustimmung der nationalen Parlamente der Mitgliedstaaten (keine ausdrückliche Ablehnung auch nur durch ein nationales Parlament) und der Zustimmung des EP. Daneben finden sich in den Verträgen auch spezielle Brückenklauseln, die im Einzelfall den Europäischen Rat[12] oder den Rat[13] ermächtigen, den Übergang zur qualifizierten Mehrheit zu beschließen, oder dem Rat die Möglichkeit einräumen, in das ordentliche Gesetzgebungsverfahren mit qualifizierter Mehrheit zu wechseln;[14] auch hier ist in einem Fall eine zumindest konkludente Zustimmung der nationalen Parlamente Voraussetzung.[15] Insgesamt hat der VvL die Bereiche, in denen die Beschlüsse im Rat mit qualifizierter Mehrheit gefasst werden, von 137 auf 181 erhöht.

Beschlussfassung im Rat mit Einstimmigkeit

- Feststellung der Verletzung grundlegender Werte durch einen Mitgliedstaat (Art 7 EUV)
- Beschlüsse im Rahmen der GASP und der GSVP (Art 24, 31, 41, 42, 46 EUV)
- Beitritt neuer Mitgliedstaaten (Art 49 EUV)
- Bekämpfung von Diskriminierungen (Art 19 AEUV)
- Soziale Sicherheit und sozialer Schutz der Unionsbürger (Art 21 AEUV)
- Wahlrecht für Unionsbürger (Art 22 AEUV)
- Ergänzung der Unionsbürgerrechte (Art 25 AEUV)
- Einschränkungen des freien Kapitalverkehrs zu Drittstaaten (Art 64, 65 AEUV)
- Pässe, Personalausweise, Aufenthaltstitel (Art 77 AEUV)
- Maßnahmen zum Familienrecht mit grenzüberschreitendem Bezug (Art 81 AEUV)
- Ausdehnung der justiziellen Zusammenarbeit in Strafsachen (Art 82, 83 AEUV)
- Europäische Staatsanwaltschaft (Art 86 AEUV)
- Operative polizeiliche Zusammenarbeit (Art 86, 89 AEUV)
- Ausnahmen vom Beihilfeverbot (Art 108 AEUV)
- Harmonisierung indirekter Steuern (Art 113 AEUV)
- Harmonisierung von Rechtsvorschriften mit unmittelbarer Auswirkung auf die Errichtung oder das Funktionieren des Binnenmarkts (Art 115 AEUV)
- Sprachenregelung für bestimmte europäische Rechtstitel (Art 118 AEUV)
- Bestimmte Beschlüsse im Rahmen der WWU
- Soziale Sicherheit und sozialer Schutz der Arbeitnehmer (Art 153, 155 AEUV)
- Umweltschutzmaßnahmen steuerlicher Art oder betreffend Raumordnung, Bewirtschaftung der Wasserressourcen, Bodennutzung, Wahl der Energiequellen oder allgemeine Struktur der Energieversorgung (Art 192 AEUV)
- Maßnahmen steuerlicher Art im Bereich der Energiepolitik (Art 194 AEUV)
- Assoziierung überseeischer Länder und Hoheitsgebiete (Art 203 AEUV)
- Abschluss bestimmter internationaler Übereinkünfte (Art 207, 218 AEUV)
- Einheitliches Wahlverfahren EP, steuerliche Regelungen für Abgeordnete (Art 223 AEUV)
- EuGH: Erhöhung der Zahl der Generalanwälte; Ernennung der Mitglieder von Fachgerichten, Zuständigkeit im Bereich geistiges Eigentum (Art 252, 262 AEUV)
- Beschluss von Empfehlungen in Bereichen, in denen Einstimmigkeit vorgesehen ist (Art 292 AEUV)
- Zusammensetzung des WSA und des AdR (Art 301, 305 AEUV)
- Satzungsänderung EIB (Art 308 AEUV)
- Eigenmittel der Union, Finanzrahmen (Art 311, 312 AEUV)
- Verstärkte Zusammenarbeit (Art 329, 330, 331, 332 AEUV)
- Amtssprachen der Organe (Art 342 AEUV)
- Vertragsabrundung/Lückenschließung (Art 352 AEUV)

Beschlussfassung im Rat mit einfacher Mehrheit

Verfahrensfragen im Rahmen der GASP (Art 31 AEUV)
Einsetzen eines Beschäftigungsausschusses (Art 150 AEUV)
Einsetzen eines Ausschusses für Sozialschutz (Art 160 AEUV)
Organisation des Generalsekretariats, Verfahrensfragen, Geschäftsordnung (Art 240 AEUV)

Ausübung des indirekten Initiativrechts (Art 241 AEUV)
rechtliche Stellung der im Vertrag vorgesehenen Ausschüsse (Art 242 AEUV)
Amtsenthebungsverfahren gegen ein Mitglied der Kommission (Art 245, 247 AEUV)

Eine qualifizierte Mehrheit kommt im Rat wie folgt zustande:

- System der Stimmgewichtung (bis zum 31. Oktober 2014)[16]
  Bis zum 31. Oktober 2014 gilt für das Erreichen der qualifizierten Mehrheit das bisherige System der Stimmgewichtung, in dem die Gesamtanzahl der Stimmen 345 beträgt.

Mitgliedstaat	**Stimmen**	**Mitgliedstaat**	**Stimmen**
Deutschland	29	Bulgarien	10
Frankreich	29	Österreich	10
Großbritannien	29	Dänemark	7
Italien	29	Finnland	7
Polen	27	Slowakei	7
Spanien	27	Irland	7
Rumänien	14	Litauen	7
Niederlande	13	Lettland	4
Belgien	12	Slowenien	4
Griechenland	12	Estland	4
Portugal	12	Luxemburg	4
Tschechische Rep.	12	Zypern	4
Ungarn	12	Malta	3
Schweden	10	**Gesamt**	**345**

Beschlüsse kommen mit einer Mindestanzahl von 255 Stimmen (= 73,9 % der Gesamtzahl der Stimmen) zustande. Zudem muss die Zustimmung der Mehrheit der Mitgliedstaaten gegeben sein, wenn der Rat auf Vorschlag der Kommission tätig wird. In allen anderen Fällen ist die Zustimmung von mindestens zwei Dritteln der Mitgliedstaaten Voraussetzung. Jeder Mitgliedstaat kann außerdem eine Überprüfung beantragen, ob die qualifizierte Mehrheit mindestens 62% der Gesamtbevölkerung der EU repräsentiert. Ist dies nicht der Fall, kommt die betreffende Entscheidung nicht zustande. Da für einen Beschluss mit qualifizierter Mehrheit immer mindestens 255 Stimmen erforderlich sind, können Mitgliedstaaten, die gemeinsam zumindest 91 Stimmen erreichen, Beschlüsse blockieren, obwohl sie eigentlich in der Minderheit sind (sog Sperrminorität). Diese Sperrminorität kann aufgrund der Stimmenverteilung zB gemeinsam von vier der sechs großen Mitgliedstaaten, von einem mittleren und drei großen Mitgliedstaaten oder je nach Konstellation von acht oder neun der zehn mittleren Mitgliedstaaten erreicht werden.

- System der doppelten Mehrheit (ab dem 1. November 2014)[17]
  Die bestehende Regelung wird ab dem 1. November 2014 durch das System der doppelten Mehrheit abgelöst (allerdings kann in einer bis zum 31. März 2017 dauernden Übergangsphase ein Mitgliedstaat beantragen, im Einzelfall zum System der Stimmgewichtung zurückzukehren). Danach gilt die qualifizierte Mehrheit grundsätzlich als erreicht, wenn
  mindestens 55% der Mitglieder des Rates, gebildet aus mindestens 15 Mitgliedern, zustimmen (für den Fall, dass der Rat nicht auf Vorschlag der Kommission oder des Hohen Vertreters der Union für Außen- und Sicherheitspolitik entscheidet, gilt jedoch ein erhöhtes Quorum von 72% der Mitglieder des Rates) und
  die von diesen vertretenen Mitgliedstaaten zusammen mindestens 65% der Bevölkerung der EU[18] ausmachen.
  Für eine Sperrminorität sind jedoch jedenfalls mindestens vier Mitglieder des Rates erforderlich, andernfalls gilt die qualifizierte Mehrheit als erreicht.

Als Hilfsorgan steht dem Rat der Ausschuss der Ständigen Vertreter (AStV; auch: *Comitè des représantants permanents* – COREPER) zur Verfügung, in den jeder Mitgliedstaat einen Vertreter im Botschafterrang entsendet. Die Kommission ist ebenfalls vertreten. Den Vorsitz führt der Ständige Vertreter des ratsvorsitzenden Staates. Aufgabe des AStV und seiner Arbeitsgruppen ist es, die Arbeit und Beschlussfassung im Rat vorzubereiten und die ihm vom Rat übertragenen Aufgaben auszuführen. Der AStV tritt wöchentlich in zwei Formationen zusammen:

- Der AStV II wird von den Botschaftern besetzt und dient der Vorbereitung der Räte für Allgemeine Angelegenheiten, Auswärtige Angelegenheiten, Wirtschaft und Finanzen sowie Justiz und Inneres. Die Sitzungen des AStV II werden von der *„Antici"*-Gruppe vorbereitet (benannt nach dem italienischen Diplomaten, der der erste Vorsitzende dieser Gruppe war).
- Der AStV I setzt sich aus den Stellvertretern der Botschafter zusammen. Dieses Gremium bereitet – mit Ausnahme des Bereichs

der Landwirtschaft, für den ein „Sonderausschuss Landwirtschaft (SAL)" eingerichtet ist – die Tagungen der übrigen sechs Ratsformationen vor. Seine Sitzungen werden von der „*Mertens*"-Gruppe vorbereitet (benannt nach dem belgischen Diplomaten, der der erste Vorsitzende dieser Gruppe war).

Als administrativer Hilfsapparat steht dem Rat ein Generalsekretariat mit ca 3.500 Bediensteten zur Verfügung, an dessen Spitze der Generalsekretär des Rates steht.

Wenn der Rat als Regierungskonferenz zusammentritt, nennt man das Gremium „die im Rat vereinigten Vertreter der Regierungen der Mitgliedstaaten". Dies ist zB für die Ernennung der Mitglieder des EuGH (Art 253 AEUV) oder die Festlegung eines Sitzes der Organe der EU (Art 341 AEUV) vorgesehen.

4. Die Europäische Kommission

Rechtsgrundlage: Art 17, 18 EUV, Art 244 bis 250 AEUV

Weitere Informationen:
www.ec.europa.eu (Homepage der Kommission)

Die Kommission ist das zentrale Exekutivorgan der EU, verfügt jedoch teilweise auch über Rechtsetzungsbefugnisse. Neben zentralen Verwaltungsaufgaben, der Wahrung und Förderung der Interessen der Union und der Überwachung der Einhaltung des Unionsrechts obliegen ihr auch die Außenvertretung der EU (mit Ausnahme der GASP) und wichtige politische Koordinierungsfunktionen.

Der Kommission gehört derzeit ein Staatsangehöriger jedes Mitgliedstaats an. Dies soll aufgrund eines noch zu fassenden Beschlusses des Europäischen Rates auch künftig so bleiben, sodass die im EUV ab dem 1. November 2014 in einem Rotationssystem vorgesehene Reduktion der Anzahl der Mitglieder der Kommission auf höchstens 18 (dies entspricht zwei Dritteln der Anzahl der Mitgliedstaaten) nicht wirksam werden wird.[19]

Die Amtszeit der Mitglieder der Kommission beträgt fünf Jahre. Eine Wiederernennung ist zulässig. Das Verfahren ihrer Ernennung ist mehrstufig ausgestaltet:

- Wahl des Präsidenten der Kommission:
  Zunächst schlägt der Europäische Rat nach entsprechenden Konsultationen mit qualifizierter Mehrheit dem EP einen Kandidaten

vor; dabei berücksichtigt er das Ergebnis der Wahlen zum EP. Das EP wählt diesen Kandidaten mit der Mehrheit seiner Mitglieder; kommt keine Mehrheit zustande, so ist das Wahlverfahren mit einem neuen Kandidaten nochmals zu durchlaufen.

- Benennung des Hohen Vertreters der Union für Außen- und Sicherheitspolitik und der übrigen Mitglieder der Kommission:
  Mit Zustimmung des gewählten Präsidenten der Kommission ernennt der Europäische Rat mit qualifizierter Mehrheit den Hohen Vertreter der Union für Außen- und Sicherheitspolitik. Weiters nimmt er im Einvernehmen mit dem gewählten Präsidenten der Kommission und auf Basis von Vorschlägen der Mitgliedstaaten im Konsens eine Liste der anderen Persönlichkeiten an, die er als Mitglieder der Kommission vorschlägt.
- Zustimmungsvotum des EP und Ernennung der Kommission als Kollegium:
  In weiterer Folge hat sich die designierte Kommission als Kollegium einem Zustimmungsvotum des EP zu stellen (daraus folgt, dass das EP insbesondere keine Möglichkeit hat, einzelne vorgeschlagene Kommissionsmitglieder abzulehnen, es kann lediglich der designierten Kommission als Ganzes die Zustimmung verweigern). Dem Votum des EP gehen Anhörungen der einzelnen Kandidaten durch die Abgeordneten voran. Auf der Grundlage der Zustimmung des EP wird die Kommission schließlich vom Europäischen Rat mit qualifizierter Mehrheit ernannt.

Im Gegensatz zu den Mitgliedern des Rates handelt es sich bei den Mitgliedern der Kommission nicht um Regierungsvertreter bzw Vertreter der Mitgliedstaaten. Vielmehr üben sie ihre Tätigkeit in voller Unabhängigkeit aus, sind ausschließlich dem Wohl der EU verpflichtet und weisungsfrei. Neben ihrem Amt dürfen sie keine entgeltliche oder unentgeltliche Berufstätigkeit ausüben.

- Die Leitung und Koordination der politischen Arbeit der Kommission obliegt dem Präsidenten (derzeit *José Manuel Barroso*), der diese auch nach außen vertritt. Zu diesem Zweck verfügt er über weitreichende Leitungs- und Richtlinienkompetenzen. Insbesondere legt er die Leitlinien fest, nach denen die Kommission ihre Aufgaben ausübt, beschließt über ihre interne Organisation (dies umfasst auch die Festlegung der Zuständigkeitsbereiche der einzelnen Kommissare) und ernennt – mit Ausnahme des Hohen Vertreters der Union für Außen- und Sicherheitspolitik – deren

Vizepräsidenten. Diese durch den VvL deutlich gestärkte Stellung des Kommissionspräsidenten kommt nunmehr auch dadurch zum Ausdruck, dass er Mitglieder der Kommission (mit Ausnahme des Hohen Vertreters der Union für Außen- und Sicherheitspolitik) aus ihrem Amt entlassen kann.

- Eine hervorgehobene Stellung kommt auch dem Hohen Vertreter der Union für Außen- und Sicherheitspolitik (derzeit *Catherine Ashton*) zu, dem die Leitung der GASP obliegt. Er ist auch in der Kommission als einer ihrer Vizepräsidenten für die auswärtigen Angelegenheiten zuständig und führt gleichzeitig den Vorsitz im Rat Auswärtige Angelegenheiten; außerdem nimmt er an den Tagungen des Europäischen Rates teil. Diese durch den VvL neu geschaffene und an der Schnittstelle zwischen Europäischem Rat, Rat und Kommission angesiedelte Funktion soll die Kohärenz des auswärtigen Handelns der EU gewährleisten. Zu diesem Zweck verfügt der Hohe Vertreter in den Angelegenheiten der GASP auch über ein Initiativrecht. Unterstützt wird er durch den neu eingerichteten Europäischen Auswärtigen Dienst (EAD, siehe unten V.A.).

Die wesentlichen Aufgaben der Kommission lassen sich wie folgt zusammenfassen:

- Initiative: Die Kommission besitzt das Initiativmonopol, sodass EP und Rat idR nur aufgrund eines entsprechenden Vorschlags der Kommission Gesetzgebungsakte erlassen können (in den Angelegenheiten der GASP teilt sich die Kommission das Initiativrecht mit den Mitgliedstaaten und dem Hohen Vertreter der Union für Außen- und Sicherheitspolitik, in den Angelegenheiten der PJZS mit einem Viertel der Mitgliedstaaten[20]). Generell treibt die Kommission durch ihre politischen und legislativen Initiativen die Entwicklung der EU voran („Motor der Union"). Eine bedeutende Rolle spielen in diesem Zusammenhang die von der Kommission regelmäßig zu bestimmten politischen Fragen erstellten Grün- und Weißbücher: Grünbücher sollen eine öffentliche Debatte und einen Konsultationsprozess zu einer bestimmten Thematik in Gang setzen. Weißbücher enthalten – häufig darauf aufbauend – konkrete Vorschläge für Maßnahmen in einem bestimmten Bereich.
- Kontrolle und Sanktionierung: Die Kommission überwacht die Einhaltung des Unionsrechts und der Urteile des EuGH durch

die Mitgliedstaaten und erhebt notfalls Vertragsverletzungsklage. Gegen natürliche und juristische Personen, die Unionsrecht verletzen, hat sie in Einzelfällen ein Sanktionsrecht (insbesondere im Wettbewerbsrecht, zB bei Missbrauch einer marktbeherrschenden Stellung, näher dazu unten V.F.). Sie wird daher auch als „Hüterin der Verträge" bezeichnet.

- Rechtsetzung: Diese Kompetenz steht zwar überwiegend dem Rat zu, punktuell hat aber auch die Kommission eigene Rechtsetzungsbefugnisse. Von größerer Bedeutung sind die der Kommission von EP und Rat übertragenen Rechtsetzungsbefugnisse zur Erlassung sog delegierter Rechtsakte oder von Durchführungsrechtsakten (siehe unten III.B.1.b.).
- Haushalt: Die Kommission ist für die Ausführung des Haushaltsplanes und für die jährliche Rechnungslegung verantwortlich (siehe unten II.D.).
- Fondsverwaltung: Der Kommission obliegt die Verwaltung der ihr angegliederten Fonds.
- Außenbeziehungen: Die Kommission vertritt die EU bei internationalen Organisationen und ist zuständig für die Verhandlung von Abkommen der EU mit internationalen Organisationen und Drittstaaten einschließlich Beitrittsabkommen. Im Bereich der GASP darf sie jedoch nicht tätig werden, da die diesbezüglichen auswärtigen Befugnisse dem Hohen Vertreter der Union für Außen- und Sicherheitspolitik vorbehalten sind.

Die Beschlüsse der Kommission werden mit absoluter Mehrheit und idR in gemeinschaftlicher Sitzung gefasst, es sind aber auch schriftliche Umlaufbeschlüsse zulässig. Zudem können einzelne Kommissionsmitglieder oder Beamte zu bestimmten Maßnahmen der Geschäftsführung und der Verwaltung ermächtigt werden.

Die Vorbereitung der Beschlussfassung ist innerhalb der Kommission ressortmäßig organisiert. Jedem Kommissionsmitglied steht ein Beamtenkabinett mit einem Kabinettschef an der Spitze zur Verfügung. Auf administrativer Ebene sind alle von der Kommission zu bearbeitenden Sachgebiete auf 45 Verwaltungseinheiten aufgeteilt (Generaldirektionen, allgemeine und interne Dienste). An der Spitze eines jeden Ressorts steht normalerweise ein dem leitenden Kommissionsmitglied verantwortlicher Generaldirektor. Die Generaldirektionen sind in Direktionen, diese wiederum in Abteilungen unterteilt. Zurzeit verfügt die Kommission über ca 26.000 Dauerplanstellen und Stellen auf Zeit, davon sind ca 10% Dolmetscher und Übersetzer.

5. Das Europäische Parlament

Rechtsgrundlage: Art 14 EUV, Art 223 bis 234 AEUV

Weitere Informationen:
www.europarl.europa.eu (Homepage des EP)

Das EP ist die unmittelbare Vertretung der Unionsbürgerinnen und -bürger auf der Ebene der Union. Ihm kommen Aufgaben im Rahmen der Rechtsetzung, der Ernennung von Organen, des Haushaltswesens und der politischen Kontrolle zu.

Seine Mitglieder werden in allgemeiner, unmittelbarer, freier und geheimer Wahl für eine Amtszeit von fünf Jahren gewählt. Bis zur Erlassung eines unionsweit einheitlichen Wahlverfahrens bestimmt sich dieses nach dem Recht der Mitgliedstaaten. Für die EP-Wahlen gilt das Wohnsitzprinzip, dh Unionsbürger mit Wohnsitz in einem Mitgliedstaat, dessen Staatsangehörigkeit sie nicht besitzen, haben in diesem Mitgliedstaat das aktive und passive Wahlrecht unter denselben Bedingungen wie die Angehörigen dieses Mitgliedstaats.

Die Anzahl der Mitglieder des EP beträgt maximal 751 (inklusive Präsident). Die Sitze sind auf die Mitgliedstaaten innerhalb einer festgelegten Bandbreite von mindestens sechs und höchstens 96 degressiv proportional zu verteilen (dh, dass einerseits die Abgeordneten aus den nach der Einwohnerzahl großen Mitgliedstaaten anteilig mehr Bürger vertreten als jene aus den kleineren Mitgliedstaaten und andererseits kein kleinerer Mitgliedstaat über mehr Sitze verfügen darf als ein größerer). Für die Festlegung der Sitzverteilung bedarf es eines einstimmigen Beschlusses des Europäischen Rates auf Initiative und mit Zustimmung des EP.

Die Zusammensetzung des EP für die gegenwärtige Wahlperiode (2009 bis 2014) erfolgte jedoch noch nach der alten Rechtslage, weil der VvL zu diesem Zeitpunkt noch nicht in Kraft war. Das EP hat daher gegenwärtig 736 Mitglieder, wobei die Sitzverteilung den neuen primärrechtlichen Vorgaben in mehreren Punkten nicht entspricht; insbesondere werden weder die Unter- noch die Obergrenze der Abgeordnetenanzahl pro Mitgliedstaat (fünf Abgeordnete aus Malta, 99 Abgeordnete aus Deutschland) eingehalten. Eine Angleichung der Sitzverteilung an die neue Rechtslage ist aber erst auf der Grundlage der Europawahlen im Juni 2014 für die nächste Wahlperiode möglich. Für den verbleibenden Übergangszeitraum wird allerdings eine dem Grundsatz der degressiven Proportionalität Rechnung tragende Anpassung der Sitzverteilung angestrebt, die zu einer vorübergehenden Erhöhung der Abgeordnetenanzahl auf 754 führen wird, da die für Deutschland bereits gewählten überzähligen Abgeordneten nicht wieder abberufen werden können. Die dafür erforderliche Änderung der Übergangsbestimmungen zum VvL soll mit 1. Dezember 2010 in Kraft treten.[21]

Die Verteilung der Abgeordneten auf die Mitgliedstaaten stellt sich daher für die gegenwärtige Wahlperiode wie folgt dar:

Mitgliedstaat	Anzahl der Sitze	Mitgliedstaat	Anzahl der Sitze
(x) = beabsichtigte Anpassung			
Deutschland	99	Österreich	17 (19)
Frankreich	72 (74)	Bulgarien	17 (18)
Großbritannien	72 (73)	Dänemark	13
Italien	72 (73)	Finnland	13
Spanien	50 (54)	Slowakei	13
Polen	50 (51)	Irland	12
Rumänien	33	Litauen	12
Niederlande	25 (26)	Lettland	8 (9)
Belgien	22	Slowenien	7 (8)
Griechenland	22	Estland	6
Portugal	22	Luxemburg	6
Tschechische Republik	22	Zypern	6
Ungarn	22	Malta	5 (6)
Schweden	18 (20)	**Gesamt**	**736 (754)**

Politisch gliedert sich das EP in Fraktionen. Diese sind mitgliedstaatsübergreifende Zusammenschlüsse von Abgeordneten mit einer gemeinsamen politischen Anschauung. Zurzeit gib es im EP folgende Fraktionen:

Fraktion	**Abkürzung (engl)**	**Sitze***
Europäische Volkspartei (Christdemokraten)	EPP	264
Progressive Allianz der Sozialisten und Demokraten im Europäischen Parlament	S&D	162
Allianz der Liberalen und Demokraten für Europa	ALDE	84
Grüne/Freie Europäische Allianz	Greens/EFA	55
Europäische Konservative und Reformisten	ECR	54
Vereinigte Europäische Linke/Nordische Grüne Linke	GUE/NGL	32

* Eine Zuordnung der zusätzlichen Abgeordneten nach der beabsichtigten Anpassung der Abgeordnetenanzahl konnte noch nicht vorgenommen werden.

Die wesentlichen Aufgaben des EP lassen sich wie folgt zusammenfassen:

- Rechtsetzung: Das EP ist zwar – anders als die nationalen Parlamente – kein selbstständiges Gesetzgebungsorgan, verfügt aber über abgestufte und verschieden weit reichende Mitwirkungsrechte an der Rechtsetzung der EU. Im großteils zur Anwendung gelangenden ordentlichen Gesetzgebungsverfahren entscheidet es gleichberechtigt mit dem Rat. In einzelnen Bereichen verfügt es darüber hinaus über ein Zustimmungsrecht, wie zB bei Vertragsänderungen, bei der Inanspruchnahme der allgemeinen Brückenklausel, bei der Aufnahme einer verstärkten Zusammenarbeit oder beim Abschluss bestimmter internationaler Übereinkünfte. Auf anderen Gebieten hat es wiederum nur ein Anhörungsrecht (siehe unten III.C.2.).
- Initiative: Das EP verfügt – außer in wenigen Fällen, wie zB bei Vertragsänderungen und bestimmten das EP selbst betreffenden Angelegenheiten (Zusammensetzung des EP, einheitliches Wahlverfahren zum EP, allgemeine Bedingungen für die Ausübung der Abgeordnetenfunktion, Befugnisse des Bürgerbeauftragten) – über kein selbstständiges Recht zur Initiative für einen aus seiner Sicht notwendigen Rechtsakt, kann jedoch die Kommission auffordern, einen entsprechenden Vorschlag vorzulegen (indirektes Initiativrecht). Die Kommission trifft eine Begründungspflicht, wenn sie einer solchen Aufforderung nicht nachkommt. Näheres soll – wie bisher – in einer zwischen dem Parlament und der Kommission abzuschließenden Rahmenvereinbarung festgelegt werden.[22]
- Ernennung: Das EP wählt den Präsidenten der Kommission, vor ihrer Ernennung hat sich die Kommission zudem als Kollegium

einem Zustimmungsvotum des EP zu stellen (siehe oben II.C.4.). Weiters wählt das EP den Europäischen Bürgerbeauftragten und ernennt gemeinsam mit dem Rat den Europäischen Datenschutzbeauftragten (siehe unten II.C.12.)

- Haushalt: Das EP ist gemeinsam mit dem Rat Haushaltsbehörde. Die Erlassung des Haushaltsplans erfolgt im Zusammenwirken dieser beiden Organe (siehe unten II.D.2.).
- Aufnahme neuer Mitgliedstaaten: Diese bedarf der Zustimmung des EP.
- Kontrolle: Das schärfste Kontrollrecht des EP ist das Misstrauensvotum gegen die Kommission als Kollegium. Das EP kontrolliert die Kommission auch durch seine Befugnisse, sie für die Ausführung des Haushaltsplans zu entlasten und ihren jährlichen Gesamtbericht in öffentlicher Sitzung zu erörtern. Weitere Kontrollbefugnisse des EP manifestieren sich in einem Klagerecht vor dem EuGH, in der Einsetzung von Untersuchungsausschüssen, im Fragerecht gegenüber der Kommission, dem Rat und dem Hohen Vertreter der Union für Außen- und Sicherheitspolitik und in der Ernennung des Europäischen Bürgerbeauftragten.

Dem EP steht ein Präsidium, bestehend aus einem Präsidenten (derzeit *Jerzy Buzek*), der das EP nach außen vertritt, 14 Vizepräsidenten und fünf Quästoren vor. Die Mitglieder des Präsidiums werden vom EP aus seiner Mitte gewählt. In der täglichen parlamentarischen Arbeit erfolgt die Vorbereitung der öffentlichen (auch im Internet übertragenen[23]) Plenarsitzungen in Ausschüssen, die vom EP zu verschiedenen Aufgabenbereichen eingerichtet werden. Die administrative Unterstützung der Abgeordneten erfolgt durch ein Generalsekretariat mit ca 6.100 Bediensteten.

6. Der Gerichtshof der Europäischen Union

Rechtsgrundlage: Art 19 EUV, Art 251 bis 281 AEUV

Weitere Informationen:
www.curia.europa.eu (Homepage des EuGH)

a. Allgemeines

Der in Luxemburg ansässige Gerichtshof der Europäischen Union umfasst den Gerichtshof (EuGH), das Gericht (EuG) und die Fachgerichte. Ihm obliegt die Wahrung des Rechts bei der Auslegung und Anwendung der Verträge. Im Rahmen seiner umfassenden Rechtsschutzfunktion ist der EuGH auch für die Abgrenzung der Kompetenzen der EU gegenüber den Zuständigkeiten der Mitgliedstaaten zuständig. Nicht von seiner Zuständigkeit erfasst sind allerdings – abgesehen von zwei Ausnahmen[24] – Angelegenheiten der GASP sowie Maßnahmen der Polizei und der Strafverfolgungsbehörden.

Die Einzelzuständigkeiten des EuGH bzw die sich daraus ergebenden Verfahrensarten lassen sich wie folgt systematisieren:

- Verfassungsrechtliche Verfahren: Hierher gehören Streitigkeiten zwischen den Mitgliedstaaten untereinander, Streitigkeiten zwischen Mitgliedstaaten und Organen der EU sowie Streitigkeiten zwischen Organen der EU untereinander. Diese werden insbesondere in Vertragsverletzungsverfahren gegen Mitgliedstaaten (siehe unten e.) ausgetragen, außerdem in Verfahren über Nichtigkeitsklagen, die von einem Unionsorgan oder von einem Mitgliedstaat gegen Sekundärrechtsakte oder sonstige Handlungen mit Rechtswirkungen gegenüber Dritten erhoben werden (siehe unten e.), und in Verfahren über Untätigkeitsklagen, die von einem Unionsorgan oder einem Mitgliedstaat wegen vertragswidriger Unterlassung einer Maßnahme durch ein Unionsorgan erhoben werden.
- Verwaltungsrechtliche Verfahren: Hierher gehören Streitigkeiten zwischen Privatpersonen (natürlichen und juristischen Personen) und Organen der EU. Diese werden insbesondere in Verfahren über Nichtigkeitsklagen (siehe unten e.), Untätigkeitsklagen und Schadenersatzklagen zur Geltendmachung der Amtshaftung der Union, die von Privatpersonen erhoben werden, ausgetragen. Die meisten dieser Streitigkeiten fallen innerhalb des Gerichtshofs in die Zuständigkeit des EuG, gegen dessen Urteile dann ein Rechtszug zum EuGH besteht.
- Sonstige Verfahren: Hierher gehören das Vorabentscheidungsverfahren (siehe unten e.), das inzidente Normenkontrollverfahren und diverse besondere Verfahren (insbesondere Erstattung von Gutachten).
- Rechtsmittelverfahren: Hierher gehören Rechtsmittelverfahren vor dem EuGH gegen Urteile des EuG und Rechtsmittelverfahren vor dem EuG gegen Urteile der Fachgerichte.

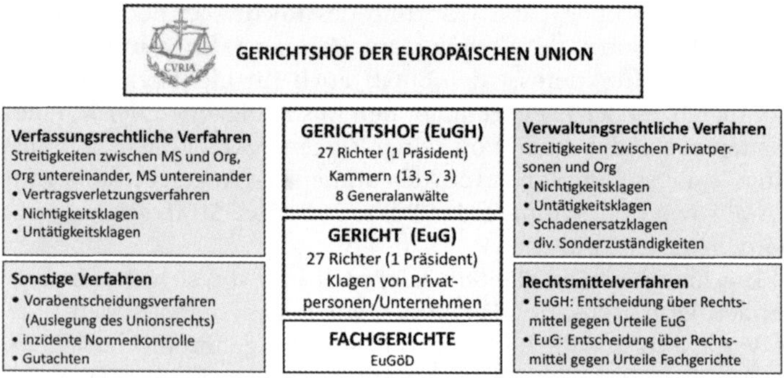

Abb. 2: Organisation und wichtigste Zuständigkeiten des EuGH

Dem EuGH ist eine Reihe von Kompetenzen übertragen, die über eine rein streitentscheidende Funktion hinausgehen. Im Besonderen ist der EuGH immer wieder berufen, im Rahmen seiner Rechtsprechung grundlegende wirtschaftspolitische Probleme nach juristischen Gesichtspunkten zu entscheiden, was ihm nur dadurch möglich ist, dass er häufig rechtsfortbildend, rechtsergänzend, ja rechtsfindend tätig ist. Dabei stellt er oft auf Geist, System und Ziele der Verträge ab. Die Auslegungsmethode des EuGH orientiert sich vorrangig am Kriterium der bestmöglichen Gewährleistung der Wirksamkeit des Unionsrechts und der politischen Finalität der EU, was insgesamt zu einer sehr innovatorischen Rechtsprechung führt. Diese ist daher auch durch eine ausgesprochene Dynamik geprägt, die lange Zeit vom Selbstverständnis des EuGH als „Motor der Integration" getragen war. Der EuGH nahm nämlich von Beginn an für sich die Befugnis zur richterlichen Rechtsschöpfung in Anspruch: Praktisch alle zentralen Institute des Unionsrechts (wie zB seine unmittelbare Geltung und sein Anwendungsvorrang) sind nicht in den Verträgen begründet, sondern wurden vom EuGH richterrechtlich entwickelt. Auch die im Vertrag final festgelegten Kompetenzen der EU werden vom EuGH sehr integrationsfreundlich und vielfach extensiv interpretiert.

b. Organisation des Gerichtshofs (EuGH)

Der EuGH setzt sich aus einem Richter pro Mitgliedstaat zusammen und wird von acht Generalanwälten unterstützt. Die Richter und die Generalsanwälte werden von den Regierungen der Mitgliedstaaten im gegenseitigen Einvernehmen ernannt. Ihre Amtszeit beträgt sechs Jahre. Alle drei Jahre findet eine teilweise Neubesetzung der Stellen statt, wobei eine Wiederernennung möglich ist und zur Wahrung der Kontinuität der Rechtsprechung auch praktiziert wird. Die Richter und Generalanwälte müssen die in ihrem Staat für die höchsten richterlichen Ämter erforderlichen Voraussetzungen erfüllen oder Juristen von anerkannt hervorragender Befähigung sein.

Dem EuGH steht ein Präsident vor, der von den Richtern aus ihrer Mitte für die Dauer von drei Jahren gewählt wird. Ein vom Gerichtshof selbst ernannter weisungsgebundener Kanzler nimmt unterstützende Aufgaben im Bereich des Verfahrensrechts, der Gerichtsorganisation und des Personalwesens wahr.

Der Gerichtshof kann als Große Kammer mit 13 Richtern oder durch Kammern mit fünf oder drei Richtern entscheiden. Vor Erlassung eines Urteils in einer Rechtssache stellt idR der Generalanwalt öffentlich und in völliger Unparteilichkeit und Unabhängigkeit begründete Schlussanträge. Darin beurteilt er den Sachverhalt aus seiner Sicht und stellt abschließend den Antrag, den Fall in einer bestimmten Weise zu entscheiden. Der EuGH ist an die Rechtsauffassung und die Anträge des Generalanwalts nicht gebunden, hält sich aber in etwa in vier von fünf Fällen daran.

c. Organisation des Gerichts (EuG)

Das EuG setzt sich aus einem Richter pro Mitgliedstaat zusammen. Für die Ernennung gelten im Wesentlichen dieselben Voraussetzungen wie für die Richter des EuGH. Auch die interne Organisation entspricht im Wesentlichen jener des EuGH; allerdings gibt es am Gericht keine Generalanwälte. Das EuG ist für Klagen von Privatpersonen (natürlichen und juristischen Personen) gegen die EU oder eines ihrer Organe (ein Hauptbereich ist das Wettbewerbsrecht) und für Rechtsmittel gegen Entscheidungen der Fachgerichte zuständig. Es kann im Plenum oder durch Kammern mit fünf oder drei Richtern entscheiden. Gegen Urteile des EuG kann ein auf Rechtsfragen beschränktes Rechtsmittel an den Gerichtshof erhoben werden.

d. Fachgerichte

Für die Entscheidung im ersten Rechtszug über bestimmte Kategorien von Klagen können dem EuG beigeordnete Fachgerichte gebildet werden. Dazu bedarf es einer auf Vorschlag der Kommission oder des Gerichtshofes im ordentlichen Gesetzgebungsverfahren erlassenen Verordnung des EP und des Rates. Derzeit besteht mit dem Gericht für den öffentlichen Dienst (EuGöD) ein derartiges Fachgericht. Dieses ist für Klagen von Beamten gegen die EU zuständig. Gegen seine Entscheidungen kann das EuG angerufen werden.

e. Ausgewählte Verfahren

Aufgrund ihrer großen Bedeutung soll nun kurz näher auf das Vertragsverletzungs-, das Nichtigkeits- und das Vorabentscheidungsverfahren eingegangen werden.

- Zum Vertragsverletzungsverfahren (Art 258 bis 260 AEUV):
  Beim Vertragsverletzungsverfahren prüft der EuGH, ob ein Mitgliedstaat seinen unionsrechtlichen Verpflichtungen nachgekommen ist. Klage wird idR von der Kommission erhoben (die Möglichkeit der Klagserhebung durch einen anderen Mitgliedstaat ist in der Praxis ohne Bedeutung). Dem gerichtlichen Verfahren sind ein informelles Verfahren und ein Vorverfahren vorgeschaltet, die beide vor der Kommission stattfinden. Das informelle Verfahren dient der näheren Sachverhaltsaufklärung und dem Versuch einer Regelung des Streitfalles im Vorfeld förmlichen Tätigwerdens. In einem ersten Schritt des Vorverfahrens wird der betroffene Mitgliedstaat von der Kommission in einem Mahnschreiben (*„lettre de mise en demeure"*) aufgefordert, sich binnen einer näher bestimmten Frist zu einem Vorwurf zu äußern. Bestreitet der Mitgliedstaat den ihm zur Last gelegten Vertragsverstoß mit für die Kommission nicht überzeugenden Argumenten oder lässt er sich zur Sache nicht ein, gibt die Kommission in einem zweiten Schritt eine mit Gründen versehene Stellungnahme (*„avis motivé"*) ab, die ihrerseits die Aufforderung enthält, innerhalb einer festgesetzten Frist den vertragswidrigen Zustand zu beenden. Kommt der Mitgliedstaat dieser Aufforderung nicht nach, kann die Kommission den EuGH mittels Klage anrufen.

➔ Als Beispiel für ein Vertragsverletzungsverfahren lässt sich – neben den stets zahlreichen Verfahren wegen der Nichtumsetzung bzw der nicht korrekten Umsetzung von RL durch einzelne Mitgliedstaaten (siehe unten III.B.1.c.) – etwa das Verfahren über die Frage der Unionsrechtskonformität der Regelung des Hochschulzugangs in Österreich nennen (Rs *Kommission/Österreich [Hochschulzugang]*:[25] Da das Erfordernis der besonderen Hochschulreife eine nach Auffassung des EuGH nicht sachlich gerechtfertigte Benachteiligung für Inhaber von Reifezeugnissen aus anderen Mitgliedstaaten darstellte, endete das Verfahren mit der Feststellung einer Vertragsverletzung durch Österreich.

Wird der Mitgliedstaat verurteilt, so hat er unverzüglich alle sich aus dem Urteil des EuGH ergebenden Maßnahmen zur Beseitigung der Vertragsverletzung zu ergreifen. Unterlässt er dies, so leitet die Kommission ein neuerliches Vertragsverletzungsverfahren (mit verkürztem Vorverfahren) ein.

➔ Das soeben genannte Vertragsverletzungsurteil des EuGH hatte eine Anpassung der öst Regelungen über den Hochschulzugang zur Folge. Da die Kommission auch gegen die neuen Bestimmungen (insbesondere die für den Zugang zum Medizinstudium vorgesehene Quotenregelung) Bedenken hat, hat sie ein weiteres Vertragsverletzungsverfahren gegen Österreich eingeleitet, das allerdings von der Kommission noch während des Vorverfahrens zur Beobachtung der weiteren Entwicklung vorläufig ruhendgestellt wurde.

Führt das Vorverfahren zu keinem aus Sicht der Kommission zufriedenstellenden Ergebnis, so kann sie neuerlich mit einer Vertragsverletzungsklage (wegen Nichtbefolgung des Vertragsverletzungsurteils) vorgehen und zusätzlich die Verhängung finanzieller Sanktionen in Form eines die Vertragsverletzung generell sanktionierenden Pauschalbetrags und/oder eines bis zur tatsächlichen Beseitigung der Vertragsverletzung zu leistenden Zwangsgeldes beantragen. Wie Beispiele aus der Rechtsprechung zeigen, können diese finanziellen Sanktionen mehrere Mio Euro betragen.

➔ So hat der EuGH etwa in der Rs *Kommission/Griechenland (Mülldeponie)*[26] wegen der Nichtbeseitigung einer Mülldeponie auf Kreta ein Zwangsgeld in Höhe von € 20.000 pro Tag des weiteren Andauerns der Nichtdurchführung des Vertragsverletzungsurteils (insgesamt 5,4 Mio Euro) oder in der Rs *Kommission/Frankreich (Fischbestände)*[27] wegen fehlender technischer Maßnahmen zur Erhaltung der Fischbestände einen Pauschalbetrag in Höhe von € 20 Mio und ein Zwangsgeld in Höhe von rund € 58 Mio pro Sechsmonatszeitraum, den die Nichtdurchführung des Vertragsverletzungsurteils weiter andauert, verhängt.

In Fällen, in denen ausschließlich die Nichtumsetzung von RL durch einen Mitgliedstaat gerügt wird, können derartige finanzielle Sanktionen nunmehr bereits aus Anlass der erstmaligen Klageerhebung durch die Kommission beantragt und vom EuGH verhängt werden.

- Zur Nichtigkeitsklage (Art 263 und 264 AEUV):
  Gegenstand von Nichtigkeitsklagen sind förmlich oder inhaltlich rechtswidrige Handlungen der Organe, Einrichtungen und sonstigen Stellen der EU. Nichtigkeitsgründe sind: Unzuständigkeit, Verletzung wesentlicher Formvorschriften, Verletzung der Verträge oder einer bei ihrer Durchführung anzuwendenden Rechtsnorm und Ermessensmissbrauch. In der Praxis dienen Nichtigkeitsklagen häufig dazu, durch den EuGH überprüfen zu lassen, ob die EU für die Erlassung eines bestimmten Sekundärrechtsaktes zuständig war und ob das Rechtsetzungsverfahren ordnungsgemäß durchgeführt wurde. Ist dies nicht der Fall, wird der Rechtsakt vom EuGH für nichtig erklärt (aufgehoben).
  - ➔ Dies war etwa im Jahr 2000 hinsichtlich der (ersten) Tabakwerbe-RL der Fall, weil diese ein umfassendes Verbot jeglicher Werbung und des Sponsorings für Tabakerzeugnisse vorsah, für dessen Erlassung der EuGH aber keine ausreichende Kompetenz der damaligen EG erkennen konnte (Rs *Deutschland/Parlament und Rat*[28]).

  Eine besondere Art der Nichtigkeitsklage ist die auf die Überprüfung der Einhaltung des Subsidiaritätsprinzips gerichtete Subsidiaritätsklage (siehe oben II.B.4.). Privatpersonen (natürliche und juristische Personen) können Handlungen, die sie individuell und unmittelbar betreffen, sowie Rechtsakte mit Verordnungscharakter, die sie unmittelbar betreffen und keine Durchführungsmaßnahmen nach sich ziehen, mit Nichtigkeitsklage beim EuG anfechten.

- Zum Vorabentscheidungsverfahren (Art 267 AEUV):
  Im Vorabentscheidungsverfahren wird eine von einem nationalen Gericht formulierte Rechtsfrage in Gestalt eines sog Vorabentscheidungsersuchens an den EuGH herangetragen und von diesem in Form eines Urteils verbindlich entschieden. Jedes letztinstanzliche mitgliedstaatliche Gericht muss eine Frage nach der Auslegung des primären oder sekundären Unionsrechts und eine Frage nach der Gültigkeit sekundären Unionsrechts dem EuGH vorlegen (obligatorische Vorlage). Jedes nicht letztinstanzliche mitgliedstaatliche Gericht ist zur Vorlage berechtigt, wenn eine der genannten Fragen entsteht und diese für das nationale Ausgangsverfahren entscheidungserheblich ist (fakultative Vorlage). Das Vorabentscheidungsverfahren sichert so das Auslegungsmonopol des EuGH, nur dieser darf verbindlich über die Auslegung und Gültigkeit des Unionsrechts entscheiden. In besonders dringlichen Fällen besteht dabei eine Verpflichtung zur Entscheidung binnen kürzester Frist (sog Eilvorlageverfahren).
  - ➔ Als Beispiel für ein Vorabentscheidungsverfahren lässt sich das weiter unten unter III.E.6. angeführte Urteil des EuGH in der Rs *Levin* nennen, in dem dieser auf Antrag eines belgischen Gerichts die konkrete Bedeutung des Begriffs „Arbeitnehmer" im Art 45 AEUV geklärt hat.

7. Die Europäische Zentralbank

Rechtsgrundlage: Art 282 bis 284 AEUV

Weitere Informationen:
www.ecb.eu/ecb/html (Homepage der EZB)
www.europa.eu/institutions/financial/ecb/index_de.htm
(Institutionen der EU und andere Organe > Europäische Zentralbank)

Im Rahmen der Wirtschafts- und Währungsunion (siehe dazu unten V.E.) ist ein Europäisches System der Zentralbanken (ESZB) errichtet worden, das aus der mit eigener Rechtspersönlichkeit ausgestatteten EZB und den Zentralbanken der Mitgliedstaaten besteht. Hauptaufgabe des ESZB ist die Festlegung und Ausführung der Geldpolitik der EU, wobei es dem Ziel der Sicherung der Preisstabilität verpflichtet ist. So hat etwa die EZB das ausschließliche Recht, die Ausgabe des Euro zu genehmigen.

Geleitet wird das ESZB von den Beschlussorganen der EZB, nämlich dem EZB-Rat, dem Direktorium sowie dem Erweiterten Rat. Das Direktorium setzt sich aus sechs vom Europäischen Rat nach Anhörung des EP und des EZB-Rats mit qualifizierter Mehrheit ernannten, in Währungs- oder Bankfragen anerkannten und erfahrenen Persönlichkeiten der Mitgliedstaaten zusammen. Die Ernennung erfolgt auf acht Jahre, eine Wiederwahl ist nicht zulässig. Der EZB-Rat besteht aus den Mitgliedern des Direktoriums der EZB und den Präsidenten der nationalen Zentralbanken der Mitgliedstaaten, deren Währung der Euro ist.

Dem EZB-Rat obliegt es, die Leitlinien und Entscheidungen zu erlassen, die zur Erfüllung der dem ESZB übertragenen Aufgaben notwendig sind (zB Festlegung der Leitzinsen für den Euro-Raum). Die Ausführung der vom EZB-Rat festgelegten Geldpolitik kommt dem Direktorium zu, das den nationalen Zentralbanken die erforderlichen Weisungen erteilen kann. Der Erweiterte Rat setzt sich aus dem Präsidenten und Vizepräsidenten der EZB und aus den Präsidenten der nationalen Zentralbanken aller Mitgliedstaaten zusammen. Er beteiligt sich an den Beratungs- und Koordinationsarbeiten der EZB und an den Vorbereitungen für eine künftige Erweiterung des Euro-Gebietes.

Die Tätigkeit des gesamten ESZB erfolgt in rechtlicher Unabhängigkeit von den Regierungen der Mitgliedstaaten, aber auch von den Organen und sonstigen Einrichtungen der EU.

8. Der Rechnungshof

Rechtsgrundlage: Art 285 bis 287 AEUV

Weitere Informationen:
www.eca.europa.eu (Homepage des Rechnungshofes)

Aufgabe des Rechnungshofes ist die Prüfung der Recht- und Ordnungsmäßigkeit aller Einnahmen und Ausgaben der EU, ihrer Organe und sonstigen Einrichtungen (Haushaltskontrolle). Dabei hat er sich von der Wirtschaftlichkeit der Haushaltsführung zu überzeugen. Dem EP und dem Rat legt er eine Erklärung über die Zuverlässigkeit der Rechnungsführung und über die Recht- und Ordnungsmäßigkeit der zugrunde liegenden Vorgänge vor; zudem erstattet er nach Abschluss eines jeden Haushaltsjahres einen Jahresbericht.

Der Rechnungshof besteht aus einem Staatsangehörigen je Mitgliedstaat. Seine Mitglieder werden vom Rat gemäß den Vorschlägen der Mitgliedstaaten nach Anhörung des EP für sechs Jahre ernannt. Eine Wiederernennung ist zulässig. Als Mitglieder des Rechnungshofes sind Persönlichkeiten auszuwählen, die in ihren Staaten Rechnungsprüfungsorganen angehören oder angehört haben oder die sonst für dieses Amt besonders geeignet sind. Sie üben ihre Tätigkeit in voller Unabhängigkeit aus.

Der Rechnungshof trifft seine Beschlüsse als Kollegium, und zwar mit der Mehrheit der Stimmen seiner Mitglieder. Der Rechnungshof und die nationalen Rechnungshöfe sind zur Zusammenarbeit verpflichtet.

9. Der Ausschuss der Regionen

Rechtsgrundlage: Art 300, 305 bis 307 AEUV

Weitere Informationen:
www.cor.europa.eu (Homepage des AdR)

Der AdR ist ein aus Vertretern der regionalen und lokalen Gebietskörperschaften zusammengesetztes Gremium mit beratender Funktion. Er unterstreicht die föderale Ausrichtung der EU, indem er den regionalen und lokalen Gebietskörperschaften die Möglichkeit bietet, ihre Vorstellungen in den Rechtsetzungsprozess einzubringen. Die Anhörung des AdR durch EP, Rat und Kommission ist für eine Reihe von Angelegenheiten, die die Regionen besonders berühren, zwingend vorgesehen (siehe Abb. 3), aber auch in anderen Fällen können Stellungnahmen angefordert werden. Darüber hinaus besitzt der AdR ein Selbstbefassungsrecht, dh er kann von sich aus Stellungnahmen abgeben, wenn er es für zweckmäßig erachtet.

Der AdR besteht aus höchstens 350 Mitgliedern; seine Zusammensetzung ist auf Vorschlag der Kommission durch einen einstimmigen Beschluss des Rates festzulegen. Derzeit hat der AdR 344 Mitglieder, von denen Deutschland 24 und Österreich 12 stellen. Die Mitglieder des Ausschusses sowie eine gleiche Anzahl von Stellvertretern werden vom Rat auf Vorschlag der jeweiligen Mitgliedstaaten für fünf Jahre ernannt und dürfen nicht Mitglieder des EP sein. Ihre Wiederernennung ist zulässig. Sie müssen ihre Tätigkeit in voller Unabhängigkeit ausüben. Dem AdR steht ein aus seiner Mitte gewähltes Präsidium mit einem Präsidenten vor.

Aufgrund seiner institutionell schwachen Stellung und des Fehlens echter (Mit-)Entscheidungsbefugnisse kann der AdR in der politischen Praxis die Willensbildungs- und Entscheidungsprozesse innerhalb der EU nur bedingt beeinflussen. Zudem führen die überaus unterschiedlichen subnationalen Strukturen in den Mitgliedstaaten zu einer sehr heterogenen Zusammensetzung des AdR, in dem Vertreter sowohl der regionalen (Länder, Regionen) als auch der kommunalen Ebene (Gemeinden) zusammenkommen. Dies erschwert – ebenso wie die völlig unterschiedliche Kompetenzausstattung der einzelnen regionalen und lokalen Gebietskörperschaften – die Wahrnehmung gemeinsamer Interessen.

Künftig könnte der AdR im Rahmen der Subsidiaritätskontrolle (siehe oben II.B.4.) größere politische Bedeutung erlangen, da er nun auch über das Recht zur Erhebung einer Subsidiaritätsklage verfügt.

10. Der Wirtschafts- und Sozialausschuss

Rechtsgrundlage: Art 300 bis 304 AEUV
Weitere Informationen:
www.eesc.europa.eu (Homepage des WSA)

Der WSA ist ein aus Vertretern der verschiedenen Gruppen des wirtschaftlichen und sozialen Lebens (zB Landwirte, Arbeitnehmer, Kaufleute, Handwerker, freie Berufe, Verbraucher) zusammengesetztes Gremium mit beratender Funktion. Er muss von EP, Rat und Kommission in den vertraglich vorgesehenen Fällen gehört werden (siehe Abb. 3), kann aber auch in anderen Fällen zu Stellungnahmen aufgefordert werden. Der WSA besitzt zudem ein Selbstbefassungsrecht.

Der WSA besteht wie der AdR aus höchstens 350 und gegenwärtig aus 344 Mitgliedern, von denen Deutschland 24 und Österreich 12 stellen. Diese werden auf Basis vom Vorschlägen der Mitgliedstaaten und nach Anhörung der Kommission vom Rat für fünf Jahre ernannt und sind in drei Gruppen (Arbeitgeber, Arbeitnehmer und Vertreter der Zivilgesellschaft) organisiert. Dem WSA steht ein aus seiner Mitte gewähltes Präsidium mit einem Präsidenten vor.

Wirtschafts- und Sozialausschuss	**Beratende Einrichtungen**	**Ausschuss der Regionen**
max. 350 Vertreter wirtschaftlicher und sozialer Gruppen		**max. 350 Vertreter von Ländern, Regionen und Gemeinden**
Gemeinsame Agrarpolitik Freizügigkeit der Arbeitnehmer Niederlassungsfreiheit Dienstleistungsliberalisierung Verkehrspolitik Harmonisierung (indirekte Steuern, Binnenmarkt) Beschäftigungspolitik Sozialpolitik Gleichbehandlung Bildungsförderung Gesundheitspolitik Verbraucherschutz Transeuropäische Netze Industriepolitik Struktur- und Regionalpolitik Forschungsförderung Umweltpolitik Energiepolitik	Politikbereiche, zu denen die Ausschüsse gehört werden müssen.	Verkehrspolitik Beschäftigungspolitik Sozialpolitik Bildungsförderung Kulturförderung Gesundheitspolitik Transeuropäische Netze Struktur- und Regionalpolitik Umweltpolitik Energiepolitik Ergänzende Stellungnahmen, wenn bei Anhörung des WSA regionale Interessen bestimmt werden

Abb. 3: Anhörung WSA und AdR

11. Die Europäische Investitionsbank

Rechtsgrundlage: Art 308 und 309 AEUV

Weitere Informationen:
www.eib.europa.eu (Homepage der EIB)

Die mit eigener Rechtspersönlichkeit ausgestattete EIB soll durch Gewährung von Darlehen und Bürgschaften die Finanzierung von Investitionsvorhaben erleichtern, die der Erschließung weniger entwickelter Gebiete, der Modernisierung oder Umstellung von Unternehmen und der Schaffung neuer Arbeitsmöglichkeiten dienlich sind und so zu einer reibungslosen Entwicklung des Binnenmarkts beitragen. Mitglieder der EIB sind die Mitgliedstaaten. Diese tragen zum Kapital der EIB entsprechend ihrem Bruttoinlandsprodukt anteilig bei.

Die Leitung der EIB obliegt dem Rat der Gouverneure, der aus den Finanzministern der Mitgliedstaaten besteht. Verwaltet wird die EIB vom 28 Mitglieder umfassenden Verwaltungsrat (ein Mitglied pro Mitgliedstaat und aus der Kommission), der ua über die Gewährung von Darlehen und Bürgschaften entscheidet. Für die laufenden Geschäfte ist das neun Mitglieder umfassende Direktorium verantwortlich.

12. Der Europäische Bürgerbeauftragte und der Europäische Datenschutzbeauftragte

Rechtsgrundlage: Art 228 AEUV (Bürgerbeauftragter), Art 16 AEUV (Datenschutzbeauftragter)

Weitere Informationen:
www.ombudsman.europa.eu
(Homepage des Europäischen Bürgerbeauftragten)
www.edps.europa.eu
(Homepage des Europäischen Datenschutzbeauftragten)

Beim Europäischen Bürgerbeauftragten und beim Europäischen Datenschutzbeauftragten handelt es sich um unabhängige Kontrolleinrichtungen, deren Aufgabe die Wahrung der Rechte und Interessen der Bürger gegenüber den Organen der EU ist.

Dem vom EP jeweils für die Dauer der Wahlperiode ernannten Europäischen Bürgerbeauftragten obliegt die Entgegennahme und Prüfung von Beschwerden über Missstände bei der Tätigkeit der Organe oder Institutionen der EG. Er kann aufgrund derartiger Beschwerden oder von sich aus entsprechende Untersuchungen durchführen. Stellt er einen Missstand fest, so teilt er dies dem betreffenden Organ mit und fordert es zur Stellungnahme auf. Das Ergebnis der Untersuchung ist dem Beschwerdeführer mitzuteilen.

Aufgaben des einvernehmlich vom EP und vom Rat ernannten Europäischen Datenschutzbeauftragten[29] sind der Schutz und die Wahrung der Grundrechte (insbesondere Achtung des Privat- und Familienlebens, Datenschutz) bei der Verarbeitung personenbezogener Daten durch Organe oder Einrichtungen der EU sowie die Beratung dieser Organe und Einrichtungen und der betroffenen Personen in allen die Verarbeitung personenbezogener Daten betreffenden Angelegenheiten. Zu diesem Zweck kann er aufgrund von Beschwerden Betroffener oder von sich aus entsprechende Untersuchungen durchführen. Von der Kommission ist er zu Angelegenheiten des Datenschutzes betreffenden Rechtsetzungsvorhaben zu konsultieren. Entsprechenden Verfahren beim EuGH kann er beitreten.

D. Die Finanzierung der EU

Rechtsgrundlage: Art 310 bis 325 AEUV

Weitere Informationen:
www.europa.eu/pol/financ/index_de.htm
(Politikfelder der EU > Haushalt)
www.ec.europa.eu/budget/index_de.htm
(Europäische Kommission > Politikbereiche > Haushalt)

1. Mehrjähriger Finanzrahmen, Einnahmen und Ausgaben

Bei der Aufstellung des jährlichen Haushaltsplans der EU ist der mehrjährige Finanzrahmen einzuhalten. In dem für einen Zeitraum von mindestens fünf Jahren erlassenen Finanzrahmen werden je Ausgabenkategorie die jährlichen Obergrenzen der Mittel für Verpflichtungen (das sind jene Beträge, hinsichtlich derer sich die EU gegenüber einem Begünstigten rechtlich binden darf) und die jährliche Obergrenze der Mittel für Zahlungen (das sind jene Beträge, die effektiv ausgegeben werden dürfen) festgelegt. Damit soll sichergestellt werden, dass die Ausgaben der Union eine geordnete Entwicklung nehmen. Der Finanzrahmen enthält auch alle sonstigen für den reibungslosen Ablauf des jährlichen Haushaltsverfahrens sachdienlichen Bestimmungen.

Der Rat erlässt den mehrjährigen Finanzrahmen in Verordnungsform einstimmig nach (mehrheitlicher) Zustimmung des EP. Der Europäische Rat kann aufgrund einer speziellen Brückenklausel einstimmig einen Beschluss fassen, wonach der Rat auch mit qualifizierter Mehrheit beschließen kann.

Im Finanzrahmen 2007–2013,[30] auf den sich die EU nach zähem Ringen einigen konnte, sind Verpflichtungsmittel von bis zu 1,048 % des Bruttonationaleinkommens (€ 864.143 Mio) und Zahlungsmittel von 1 % des Bruttonationaleinkommens (€ 820.526 Mio) der 27 Mitgliedstaaten vorgesehen. Auf der Einnahmenseite wird die jährliche Obergrenze der Eigenmittel mit 1,24 % des Bruttonationaleinkommens der Union fixiert (siehe Seite ...).

Finanzrahmen 2007–2013

(in Mio. EUR zu konstanten Preisen 2004)

Verpflichtungsermächtigungen	2007	2008	2009	2010	2011	2012	2013	Total 2007-2013
1. Nachhaltiges Wachstum	**50 865**	**53 262**	**55 879**	**56 435**	**55 400**	**56 866**	**58 256**	**386 963**
1a Wettbewerbsfähigkeit für Wachstum und Beschäftigung	8 404	9 595	12 018	12 580	11 306	12 122	12 914	78 939
1b Kohäsion für Wachstum und Beschäftigung	42 461	43 667	43 861	43 855	44 094	44 744	45 342	308 024
2. Bewahrung und Bewirtschaftung der natürlichen Ressourcen	**51 962**	**54 685**	**51 023**	**53 238**	**52 528**	**51 901**	**51 284**	**366 621**
davon: marktbezogene Ausgaben und Direktzahlungen	43 120	42 697	42 279	41 864	41 453	41 047	40 645	293 105
3. Unionsbürgerschaft, Freiheit, Sicherheit und Recht	**1 199**	**1 258**	**1 375**	**1 503**	**1 645**	**1 797**	**1 988**	**10 765**
3a Freiheit, Sicherheit und Recht	600	690	785	910	1 050	1 200	1 390	6 625
3b Unionsbürgerschaft	599	568	590	593	595	597	598	4 140
4. Die EU als globaler Akteur	**6 199**	**6 469**	**6 739**	**7 009**	**7 339**	**7 679**	**8 029**	**49 463**
5. Verwaltung (1)	**6 633**	**6 818**	**6 816**	**6 999**	**7 255**	**7 400**	**7 610**	**49 531**
6. Ausgleichszahlungen	**419**	**191**	**190**					**800**
VERPFLICHTUNGSERMÄCHTIGUNGEN INSGESAMT	**117 277**	**122 683**	**122 022**	**125 184**	**124 167**	**125 643**	**127 167**	**864 143**
Verpflichtungsermächtigungen in % des BNE	1,08 %	1,09 %	1,06 %	1,06 %	1,03 %	1,02 %	1,01 %	1,048 %
ZAHLUNGSERMÄCHTIGUNGEN INSGESAMT	**115 142**	**119 805**	**109 091**	**119 245**	**116 884**	**120 575**	**119 784**	**820 526**
Zahlungsermächtigungen in % des BNE	1,06 %	1,06 %	0,95 %	1,01 %	0,97 %	0,98 %	0,95 %	1,00 %
Spielraum	0,18 %	0,18 %	0,29 %	0,23 %	0,27 %	0,26 %	0,29 %	0,24 %
Eigenmittel-Obergrenze in % des BNE	1,24 %	1,24 %	1,24 %	1,24 %	1,24 %	1,24 %	1,24 %	1,24 %

(1) Ausgaben für Ruhegehälter: Die innerhalb der Obergrenze dieser Rubrik angesetzten Beträge sind Nettobeträge und berücksichtigen nicht die Beiträge des Personals zur Versorgungsordnung bis zu einer Höhe von 500 Mio. EUR zu Preisen von 2004 für den Zeitraum 2007-2013.

Der Haushalt, der 2007 bis 2013 im Schnitt ein Volumen von jährlich € 117,2 Mrd an Zahlungsmitteln aufweist, wird vollständig über folgende Eigenmittel[31] finanziert (die Aufzählung folgt der Bedeutung der Einnahmequellen):

- Anteil am Bruttonationaleinkommen der Mitgliedstaaten,
- Anteil an den Mehrwertsteuereinnahmen der Mitgliedstaaten gemäß einer gemeinschaftlich bestimmten einheitlichen Mehrwertsteuerbemessungsgrundlage,
- Zölle, die entsprechend dem Gemeinsamen Zolltarif auf Einfuhren aus Drittländern erhoben werden, und Agrarabschöpfungen, die an den Außengrenzen zur Anpassung der Preise für aus Drittländern importierte Agrarerzeugnisse an die Preise in der Union erhoben werden,
- Sonstige Einnahmen, wie auf die Gehälter der EU-Bediensteten erhobene Steuern, Bankzinsen, Beiträge von Drittstaaten zu Programmen der EU, Geldbußen und Zwangsgelder.

Für die Zeit des nächsten mehrjährigen Finanzrahmens ab 2014 steht eine eingehende Revision des EU-Haushalts zur Diskussion.

2. Erlassung des Haushaltsplans

Alle Einnahmen und Ausgaben der EU sind für jedes Haushaltsjahr zu veranschlagen und in einem Haushaltsplan festzulegen. Dies geschieht im folgenden mehrstufigen Verfahren, das in Art 314 AEUV detailliert geregelt ist:

- Jedes Organ, mit Ausnahme der EZB, stellt vor dem 1. Juli einen Haushaltsvoranschlag für seine Ausgaben für das folgende Haushaltsjahr auf. Die Kommission fasst diese Voranschläge – ggf mit Abweichungen – in einem Entwurf für den Haushaltsplan zusammen und legt diesen bis spätestens 1. September dem EP und dem Rat vor.
- Der Rat legt dazu seinen Standpunkt fest und leitet diesen spätestens am 1. Oktober dem EP zu. Hat das EP binnen 42 Tagen den Standpunkt des Rates gebilligt oder keinen Beschluss gefasst, so ist der Haushaltsplan erlassen. Hat das EP Abänderungen angenommen, so wird die abgeänderte Fassung des Entwurfs dem Rat und der Kommission zugeleitet und umgehend ein Vermittlungsausschuss einberufen. Der Vermittlungsausschuss, der aus den Mitgliedern des Rates und ebenso vielen des EP besteht und an dessen Arbeiten die Kommission teilnimmt, hat die Aufgabe,

binnen 21 Tagen auf der Grundlage der Standpunkte des EP und des Rates eine Einigung über einen gemeinsamen Entwurf zu erzielen. Einigt sich der Vermittlungsausschuss nicht, so legt die Kommission einen neuen Entwurf für den Haushaltsplan vor.

- Einigt sich der Vermittlungsausschuss auf einen gemeinsamen Entwurf, so verfügen das EP und der Rat über eine Frist von 14 Tagen, um diesen zu billigen. Wird der Entwurf innerhalb dieser Frist sowohl vom EP als auch vom Rat gebilligt, verschweigen sich beide Organe oder verschweigt sich ein Organ, während das andere den Entwurf billigt, so gilt der Haushaltsplan als erlassen.
- Wird der gemeinsame Entwurf sowohl vom EP als auch vom Rat oder von einem der beiden abgelehnt, während sich das andere Organ verschweigt, so legt die Kommission einen neuen Entwurf für den Haushaltsplan vor. Dies geschieht auch, wenn der gemeinsame Entwurf vom EP abgelehnt, aber vom Rat gebilligt wird. Wird der Entwurf hingegen umgekehrt vom EP gebilligt, aber vom Rat abgelehnt, so kann das EP alle oder einige seiner Abänderungen bestätigen und damit seine Position durchsetzen. Verzichtet das EP auf die Bestätigung, so wird der im Vermittlungsausschuss vereinbarte Standpunkt zu dem Haushaltsposten, der Gegenstand der Abänderung ist, übernommen. Der Haushaltsplan gilt als auf dieser Grundlage erlassen.

Nach Abschluss des Verfahrens stellt der Präsident des EP fest, dass der Haushaltsplan endgültig erlassen ist.

3. Haushaltskontrolle

Das EP und der Rat erlassen gemäß dem ordentlichen Gesetzgebungsverfahren durch Verordnungen nach Anhörung des Rechnungshofs die Haushaltsvorschriften (Haushaltsordnung), die vor allem die Aufstellung und Ausführung des Haushaltsplans sowie die Rechnungslegung und Rechnungsprüfung sowie die Kontrolle der Verantwortung insbesondere der Anweisungsbefugten und der Rechnungsführer regeln.

Die interne Haushaltskontrolle wird von eigenen Finanzkontrolloren der jeweiligen Organe durchgeführt. Die externe Haushaltskontrolle obliegt politisch dem EP und rechtlich bzw wirtschaftlich dem Rechnungshof, wobei sich beide Arten der externen Kontrolle ergänzen, da der Rechnungshof mit seinen Jahres- und Sonderberichten einen starken inhaltlichen Einfluss im Rahmen des Entlastungsverfahrens hat. Auf Empfehlung des Rates kann das EP der Kommission schließlich die Entlastung zur Ausführung des Haushaltsplans erteilen. Die Kommission trifft alle zweckdienlichen Maßnahmen, um den Bemerkungen in den Entlastungsbeschlüssen und anderen Bemerkungen des EP zur Vornahme der Ausgaben sowie den Erläuterungen, die den Entlastungsempfehlungen des Rates beigefügt sind, nachzukommen.

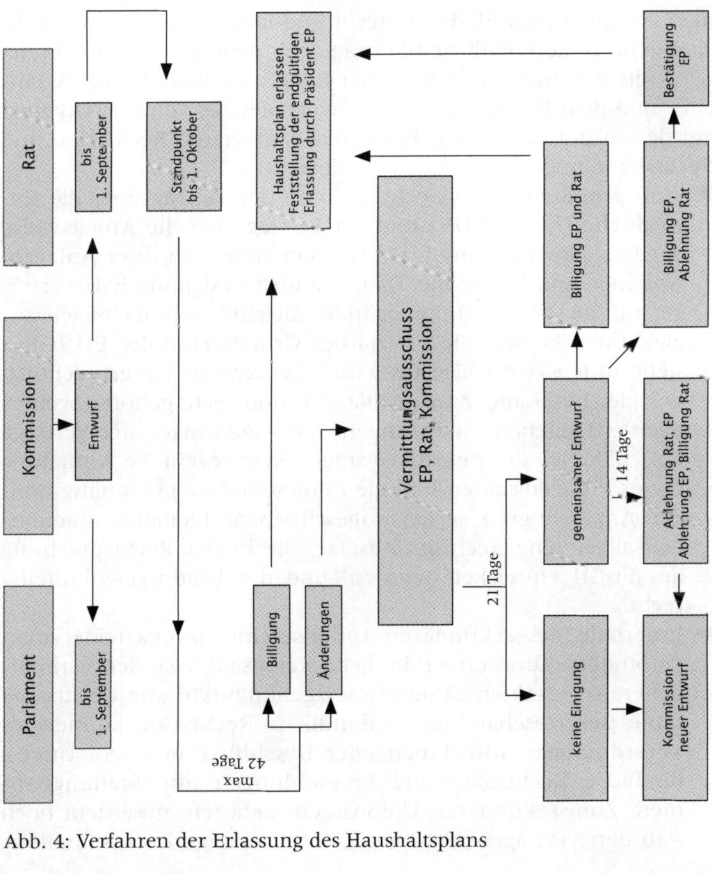

Abb. 4: Verfahren der Erlassung des Haushaltsplans

III. Recht, Rechtsetzung und Verwaltung der EU

A. Begriff: EU-Recht (Unionsrecht)

Rechtsgrundlage: Art 1, 6 EUV; Art 1, 288 bis 292 AEUV

Als Recht der Europäischen Union (EU-Recht, Unionsrecht) bezeichnet man die Gesamtheit aller jener rechtlichen Vorschriften, die in Zusammenhang mit der EU als solcher stehen bzw innerhalb ihres institutionellen Rahmens erzeugt werden. Dabei unterscheidet man zwischen dem EU-Primärrecht und meint damit im Wesentlichen jene völkerrechtlichen Verträge, mit denen die EU begründet wird (diese nehmen den höchsten Rang innerhalb des EU-Rechts ein), und dem EU-Sekundärrecht, worunter die von den Organen auf der Grundlage des EU-Primärrechts gesetzten Rechtsakte und Rechtshandlungen verstanden werden.

- Zum primären Unionsrecht gehören der Vertrag über die Europäische Union (EUV) und der Vertrag über die Arbeitsweise der Europäischen Union (AEUV) einschließlich ihrer Anlagen, Anhänge und Protokolle. Dabei handelt es sich um jene Verträge, auf die sich die Union gründet; sie sind rechtlich gleichrangig. Hinzu kommt die Charta der Grundrechte der EU (GRC, siehe unten IV.D.). Die GRC und die Verträge haben rechtlich den gleichen Rang. Zum primären Unionsrecht gehören weiters alle vertraglichen Ergänzungen und Änderungen der Verträge einschließlich der Beitrittsverträge (diese regeln die Aufnahme neuer Mitgliedstaaten und die in diesem Zusammenhang nötigen Anpassungen), ferner ungeschriebene Elemente, namentlich allgemeine Rechtsgrundsätze, die in der Rechtsprechung des EuGH entwickelt wurden, und das Unionsgewohnheitsrecht.
- Innerhalb des sekundären Unionsrechts unterscheidet man verbindliche und unverbindliche Rechtsakte. Zu den verbindlichen Rechtsakten zählen Gesetzgebungsakte und Rechtsakte ohne Gesetzescharakter. Verbindliche Rechtsakte können als Verordnungen, Richtlinien oder Beschlüsse ergehen. Unverbindliche Rechtsakte sind Empfehlungen und Stellungnahmen. Zum sekundären Unionsrecht gehören außerdem noch – in den Verträgen nicht geregelte – sonstige Rechtshandlun-

gen der Organe („Entschließungen", „Erklärungen", „Mitteilungen" etc).

- Eine Mittelstellung zwischen dem primären und dem sekundären Unionsrecht nehmen die von der EU abgeschlossenen völkerrechtlichen Verträge ein, die ebenfalls als Bestandteil des Unionsrechts gelten.

Die Gesamtheit der Normen des EU-Rechts wird allgemein auch als Besitzstand der Union (*„acquis"*), vormals gemeinschaftlicher Besitzstand (*„acquis communautaire"*), bezeichnet.

Unionsrecht – Rechtsquellen	
Primäres Unionsrecht	
▪ EUV und AEUV einschl. Änderungen, GRC, allgemeine Rechtsgrundsätze	
Völkerrechtliche Abkommen der EU	
Sekundäres Unionsrecht	
rechtlich verbindliche Rechtsakte	
Gesetzgebungsakte (EP/Rat – Gesetzgebungsverfahren)	Rechtsakte ohne Gesetzescharakter (Kom, in Ausnahmefällen Rat)
▪ Verordnungen (VO) unmittelbare und allgemeine Geltung	▪ VO, RL, B außerhalb eines Gesetzgebungsverfahrens
▪ Richtlinien (RL) Ziele verbindlich, Umsetzung nötig	▪ delegierte Rechtsakte (VO, RL, B) Ergänzung/Änderung nicht wesentl. Vorschriften
▪ Beschlüsse (B) unmittelbare und ggf individuelle Geltung	▪ Durchführungsrechtsakte (VO, RL, B) Festlegung einheitlicher Bedingungen
rechtlich unverbindliche Rechtsakte	
▪ Empfehlungen, Stellungnahmen	
Sonstige Rechtshandlungen (zB Entschließungen, Mitteilungen)	

Das Unionsrecht ist supranationales Recht und weist besondere Strukturprinzipien auf (siehe unten III.E.). Es stellt eine eigenständige Rechtsordnung neben dem Völkerrecht und dem staatlichen Recht dar. Als eigenständiges Recht gilt es unmittelbar in den Mitgliedstaaten (autonome Geltung), dh es muss nicht in die nationale Rechtsordnung übernommen werden (keine Transformation) und kann direkt Rechte und Pflichten Einzelner begründen (Durchgriffswirkung).

Das nunmehr in seiner Gesamtheit als Unionsrecht bezeichnete Recht der EU entspricht dem bisherigen supranationalen Gemeinschaftsrecht. Aufgrund der Auflösung der Säulenstruktur (siehe oben II.A.1.) gilt es nunmehr auch in der ehemaligen zweiten und dritten

Säule als supranationales Recht, während es das bisherige Recht der zweiten und dritten Säule, das auch als Unionsrecht bezeichnet wurde, aber völkerrechtlichen Charakter hatte, nicht mehr gibt.[32]

Neben dem Unionsrecht besteht das Recht der EAG als eigenständige, wenn auch mit dem Unionsrecht institutionell und rechtlich verklammerte (siehe oben II.A.1.) supranationale Rechtsordnung weiter. Der EAGV und die auf seiner Grundlage erlassenen Rechtsakte werden weiterhin als Gemeinschaftsrecht bezeichnet.

B. Rechtsakte

Rechtsgrundlage: Art 288 bis 292 AEUV

Weitere Informationen:
www.eur-lex.europa.eu/de/droit_communautaire/droit_communautaire.htm
(EurLex > Über EU-Recht > Organe und Verfahren)

1. Verbindliche Rechtsakte

Hinsichtlich der verbindlichen Rechtsakte unterscheidet der AEUV anknüpfend an das zur Anwendung gelangende Rechtsetzungsverfahren zwischen Gesetzgebungsakten und Rechtsakten ohne Gesetzescharakter.

a. Gesetzgebungsakte

Bei Gesetzgebungsakten handelt es sich um verbindliche Rechtsakte (Verordnungen, Richtlinien oder Beschlüsse), die gemäß einem Gesetzgebungsverfahren im Zusammenwirken von EP und Rat angenommen werden. IdR kommt das ordentliche Gesetzgebungsverfahren zur Anwendung; daneben gibt es aber auch besondere Gesetzgebungsverfahren.

b. Rechtsakte ohne Gesetzescharakter

Rechtsakte ohne Gesetzescharakter sind verbindliche Rechtsakte (Verordnungen, Richtlinien, Beschlüsse), die in einem einfachen Verfahren zustande kommen. Sie werden idR allein vom dafür zuständigen Organ auf Basis der jeweiligen vertraglichen Kompetenzgrundlage erlassen.

Zu dieser Art von Rechtsakten gehören auch delegierte Rechtsakte und Durchführungsrechtsakte:

- In Gesetzgebungsakten kann der Kommission die Befugnis übertragen werden, Rechtsakte ohne Gesetzescharakter mit allgemeiner Geltung zur Ergänzung oder Änderung bestimmter nicht wesentlicher Vorschriften des betreffenden Gesetzgebungsaktes zu erlassen (sog delegierte Rechtsakte, Art 290 AEUV). Dabei sind Ziele, Inhalt, Geltungsbereich und Dauer der Befugnisübertragung einschließlich Widerrufs- und Kontrollmöglichkeiten für EP und Rat ausdrücklich festzulegen.
- Wenn es für die Durchführung eines verbindlichen Rechtsakts einheitlicher Bedingungen bedarf, so können diese auf der Grundlage einer entsprechenden Ermächtigung im Rechtsakt selbst von der Kommission bzw (in wenigen Fällen) vom Rat in einem Durchführungsrechtsakt (Art 291 AEUV) festgelegt werden. Die Ausübung der Durchführungsbefugnisse durch die Kommission steht unter der Kontrolle der Mitgliedstaaten (Komitologie), wofür durch Verordnung im Voraus allgemeine Grundsätze und Regeln festzulegen sind.[33]

Auch für die delegierten Rechtsakte und die Durchführungsrechtsakte stehen als Rechtsaktformen die Verordnung, die Richtlinie und der Beschluss zur Verfügung.

c. Rechtsaktformen

Verbindliche Rechtsakte können als Verordnung, Richtlinie oder Beschluss erlassen werden.

- Verordnung:
  Verordnungen (VO) haben gemäß Art 288 Abs 2 AEUV allgemeine Geltung, sie sind in allen ihren Teilen verbindlich und gelten unmittelbar in jedem Mitgliedstaat. Sie sind daher mit einem nationalen Gesetz vergleichbar. Die VO regelt unmittelbar eine unbestimmte Vielzahl von Sachverhalten generell und abstrakt. Diese Gesamtverbindlichkeit unterscheidet sie von den Richtlinien, die nur hinsichtlich ihrer Zielbestimmung verbindlich sind. Die unmittelbare Geltung in den Mitgliedstaaten bewirkt, dass die VO ohne ein zusätzliches Tätigwerden des nationalen Gesetzgebers gilt. Mit VO können daher insbesondere Rechte und Pflichten von Einzelpersonen unmittelbar festgelegt und gestaltet werden.

➔ So legt zB die Roaming-VO[34] im Interesse des Verbraucherschutzes Höchstgrenzen für die Tarife bei Mobilfunkgesprächen im Ausland fest. Diese sind für die in der EU tätigen Mobilfunkunternehmen verbindlich, sodass sich deren Kunden direkt auf die VO berufen und die Einhaltung der dort normierten Höchsttarife verlangen können.

Nur wenn eine VO Regelungen enthält, die nationale Durchführungsakte erforderlich machen (sog „hinkende" Verordnungen), haben die Mitgliedstaaten tätig zu werden und diese zu erlassen.

➔ So überlässt etwa der Zollkodex,[35] der die Modalitäten der Verzollung von Waren regelt, die in die EU eingeführt werden, an mehreren Stellen die nähere Regelung bestimmter Aspekte den Mitgliedstaaten. Beispielsweise werden in den Art 243 und 244 des Zollkodex lediglich Grundsätze für Rechtsbehelfe gegen Entscheidungen der Zollbehörden festgelegt. In Art 245 des Zollkodex heißt es dann: „Die Einzelheiten des Rechtsbehelfsverfahrens werden von den Mitgliedstaaten erlassen." Die entsprechenden Durchführungsvorschriften finden sich in Österreich im Zollrechts-Durchführungsgesetz,[36] in Deutschland in der Abgabenordnung.[37]

► Richtlinie:

Richtlinien (RL) sind gemäß Art 288 Abs 3 AEUV für jeden Mitgliedstaat, an den sie gerichtet werden, hinsichtlich der zu erreichenden Ziele verbindlich, überlassen jedoch die Wahl der Form und der Mittel ihrer Durchführung den innerstaatlichen Stellen. Sie sind daher im weitesten Sinne mit einem nationalen Grundsatzgesetz vergleichbar.

➔ Als Beispiele kann hier auf die Dienstleistungs-RL (siehe unten IV.A.5.a.), die RL über die Anerkennung von Berufsqualifikationen (siehe unten IV.A.5.b.) und die Unionsbürger-RL (siehe unten IV.C.3.b.) verwiesen werden.

In welcher Form und mit welchen Mitteln die Mitgliedstaaten das durch eine RL vorgegebene Ziel erreichen, bleibt grundsätzlich ihnen überlassen. Es sind allerdings diejenigen Maßnahmen zu ergreifen, die für die Zielerreichung am besten geeignet sind. Sieht eine RL Rechte bzw Pflichten für Einzelne vor, so hat ihre Ausführung in Form verbindlicher innerstaatlicher Rechts- oder

Verwaltungsvorschriften zu erfolgen, die den Erfordernissen der Rechtssicherheit und Rechtsklarheit genügen.
Die Ausführung einer RL durch nationale Rechts- oder Verwaltungsvorschriften wird als „Umsetzung" bezeichnet. Jede RL gibt für ihre Umsetzung einen bestimmten Zeitraum vor, der üblicherweise zwischen einem und drei Jahren beträgt (sog Umsetzungsfrist). Die Mitgliedstaaten sind verpflichtet, spätestens bis zum Ende dieser Frist eine vollständige und ordnungsgemäße (inhaltlich richtige) Umsetzung sicherzustellen. Werden die zur Umsetzung erforderlichen nationalen Rechts- oder Verwaltungsvorschriften entweder nicht rechtzeitig erlassen oder setzen diese die RL unvollständig oder nicht richtig um, dann macht sich der betreffende Mitgliedstaat einer Vertragsverletzung schuldig, die vom EuGH im Rahmen eines von der Kommission eingeleiteten Vertragsverletzungsverfahrens (siehe dazu oben II.C.6.e.) sanktioniert werden kann. Da die Kommission in ihrer Funktion als „Hüterin der Verträge" (siehe dazu oben II.C.4.) die Rechtzeitigkeit, Vollständigkeit und Richtigkeit der Umsetzung von RL sehr genau und streng kontrolliert, sind derartige Vertragsverletzungsverfahren und -urteile gegen Mitgliedstaaten sehr häufig.

➔ Als Beispiele lassen sich hier stellvertretend das Urteil in der Rs *Kommission/Deutschland (RL Versicherungsvermittlung),*[38] in dem Deutschland wegen nicht rechtzeitiger Umsetzung der RL über Versicherungsvermittlung verurteilt wurde, und das Urteil in der Rs *Kommission/Österreich (FFH-RL)*[39] nennen, in dem der EuGH festgestellt hat, dass Österreich die Fauna-Flora-Habitat-RL (siehe unten V.J.) in Teilen nicht korrekt umgesetzt hat.

Wenngleich Richtlinien grundsätzlich keine unmittelbare Geltung in den Mitgliedstaaten haben, sondern diese erst mit der innerstaatlichen Umsetzung eintritt, wird ihnen von der Rechtsprechung des EuGH unter bestimmten Voraussetzungen eine unmittelbare Wirkung zugunsten begünstigter Personen zugesprochen. So können sich Einzelne in einem mit der Umsetzung einer RL säumigen Mitgliedstaat gegenüber staatlichen Stellen (zum funktionellen Staatsbegriff siehe unten III.E.7.) unmittelbar auf Richtlinienbestimmungen berufen, die hinsichtlich ihrer Rechte unbedingt und hinreichend genau sind oder den nationalen Stellen eine unmissverständliche Verpflichtung auferlegen. Damit soll verhindert werden, dass die zur Umsetzung verpflichteten Mitgliedstaaten Nutzen aus einer verspäteten oder fehlerhaften Umsetzung ziehen.

➔ Das führte in einem diesbezüglichen *„leading case"*, der Rs *Becker,*[40] dazu, dass eine im deutschen Umsatzsteuergesetz an sich erst ab 1. Jänner 1980 vorgesehene Steuerbefreiung für Kreditvermittler in unmittelbarer Anwendung der 6. Mehrwertsteuer-RL bereits ab dem 1. Jänner 1979 zu gewähren war, da die RL eigentlich schon bis zu diesem Zeitpunkt umgesetzt hätte sein müssen.

Zwischen Privaten ist eine derart unmittelbare Wirkung von RL allerdings ausgeschlossen, weil diese nicht selbst Verpflichtungen für die Bürgerinnen und Bürger begründen können; vielmehr bedarf es dazu immer zuerst der Umsetzung der RL im nationalen Recht. Fehlt sie, ist dennoch gegenüber einem anderen Privaten (etwa dem Arbeitgeber oder einem Unternehmer) eine direkte Berufung auf die RL nicht möglich.

➔ Ein gutes Beispiel dafür ist die diesbezügliche Leitentscheidung des EuGH in der Rs *Faccini Dori*[41]: Italien hatte eine Verbraucherschutz-RL, die bei Haustürgeschäften ein Rücktrittsrecht einräumte, nicht umgesetzt. Angesichts dessen berief sich eine Verbraucherin, die von einem solchen Haustürgeschäft zurücktreten wollte, vor dem nationalen Gericht zu diesem Zweck direkt auf die RL. Der im Wege eines Vorabentscheidungsersuchens angerufene EuGH erklärte dies allerdings für nicht zulässig, da die RL (konkret: die das Rücktrittsrecht einräumende Bestimmung) private Unternehmer nicht unmittelbar verpflichten könne. Ein Rücktritt war daher unter Berufung auf die RL nicht möglich.

► Beschluss:
Beschlüsse sind gemäß Art 288 Abs 4 AEUV in all ihren Teilen verbindlich. Sind sie an bestimmte Adressaten gerichtet, so sind sie nur für diese verbindlich. In einem solchen Fall dient der Beschluss – ähnlich einem Bescheid im nationalen Recht – der verbindlichen Regelung eines Einzelfalls und hat individuelle Geltung, dh der Adressat (Mitgliedstaat, natürliche oder juristische Person) wird individuell bezeichnet und individuell gebunden. Derartige an Mitgliedstaaten gerichtete Beschlüsse können aber nach der Rechtsprechung des EuGH unter ähnlichen Vorausset-

zungen wie Richtlinien unmittelbare Wirkungen zugunsten von Einzelpersonen erzeugen.

➔ Beispiele für an bestimmte Adressaten gerichtete Beschlüsse sind etwa die häufig medial aufsehenerregenden Entscheidungen der Kommission, mit denen im Rahmen der Wettbewerbskontrolle hohe Geldstrafen gegen Unternehmen verhängt werden, die gegen das Kartellverbot oder gegen das Verbot des Missbrauchs einer marktbeherrschenden Stellung verstoßen haben (siehe dazu unten V.F.).

Allgemeine Beschlüsse, die sich an keinen bestimmten Adressaten richten, bezwecken hingegen keine Einzelfallregelung. Sie bezeichnen in einer äußerst großen Bandbreite eine Vielzahl verbindlicher Rechtshandlungen mit unterschiedlichem Regelungszweck.

➔ Beispiele für derartige Beschlüsse sind Beschlüsse des Rates im Rahmen der GASP (etwa hinsichtlich eines operativen Vorgehens der Union), Beschlüsse zur Änderung oder Konkretisierung des Vertragsrechts (wie die im Rahmen von Brückenklauseln vorgesehenen Beschlüsse des Europäischen Rates bzw des Rates betreffend den Übergang zur qualifizierten Mehrheit bzw zum ordentlichen Gesetzgebungsverfahren, der Beschluss des Europäischen Rates über die Zusammensetzung des EP oder die Beschlüsse des Rates über die Organisation und die Arbeitsweise des EAD und die Zusammensetzung des AdR und des WSA), Beschlüsse zur Ernennung von Funktionsträgern (zB durch den Europäischen Rat hinsichtlich des Hohen Beauftragten der Union für Außen- und Sicherheitspolitik und der Mitglieder des Direktoriums der EZB oder durch den Rat hinsichtlich der Mitglieder der Rechnungshofes oder Mitglieder des AdR und des WSA), schließlich auch politische Programmbeschlüsse wie die Festlegung der strategischen Leitlinien für die gesetzgeberische und operative Programmplanung im Raum der Freiheit, der Sicherheit und des Rechts durch den Europäischen Rat.

2. Unverbindliche Rechtsakte

Dabei handelt es sich um Empfehlungen und Stellungnahmen, die gemäß Art 288 Abs 5 AEUV nicht verbindlich sind und vom jeweils zuständigen Organ in einem einfachen Verfahren erlassen werden. Ungeachtet ihrer fehlenden rechtlichen Verbindlichkeit können sie dennoch gewisse rechtliche oder politische Auswirkungen haben.

➔ Beispiele sind einerseits die Empfehlung des Rates über die Grundzüge der Wirtschaftspolitik der Mitgliedstaaten und der Union,[42] die als Grundlage der Koordinierung und für eine entsprechende Überwachung der Wirtschaftspolitik der einzelnen Mitgliedstaaten durch den Rat dient (siehe unten V.E.), und andererseits begründete Stellungnahmen der Kommission im Vertragsverletzungsverfahren (siehe oben II.C.6.e.) oder Stellungnahmen von Organen in Rechtsetzungsverfahren (siehe unten III.C.2.).

C. Rechtsetzung

1. Demokratische Grundsätze

Rechtsgrundlage: Art 9 bis 12 EUV

Mit Inkrafttreten des VvL erhielt der EUV einen eigenen Abschnitt mit grundlegenden Bestimmungen über die demokratischen Grundsätze der Union. Danach beruht die Arbeitsweise der EU auf der repräsentativen Demokratie. Die demokratische Legitimation und Rückbindung in diesem repräsentativ-demokratischen System erfolgt dabei

- über das EP, in dem die Bürgerinnen und Bürger auf Unionsebene unmittelbar vertreten sind, insbesondere durch dessen Befugnisse im Bereich der Rechtsetzung und der politischen Kontrolle von Kommission und Rat,
- über den Europäischen Rat und den Rat als wichtige Organe der Politikgestaltung und Rechtsetzung, wo die Mitgliedstaaten von ihren jeweiligen Staats- und Regierungschefs bzw den jeweils zuständigen Mitgliedern ihrer Regierung vertreten werden, die ihrerseits den nationalen Parlamenten gegenüber rechtlich und politisch verantwortlich sind, und schließlich
- über die nationalen Parlamente, soweit diese in Rechtsetzungs- und Entscheidungsprozesse auf EU-Ebene direkt einbezogen sind (siehe unten III.C.3.).

Daraus ergibt sich eine doppelte repräsentativ-demokratische Legitimation und Rückbindung des Handelns der EU, einerseits unmittelbar über das EP, andererseits mittelbar über die nationalen Parlamente.

Ergänzend bestehen direktdemokratische Elemente, wie insbesondere die Möglichkeit einer Europäischen Bürgerinitiative (siehe unten IV.C.4.)

2. Rechtsetzungsverfahren

Rechtsgrundlage: Insb Art 289 bis 299 AEUV

Weitere Informationen:
www.europa.eu/institutions/decision-making/index_de.htm
(Institutionen der EU und andere Organe > Beschlussfassung der EU)
www.eurlex.europa.eu/de/droit_communautaire/droit_communautaire.htm
(EurLex > Über EU-Recht > Organe und Verfahren)
www.ec.europa.eu/codecision/index_en.htm
(Website über das ordentliche Gesetzgebungsverfahren)

a. Überblick

Für die Erlassung von Rechtsakten gibt es verschiedene Rechtsetzungsverfahren, die abhängig vom Ausmaß der Mitwirkung des EP wie folgt eingeteilt werden können:

- Das Verfahren der Zustimmung: Hier verfügt das EP über ein Zustimmungsrecht bzw – umgekehrt betrachtet – über ein absolutes Vetorecht. Ohne Zustimmung des EP kann der betreffende Rechtsakt nicht zustande kommen; allerdings kann das EP nur über den ihm vorgelegten Text abstimmen, ohne dessen Ausgestaltung vorher beeinflussen zu können.
- Das ordentliche Gesetzgebungsverfahren: Dabei handelt es sich um das am häufigsten für die Erlassung von Gesetzgebungsakten zur Anwendung gelangende Rechtsetzungsverfahren, dessen im Vertrag detailliert geregelter Ablauf im Folgenden näher dargestellt wird (siehe b.). Auch in diesem Verfahren kann der Rechtsakt gegen den Willen des EP nicht zustande kommen, sondern nur, wenn sich Rat und EP in einem gegebenenfalls mehrstufigen Verfahren, das bis zur Einberufung eines Vermittlungsausschusses gehen kann, auf einen gemeinsamen Text einigen. Insofern verfügt das EP auch hier über ein echtes Vetorecht.

Verfahren der Zustimmung
Feststellung der Verletzung grundlegender Werte durch einen Mitgliedstaat (Art 7 EUV)
Zusammensetzung des EP (Art 14 EUV)
Ernennung der Kommission (Art 17 EUV)
Nichteinberufung eines Konvents im ordentlichen Vertragsänderungsverfahren (Art 48 EUV)
Inanspruchnahme der allg Brückenklausel (Art 48 EUV)
Beitritt neuer Mitgliedstaaten (Art 49 EUV)
Austritt eines Mitgliedstaats (Art 50 EUV)
Bekämpfung von Diskriminierungen (Art 19 AEUV)
Ergänzung der Unionsbürgerrechte (Art 25 AEUV)
Harmonisierung spezifischer Aspekte des Strafverfahrens (Art 82, 83 AEUV)
Europäische Staatsanwaltschaft (Art 86 AEUV)
Abschluss bestimmter internationaler Übereinkünfte (Art 218 AEUV)
Einheitliches Wahlverfahren EP (Art 223 AEUV)
Durchführungsmaßnahmen zum Eigenmittelbeschluss (Art 311 AEUV)
Finanzrahmen (Art 312 AEUV)
Einleitung einer verstärkten Zusammenarbeit (Art 329 AEUV)
Vertragsabrundung/Lückenschließung (Art 352 AEUV)

Ordentliches Gesetzgebungsverfahren
Dienste von allgemeinem wirtschaftlichen Interesse (Art 14 AEUV)
Zugang zu Dokumenten (Art 15 AEUV)
Datenschutz (Art 16 AEUV)
Allg Diskriminierungsverbot (Art 18 AEUV)
Fördermaßnahmen zur Bekämpfung von Diskriminierungen (Art 19 AEUV)
Erleichterung der Freizügigkeit der Unionsbürger (Art 21 AEUV)
Europäische Bürgerinitiative (Art 24 AEUV)
Zusammenarbeit im Zollwesen (Art 33 AEUV)
Gemeinsame Marktorganisation (Art 43 AEUV)
Arbeitnehmerfreizügigkeit (Art 46, 48 AEUV)
Niederlassungsfreiheit (Art 50, 51, 52 AEUV)
Berufsanerkennung (Art 53 AEUV)
Dienstleistungsfreiheit (Art 56, 59 AEUV)
Kapitalverkehr mit Drittstaaten (Art 64 AEUV)
Bekämpfung des Terrorismus (Art 75 AEUV)
Grenzkontrollen, Asyl, Einwanderung (Art 77, 78, 79 AEUV)
Justizielle Zusammenarbeit in Zivilsachen (Art 81 AEUV)
Justizielle Zusammenarbeit in Strafsachen (Art 82, 83, 84 AEUV)
Eurojust, Europol (Art 85, 88 AEUV)
Polizeiliche Zusammenarbeit (Art 87 AEUV)
Verkehr (Art 91, 100 AEUV)
Harmonisierung im Binnenmarkt (Art 114, 116 AEUV)
Schutz geistigen Eigentums (Art 118 AEUV)
Überwachung der Wirtschaftspolitik (Art 121 AEUV)
Satzungsänderung EZB, ESZB (Art 129 AEUV)
Verwendung des Euro (Art 133 AEUV)
Beschäftigung (Art 149 AEUV)
Sozialpolitik (Art 153 AEUV)
Gleichbehandlung Mann/Frau (Art 157 AEUV)
Europäischer Sozialfonds (Art 164 AEUV)
Bildung (Art 165, 166 AEUV)
Kultur (Art 167 AEUV)
Gesundheitswesen (Art 168 AEUV)
Verbraucherschutz (Art 169 AEUV)
Transeuropäische Netze (Art 172 AEUV)
Industrie (Art 173 AEUV)
Wirtschaftlicher Zusammenhalt (Art 175 AEUV)
Strukturfonds, Fonds für Regionale Entwicklung (Art 177, 178 AEUV)
Forschung, Technologie, Raumfahrt (Art 182, 188, 189 AEUV)
Umweltschutz allgemein (Art 192 AEUV)
Energiepolitik allgemein (Art 194 AEUV)
Tourismus (Art 195 AEUV)
Katastrophenschutz (Art 196 AEUV)
Verwaltungszusammenarbeit (Art 197 AEUV)
Gemeinsame Handelspolitik (Art 207 AEUV)
Entwicklungszusammenarbeit (Art 209 AEUV)
Wirtschaftliche, technische und finanzielle Zusammenarbeit mit Drittstaaten (Art 212 AEUV)
Humanitäre Hilfe (Art 214 AEUV)
Politische Parteien auf europäischer Ebene (Art 224 AEUV)
Bildung von Fachgerichten (Art 257 AEUV)
Satzungsänderung EuGH (Art 281 AEUV)

Kontrolle der Erlassung von Durchführungsrechtsakten durch die Kommission (Art 291 AEUV)
Europäische Verwaltung (Art 298 AEUV)
Haushaltsvorschriften (Art 322 AEUV)
Betrugsbekämpfung (Art 325 AEUV)
Beamtenstatut und Beschäftigungsbedingungen der Bediensteten (Art 336 AEUV)
Statistik (Art 338 AEUV)

Besonderes Gesetzgebungsverfahren
Soziale Sicherheit und sozialer Schutz der Unionsbürger (Art 21 AEUV)
Kommunalwahlrecht der Unionsbürger, Bedingungen des Wahlrechts zum EP (Art 22 AEUV)
diplomatischer und konsularischer Schutz (Art 23 AEUV)
Einschränkungen des freien Kapitalverkehrs zu Drittstaaten (Art 64, 65 AEUV
Pässe, Personalausweise, Aufenthaltstitel (Art 77 AEUV)
Maßnahmen zum Familienrecht mit grenzüberschreitendem Bezug (Art 81 AEUV)
operative polizeiliche Zusammenarbeit (Art 87, 89 AEUV)
Harmonisierung indirekter Steuern (Art 113 AEUV)
Harmonisierung von Rechtsvorschriften mit unmittelbarer Auswirkung auf die Errichtung oder das Funktionieren des Binnenmarkts (Art 115 AEUV)
Sprachenregelung für bestimmte europäische Rechtstitel (Art 118 AEUV)
Kontrolle öffentlicher Defizite (Art 126 AEUV)
Finanzaufsicht (Art 127 AEUV)
Soziale Sicherheit und sozialer Schutz der Arbeitnehmer (Art 153 AEUV)
Spezifische Forschungsprogramme (Art 182 AEUV)
Umweltschutzmaßnahmen steuerlicher Art oder betreffend Raumordnung, Bewirtschaftung der Wasserressourcen, Bodennutzung, Wahl der Energiequellen oder allgemeine Struktur der Energieversorgung (Art 192 AEUV)
Maßnahmen steuerlicher Art im Bereich der Energiepolitik (Art 194 AEUV)
Assoziierung überseeischer Länder und Hoheitsgebiete (Art 203 AEUV)
Festlegung der allgemeinen Bedingungen der Ausübung der Funktion eines Mitglieds des EP (Art 223 AEUV)
Ausübung des Untersuchungsrechts des EP (Art 226 AEUV)
Ausübung der Aufgaben des Bürgerbeauftragten (Art 228 AEUV)
Zuständigkeit EuGH für europäische Rechtstitel für geistiges Eigentum (Art 262 AEUV)
Satzungsänderung EIB (Art 308 AEUV)
Eigenmittelbeschluss (Art 311 AEUV)
Haushaltsfeststellung (Art 314 AEUV)

Verfahren der Anhörung
Organisation und Arbeitsweise des EAD (Art 27 EUV)
Sofortfinanzierung von Initiativen im Rahmen der GASP (Art 41 EUV)
Vertragsänderungen im vereinfachten Verfahren, Einleitung des ordentlichen Verfahrens (Art 48 EUV)
Verwaltungszusammenarbeit im Raum der Freiheit, der Sicherheit und des Rechts (Art 74 AEUV)
Sofortmaßnahmen bei einer Notlage im Bereich der Einwanderung (Art 78 AEUV)
Diskriminierungsverbot im Verkehr (Art 95 AEUV)
Wettbewerb, Beihilfen (Art 103, 109 AEUV)
Durchführungsbestimmungen zur Kontrolle öffentliche Defizite (Art 125, 126 AEUV)
Euro-Münzen (Art 128 AEUV)
Satzungsänderung EZB, ESZB (Art 129 AEUV)
Erfüllung der Konvergenzkriterien (Art 140 AEUV)
Leitlinien Beschäftigungspolitik (Art 148 AEUV)
Einsetzen eines Beschäftigungsausschusses (Art 150 AEUV)
Einsetzen eines Ausschusses für Sozialschutz (Art 160 AEUV)
Strukturen für die Durchführung von Forschungs- und Technologieprogrammen (Art 187 AEUV)
Abschluss internationaler Übereinkünfte, wenn keine Zustimmung des EP vorgesehen ist (Art 218 AEUV)
Wechselkurssystem Euro/Drittstaaten (Art 219 AEUV)
Nachbesetzung eines Mitglieds der Kommission (Art 246 AEUV)
Ernennung der Mitglieder des Rechnungshofs (Art 286 AEUV)
Verwendung von Eigenmitteln (Art 322 AEUV)
Tragung der Kosten einer verstärkten Zusammenarbeit (Art 332 AEUV)
Inanspruchnahme bestimmter Brückenklauseln (Art 81 Abs 3, 153 Abs 2, 192 Abs 2, 333 Abs 2 AEUV)

- Das besondere Gesetzgebungsverfahren: In bestimmten in den Verträgen vorgesehenen Fällen ist die Annahme von Gesetzgebungsakten in einem besonderen Verfahren entweder durch den Rat nach Anhörung des EP (wobei der Rat hier idR einstimmig entscheiden muss) oder durch das EP nach Zustimmung des Rates vorgesehen. Auf der Grundlage der allgemeinen Brückenklausel des Art 48 Abs 7 EUV kann der Europäische Rat nach Zustimmung des EP und (zumindest konkludenter) Zustimmung der nationalen Parlamente einstimmig den Übergang vom besonderen in das ordentliche Gesetzgebungsverfahren beschließen. Diese Möglichkeit hat aufgrund spezieller Brückenklauseln in besonders geregelten Einzelfällen auch der Rat,[43] wobei hier in einem Fall auch eine zumindest konkludente Zustimmung der nationalen Parlamente Voraussetzung ist[44] (siehe oben II.C.3.).
- Das Verfahren der Anhörung: Hier verfügt das EP über ein Recht zur Stellungnahme, an die der Rat (der hier idR mit qualifizierter Mehrheit entscheidet) nicht gebunden ist.

Welches Rechtsetzungsverfahren anzuwenden ist, ergibt sich dabei aus der jeweiligen Einzelermächtigungsnorm des Vertrags (für einen Überblick siehe S. 82/83).

Besondere Rechtsetzungsverfahren bestehen für die Erlassung von delegierten Rechtsakten und von Durchführungsrechtsakten (siehe oben III.B.1.b.), den Abschluss internationaler Übereinkünfte der EU (Art 218 AEUV), Handlungen der EZB (Art 123 AEUV) oder die Durchführung von Vereinbarungen der Sozialpartner (Art 154 f AEUV). Eine Rechtsetzung ohne Beteiligung des EP ist – außer im Bereich der GASP – nur mehr in wenigen Ausnahmefällen vorgesehen, wie etwa hinsichtlich der Festlegung des Zolltarifs (Art 31 AEUV) oder der Zusammensetzung des AdR (Art 305 AEUV) und des WSA (Art 301 AEUV).

b. Das ordentliche Gesetzgebungsverfahren

Das ordentliche Gesetzgebungsverfahren stellt das Regelverfahren für die Erlassung von Gesetzgebungsakten dar und ist in Art 294 AEUV im Detail geregelt. Es zerfällt in mehrere Stufen, deren Ablauf sich regelmäßig wie folgt darstellt:

- Initiative: Die Kommission unterbreitet dem EP und dem Rat einen Vorschlag.

- Erste Lesung: Das EP legt seinen Standpunkt fest. Wird dieser vom Rat gebilligt, so ist der Rechtsakt in der Fassung des Standpunkts des EP erlassen. Billigt der Rat den Standpunkt des EP hingegen nicht, legt er seinerseits einen Standpunkt fest, zu dem sich die Kommission äußert.
- Zweite Lesung: Das EP befasst sich sodann auf der Grundlage des Standpunkts des Rates erneut mit dem Gesetzgebungsvorhaben; dafür stehen ihm drei Monate zur Verfügung. Billigt das EP den Standpunkt des Rates, so gilt der Rechtsakt als in dieser Fassung erlassen. Lehnt es den Standpunkt des Rates ab, so ist der Rechtsakt gescheitert. Schlägt es Abänderungen vor, dann werden diese wieder dem Rat zugeleitet, der diese nach Vorliegen einer Stellungnahme der Kommission behandelt. Billigt der Rat binnen drei Monaten alle vom EP vorgeschlagenen Abänderungen, dann gilt der Rechtsakt als in dieser Fassung erlassen (Abänderungen, zu denen sich die Kommission negativ geäußert hat, kann der Rat dabei nur einstimmig billigen). Ist dies nicht der Fall, beginnt ein Vermittlungsverfahren.
- Vermittlung: Zu diesem Zweck wird ein Vermittlungsausschuss einberufen, der aus jeweils 27 Vertretern des EP und des Rates besteht; die Kommission nimmt an den Arbeiten des Vermittlungsausschusses teil. Dieser hat die Aufgabe, auf der Grundlage des Ergebnisses der zweiten Lesung eine Einigung auf einen gemeinsamen Text herbeizuführen. Billigt der Vermittlungsausschuss binnen sechs Wochen nach seiner Einberufung keinen gemeinsamen Entwurf, so ist der Rechtsakt gescheitert.
- Dritte Lesung: Billigt der Vermittlungsausschuss innerhalb der gesetzten Frist einen gemeinsamen Entwurf und stimmen sowohl das EP als auch der Rat binnen weiteren sechs Wochen zu, so ist der Rechtsakt in der Fassung dieses gemeinsamen Entwurfs erlassen. Kommt die Zustimmung durch EP und Rat nicht rechtzeitig zustande, so ist der Rechtsakt endgültig gescheitert.

In zwei besonders sensiblen Politikbereichen besteht im Rahmen des ordentlichen Gesetzgebungsverfahrens ein sog Notbremse-Mechanismus. Dies betrifft einerseits die Regelung von Ansprüchen auf Leistungen der sozialen Sicherheit, wenn diese wichtige Aspekte des Systems der sozialen Sicherheit eines Mitgliedstaats, darunter insbesondere dessen Finanzierung, berühren,[45] andererseits bestimmte Maßnahmen im Bereich der PJZS, namentlich grundlegende As-

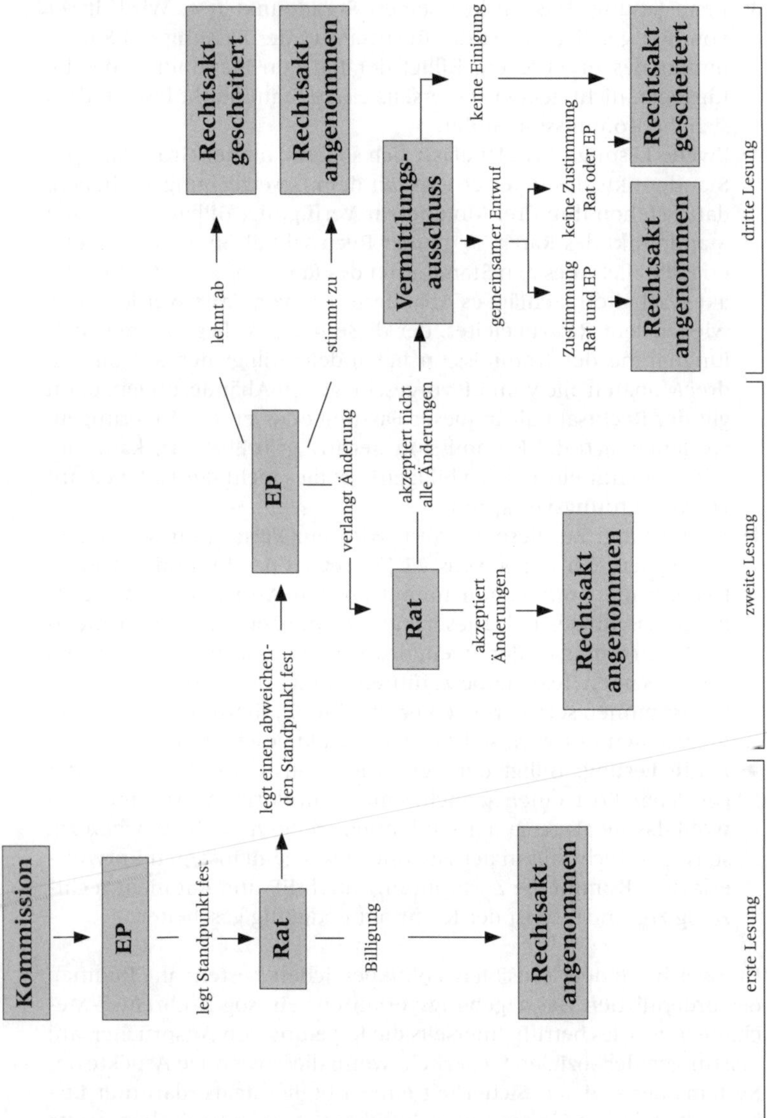

Abb. 5: Ablauf des ordentlichen Gesetzgebungsverfahrens

pekte der Strafrechtsordnung eines Mitgliedstaats betreffende Vorhaben der Rechtsangleichung im Straf- oder Strafverfahrensrecht,[46] die Errichtung der Europäischen Staatsanwaltschaft[47] und Maßnahmen über die operative Zusammenarbeit zwischen nationalen Polizei-, Zoll- und anderen Strafverfolgungsbehörden.[48] Hier können in den beiden zuerst genannten Fällen jener Mitgliedstaat, dessen Interessen besonders betroffen sind, und in den beiden zuletzt genannten Fällen insgesamt neun Mitgliedstaaten beantragen, dass der Europäische Rat befasst wird. Dadurch wird das ordentliche Gesetzgebungsverfahren für vier Monate ausgesetzt. Verweist der Europäische Rat den Entwurf innerhalb dieser Frist an den Rat zurück, dann gilt die Aussetzung als beendet, und das Gesetzgebungsverfahren wird weiter fortgesetzt. Wird im Europäischen Rat jedoch kein Einvernehmen erzielt, so kann der vorgeschlagene Rechtsakt nicht erlassen werden. Für davon betroffene Maßnahmen im Bereich der PJZS gelten dann allerdings erleichterte Bedingungen für eine verstärkte Zusammenarbeit von mindestens neun Mitgliedstaaten auf der Grundlage des gescheiterten Entwurfs.

3. Einbeziehung der Parlamente der Mitgliedstaaten

Rechtsgrundlage: Art 12 EUV; Protokoll Nr 1 über die Rolle der nationalen Parlamente in der Europäischen Union

Weitere Informationen:
www.europarl.europa.eu/webnp/cms/lang/en/pid/1
(Europäisches Parlament > National Parliaments)
www.cosac.eu
(Homepage der COSAC)

Die Rolle der nationalen Parlamente wurde durch den VvL deutlich gestärkt. Insbesondere werden sie erstmals direkt in den europäischen Gesetzgebungsprozess einbezogen. Ihre Einbeziehung umfasst im Wesentlichen die folgenden Aspekte:

- Unterrichtung: Die Organe der EU haben den nationalen Parlamenten Entwürfe von Gesetzgebungsakten direkt zu übermitteln. Dies gilt auch für Konsultationsdokumente der Kommission (Grün- und Weißbücher sowie Mitteilungen), das jährliche Rechtsetzungsprogramm der Kommission und alle weiteren Dokumente für die Ausarbeitung der Rechtsetzungsprogramme oder politischen Strategien, die Tagesordnungen des Rates und die Ergebnisse der Ratstagungen.

- Subsidiaritätskontrolle: Die nationalen Parlamente überwachen die Einhaltung des Subsidiaritätsprinzips und verfügen zu diesem Zweck vor der Erlassung eines Gesetzgebungsakts über das Recht zur Erhebung einer Subsidiaritätsrüge, nach der Erlassung über das Recht zur Erhebung einer Subsidiaritätsklage (siehe oben II.B.4.).
- Beteiligung bei Vertragsänderungen und Beitritten neuer Mitgliedstaaten, insbesondere auch durch eine frühzeitige Unterrichtung über das entsprechende Vorhaben. Wie schon bisher ist zudem für das Inkrafttreten von Vertragsänderungs- und Beitrittsverträgen die Ratifikation durch alle Mitgliedstaaten und damit idR auch die Zustimmung der nationalen Parlamente gemäß den jeweiligen verfassungsrechtlichen Vorschriften erforderlich. Darüber hinaus bedarf die Inanspruchnahme der allgemeinen Brückenklausel und einer der speziellen Brückenklauseln der (zumindest konkludenten) Zustimmung der nationalen Parlamente (siehe oben II.C.3. und II.C.2.a.).
- Beteiligung an der Bewertung des Funktionierens der Zusammenarbeit im Rahmen des Raums der Freiheit, der Sicherheit und des Rechts, insbesondere im Hinblick auf bestimmte Mechanismen der PJZS wie Europol und Eurojust (siehe unten V.B.).
- Interparlamentarische Zusammenarbeit zwischen den nationalen Parlamenten und dem EP: Träger dieser rechtlich unverbindlichen Zusammenarbeit ist die Konferenz der Europa-Ausschüsse aus den nationalen Parlamenten (COSAC); dabei handelt es sich um ein politisches interparlamentarisches Gremium ohne Organstatus und Befugnis zur Fassung verbindlicher Beschlüsse.

D. Zur Bedeutung von Lobbying im Rahmen der Entscheidungsprozesse der EU

Weitere Informationen:
www.europa.eu/lobbyists/interest_representative_registers/index_de.html (Register der Interessenvertreter von EP und Kommission)

Lobbying ist das Bemühen, andere Akteure für die eigene Sache zu gewinnen. Der Begriff stammt aus dem englischen Parlamentarismus, wo verschiedene Personengruppen die Meinung der Abgeordneten des Parlaments im Bereich vor den Sitzungssälen, der Lobby, zu beeinflussen trachteten.

In der öffentlichen Meinung wird Lobbying häufig mit Käuflichkeit oder Korruption in Verbindung gebracht, doch Lobbying und Interessenvertretung sind ein natürlicher Teil des demokratischen Entscheidungsprozesses. Privatwirtschaftliche Lobbying-Unternehmen sowie Lobbying-Strukturen von Nichtregierungsorganisationen sind demnach ein wesentlicher Bestandteil einer funktionierenden Zivilgesellschaft. Das Vorhandensein einer von Wettbewerb dominierten Lobbying-Szene kann als Zeichen einer lebendigen Demokratie gesehen werden. Durch die Zurverfügungstellung von fachspezifischen Informationen und kreativen Lösungsideen kann – rechtskonformes – Lobbying zu einer besseren Politikgestaltung beitragen. Lobbying ist so ein wichtiger und legitimer Teil der europäischen Meinungsbildung und Entscheidungsfindung.

Tatsächlich versuchen rund 20.000 Mitarbeiter von an die 4.000 verschiedenen Gruppen und Interessensverbänden – von Kirchen über Umweltorganisationen bis hin zu multinationalen Unternehmen und Gewerkschaften sowie Denkfabriken (*think tanks*) – ihre speziellen Anliegen in das europapolitische Geschehen in Brüssel einzubringen. Die Vielfalt der Lobbyisten und dadurch die Einbringung unterschiedlichster Interessen gewährleisten jedoch, dass davon keine Gefahr für das demokratische System ausgeht. Aufgrund der großen Interessenspluralität der in der EU wirkenden Kräfte können sich Partikularinteressen idR nicht zum Schaden der Mehrheit durchsetzen. Vielmehr profitieren vom Lobbying insgesamt nicht nur die einzelnen Lobbyorganisationen, sondern auch die Politik selbst: Sie wird über komplementäre Kanäle für soziale, wirtschaftliche und ökologische Entwicklungen und Probleme sensibilisiert. Professioneller Lobbyismus wird von den Adressaten als interessanter Informations-Input und als Grundlage für ausbalancierte Entscheidungen auf einer möglichst breiten Meinungsbasis und mit der notwendigen Treffsicherheit gesehen.

Fazit: Durch den *„two-way process"* – Lobbyisten bringen ihre Sicht der Dinge ein, die Adressaten erweitern ihre Informationsgrundlagen – werden Entscheidungen in der Regel sachlich richtiger und sind von einer höheren allgemeinen gesellschaftspolitischen Akzeptanz und Effizienz.

Um Voraussetzungen für legitime Interessensvertretung zu schaffen und um die Grenzen des erlaubten und ethisch korrekten Handelns festzulegen, gibt es geschriebene und ungeschriebene Regeln für Lobbying:

- Gemäß der Geschäftsordnung des EP müssen sich Lobbyisten im Zusammenhang mit der Erteilung der Zutrittsberechtigung zu den Amtsgebäuden registrieren lassen und sich verpflichten, einen Verhaltenskodex einzuhalten.[49]
- Die Kommission setzt bislang auf ein freiwilliges Registrierungssystem mit einem damit verbundenen Verhaltenskodex für Lobbyisten[50] und damit auf eine Selbstregulierung des Lobbying. Für die zunehmende Zahl von Internetkonsultationen hat die Kommission eine Standard-Website[51] mit Prüfung der Teilnehmer eingerichtet, wobei dieses Instrument mit dem Register verlinkt wird.
- EP und Kommission arbeiten nun aber auf ein gemeinsames Register und einen gemeinsamen Verhaltenskodex hin. Im Vorgriff darauf haben beide Organe eine gemeinsame Internetseite[52] eingerichtet, die den Bürgern durch den Zugang zu den beiden bestehenden Systemen einen umfassenderen Einblick in die Lobbytätigkeiten auf EU-Ebene verschafft.

Als wichtige Erfolgsfaktoren (*„dos and don'ts"*) des Lobbying gelten:

- Kompetenzen: Lobbyisten müssen eine intime Kenntnis der rechtlichen, politischen und ökonomischen Konstruktion der EU besitzen. Neben den wichtigsten Sprachen (Englisch, Französisch, Deutsch) sind auch die Rahmenbedingungen wie eine ordentliche finanzielle und personelle Ausstattung, perfekte Kommunikationstechnik und repräsentative Räumlichkeiten unabdingbar.
- Verbindungen (*„connections"*): Überdurchschnittliche Kontaktfreude ist nötig. Persönliche Kontakte und Netzwerke lassen sich in Brüssel leichter knüpfen als im eigenen Land, weil alle „fremd" und dadurch offener sind.
- *„Up to date"*: Entwicklungen müssen laufend beobachtet und aus den Informationen rasch die richtigen Schlüsse gezogen werden. Lobbyisten müssen trotz möglicherweise widerstrebender Interessen innerhalb der eigenen Organisation gegenüber ihren Adressaten einen eindeutigen Standpunkt vertreten.
- Zahlen, Daten, Fakten: Zur Informations- und Wissensvermittlung reicht es nicht, vage Vermutungen, Wünsche oder Ängste vorzubringen. Die Adressaten haben nur dann Interesse an einem Anliegen, wenn sie selbst auch einen Nutzen daraus ziehen können. Es ist ein Irrtum, sich mit „geschönten" Daten oder mit gegensätzlichen Argumenten bei unterschiedlichen Gesprächspartnern Erfolge zu erhoffen.

- Lösungen anbieten und nicht nur Probleme aufzeigen: Anstatt als Verhinderer und Blockierer aufzutreten, müssen innovative Lösungen und konstruktive Vorschläge angeboten werden.
- Kurze und präzise Informationen: Jedes noch so schwierige Thema kann kurz zusammengefasst werden, Detailuntersuchungen werden separat beigelegt.
- Technische Ebene und politische Ebene: Keinesfalls darf man die Expertenebene übersehen, bevor man die politische Ebene kontaktiert.
- *„Multi-Voice“*-Allianzen: Ein wesentlicher Teil des Erfolges sind die Verbündeten. Optimal ist es, mit einem Netzwerk an Verbündeten aus unterschiedlichen Bereichen eine „kritische Masse“ zu schaffen, die nicht leicht übergangen werden kann.
- Kompromissfähigkeit: Es ist häufig nicht möglich, den eigenen Interessen zur Gänze zum Durchbruch zu verhelfen. Oft ist ein Kompromiss die beste Lösung, dies gilt es zum richtigen Zeitpunkt zu erkennen.
- Medienarbeit: In Brüssel gibt es rund 1.000 Korrespondenten, die für Lobbyisten vor allem auch als Meinungsmacher wichtig sind.

E. Struktur-, Anwendungs- und Auslegungsprinzipien des Unionsrechts

Rechtsgrundlage: im Wesentlichen Rechtsprechung des EuGH

Das supranationale Unionsrecht zeichnet sich durch eine Reihe von besonderen Eigenschaften aus. Diese Struktur-, Anwendungs- und Auslegungsprinzipien wurden, wie die folgenden Ausführungen zeigen werden, überwiegend in der Rechtsprechung des EuGH entwickelt und präzisiert. Sie sollen – nicht zuletzt aufgrund ihrer überragenden Bedeutung für die Anwendung und die Wirkung des Unionsrechts in den Mitgliedstaaten – im Überblick dargestellt werden.

1. Unmittelbare (autonome) Geltung, Rechtssubjektivität des Individuums und unmittelbare Anwendbarkeit (Wirkung)

Der EuGH hat in den beiden Leitentscheidungen *van Gend & Loos*[53] und *Costa/ENEL*[54] schon früh festgestellt, dass der (damals als Vorläufer des EUV und des AEUV geltende) EGV eine neue Rechtsordnung geschaffen hat, die von den Rechtsordnungen der Mitgliedstaaten unabhängig ist und deren Adressaten nicht nur die Mitgliedstaaten selbst, sondern auch die Einzelnen sind. Als Konsequenz daraus ist das Unionsrecht in den Mitgliedstaaten unmittelbar, dh ohne Dazwischentreten eines (zusätzlichen) Akts des staatlichen Gesetzgebers anwendbar (auch: unmittelbar wirksam). Voraussetzung der unmittelbaren Anwendbarkeit einer Bestimmung des Unionsrechts ist ihre hinreichende Bestimmtheit, dh sie muss inhaltlich unbedingt (nicht von der Erlassung von Durchführungsmaßnahmen abhängig) und hinreichend genau (*„self-executing"*) sein, um unmittelbar als Grundlage für eine verwaltungsbehördliche oder gerichtliche Entscheidung zu dienen.

Damit sind drei zentrale Merkmale des Unionsrechts angesprochen:

- ▶ seine autonome (unmittelbare) Geltung aus sich selbst heraus (Unionsrecht als eigenständige unabhängige Rechtsordnung);
- ▶ die Rechtssubjektivität des Individuums, dh das Unionsrecht regelt nicht nur Rechte der Mitgliedstaaten gegenüber der EU bzw der Mitgliedstaaten untereinander, sondern kann darüber hinaus auch Einzelpersonen in den Mitgliedstaaten Rechte verleihen und Pflichten auferlegen;
- ▶ die unmittelbare Anwendbarkeit (Wirkung) des Unionsrechts vor staatlichen Behörden und Gerichten, ohne dass es einer Übernahme in nationales Recht bedürfte (Durchgriffswirkung), wenn die betreffenden Bestimmungen inhaltlich unbedingt und hinreichend genau sind.
  - ➔ So kann sich etwa jeder Unionsbürger direkt auf Art 21 AEUV berufen, um gegenüber den Behörden und Gerichten eines Mitgliedstaats sein dort verankertes Recht auf Freizügigkeit und Aufenthalt im Gebiet der gesamten EU geltend zu machen. Dieses kann unmittelbar aus Art 21 AEUV abgeleitet werden, weil diese Bestimmung hinreichend bestimmt im oben dargestellten Sinne ist.

Der EuGH hat in seiner Rechtsprechung die unmittelbare Anwendbarkeit einer ganzen Reihe von zentralen Bestimmungen des primären Unionsrechts (zum Begriff siehe oben III.A.1.) anerkannt: Dazu gehören neben den Unionsbürgerrechten der Art 21 ff AEUV etwa das allgemeine Diskriminierungsverbot des Art 18 AEUV, das

Verbot mengenmäßiger Beschränkungen und Maßnahmen gleicher Wirkung im Bereich der Warenverkehrsfreiheit (Art 34 AEUV), die Regelungen zur Herstellung der Freizügigkeit der Arbeitnehmer (Art 45 AEUV), der Niederlassungsfreiheit (Art 49 AEUV), der Dienstleistungsfreiheit (Art 56 AEUV) und der Kapitalverkehrsfreiheit (Art 63 AEUV), das Kartellverbot (Art 101 AEUV), das Verbot des Missbrauchs einer marktbeherrschenden Stellung (Art 102 AEUV), zentrale Bestimmungen des Beihilfenrechts (Art 108 Abs 3 AEUV), das Verbot höherer Besteuerung von Waren aus anderen Mitgliedstaaten (Art 110 AEUV), das Recht auf gleiches Entgelt für Männer und Frauen (Art 157 AEUV) und viele andere mehr.

Auch das sekundäre Unionsrecht (zum Begriff siehe oben III.A.1.) ist in weiten Teilen mit unmittelbarer Anwendbarkeit ausgestattet: VO sind kraft ausdrücklicher vertraglicher Festlegung unmittelbar anwendbar, RL können unter bestimmten Voraussetzungen unmittelbare Wirkung auch gegenüber Einzelnen entfalten, an bestimmte Adressaten gerichtete Beschlüsse sind jedenfalls diesen gegenüber unmittelbar anwendbar, staatengerichtete Beschlüsse können unter denselben Voraussetzungen wie RL unmittelbar wirksam sein.

2. Das Verhältnis von Unionsrecht und nationalem Recht: Der Anwendungsvorrang

Aufgrund seiner autonomen (unmittelbaren) Geltung und unmittelbaren Anwendbarkeit kann das Unionsrecht mit Bestimmungen der Rechtsordnungen der Mitgliedstaaten kollidieren, die ihm inhaltlich widersprechen. Die Lösung für derartige Widersprüche sieht das Unionsrecht im Sinn seines Vorranges vor dem staatlichen Recht selbst vor (grundlegend Rs *Costa/ENEL*[55]). Nach der Rechtsprechung des EuGH

- gilt der Vorrang des Unionsrechts auch gegenüber später erlassenem nationalen Recht (Rs *Simmenthal*[56]),
- erhebt das Unionsrecht den Anspruch, dem gesamten nationalen Recht einschließlich des Verfassungsrechts vorzugehen (Rs *Internationale Handelsgesellschaft*[57]), und
- bewirkt der Vorrang des Unionsrechts nicht, dass die entgegenstehende nationale Vorschrift außer Kraft tritt, sondern lediglich, dass sie im Einzelfall mit der Wirkung verdrängt wird, dass sie unangewendet zu lassen ist (Anwendungsvorrang, klargestellt in Rs *IN.CO.GE 90*[58]).

Der Anwendungsvorrang bedeutet also, dass in Konstellationen, in denen ein staatliches Gesetz etwas anderes anordnet als eine unionsrechtliche Vorschrift, nicht das staatliche Gesetz, sondern die Vorschrift des Unionsrechts zu befolgen ist.

➔ Als Beispiel ist nochmals auf die oben unter III.B.1.c. bereits genannte Rs *Becker* hinzuweisen, in der sich der Anwendungsvorrang dahingehend auswirkte, dass die Umsatzsteuerbefreiung für Kreditvermittler – wie in der 6. Mehrwertsteuer-RL vorgesehen – bereits ab 1. Jänner 1979 galt und nicht – wie im deutschen Umsatzsteuergesetz vorgesehen – erst ab 1. Jänner 1980.

Nach der ständigen Rechtsprechung des EuGH sind alle staatlichen Behörden und Gerichte verpflichtet, den Anwendungsvorrang des Unionsrechts nicht nur dann, wenn sich Verfahrensparteien darauf berufen, sondern erforderlichenfalls auch von sich aus, also von Amts wegen, wahrzunehmen (Rs *Simmenthal*[59] und *Fratelli Costanzo*[60]). Das bedeutet für die nationalen Gerichte und Verwaltungsbehörden, dass diese

- nationale Rechtsvorschriften inzident auf ihre Vereinbarkeit mit dem Unionsrecht prüfen müssen (Verpflichtung zur Inzidentkontrolle) und
- im Fall der Kollision zwischen nationalem Recht und Unionsrecht das nationale Recht unangewendet lassen müssen (Verwerfungspflicht).

3. Einheitliche Wirkung und Geltung (Uniformitätsprinzip)

Das Prinzip der einheitlichen Wirkung und Geltung des Unionsrechts (Uniformitätsprinzip) besagt, dass alle seine Vorschriften im Gebiet der gesamten EU einheitlich ausgelegt und angewendet werden sollen. Als Ausformungen und gleichzeitig Gewährleistungen des Uniformitätsprinzips können insbesondere angesehen werden:

- die autonome (unmittelbare) Geltung des Unionsrechts in den Mitgliedstaaten,
- seine unmittelbare Anwendbarkeit,
- sein Anwendungsvorrang gegenüber entgegenstehendem nationalen Recht,
- die Verpflichtung aller staatlichen Organe zur amtswegigen Berücksichtigung des Unionsrechts einschließlich seines Anwendungsvorrangs,

- die autonome und eigenständige Auslegung unionsrechtlicher Begriffe,
- die Funktion auch des nicht unmittelbaren Unionsrechts als verbindlicher Auslegungsmaßstab für die nationale Rechtsordnung (Verpflichtung zur unionsrechtskonformen Auslegung nationalen Rechts),
- die Sanktionierung fehlerhafter Anwendung und Umsetzung des Unionsrechts durch staatliche Organe im Wege der Staatshaftung.

4. Praktische Wirksamkeit (Effektivitätsprinzip)

Als weiteres zentrales unionsrechtliches Prinzip ist seine praktische Wirksamkeit bzw Effektivität zu nennen. Dieser auch als *„effet utile"* bezeichnete Auslegungs- und Anwendungsgrundsatz hat in der Judikatur des EuGH eine geradezu überragende Bedeutung erlangt. Das Effektivitätsprinzip besagt im Kern, dass die Normen des Unionsrechts so auszulegen und anzuwenden sind, dass sie ihren praktischen Zweck erfüllen und effektive Wirkung entfalten können.

➔ Beispiel: Die das Freizügigkeitsrecht der Unionsbürger (Art 21 AEUV) näher ausgestaltende Unionsbürger-RL (siehe unten IV.C.2.) gilt gemäß ihrem Art 3 für jeden Unionsbürger, der sich in einen anderen als dem Mitgliedstaat, dessen Staatsangehörigkeit er besitzt, begibt oder sich dort aufhält (sog Aufnahmemitgliedstaat), sowie für seine Familienangehörigen, „die ihn begleiten oder ihm nachziehen". Der EuGH hat diese Wendung in der Rs *Metock*[61] extensiv dahin ausgelegt, dass davon nicht nur Personen umfasst sind, die bereits als Familienangehörige des Unionsbürgers in den Aufnahmemitgliedstaat eingereist sind, sondern – über ihren eigentlichen Wortlaut hinaus – auch solche, die zunächst unabhängig vom Unionsbürger in den Aufnahmemitgliedstaat gelangt sind und erst dort die Eigenschaft als Familienangehörige erworben haben (zB durch Eheschließung). Der EuGH begründete dies damit, dass angesichts des Kontexts und der Ziele der RL deren Bestimmungen nicht eng ausgelegt und keinesfalls ihrer praktischen Wirksamkeit beraubt werden dürfen. Dies wäre aber, so der EuGH, der Fall, wenn die RL nur auf Familienangehörige eines Unionsbürgers angewandt würde, die diesen ieS „begleiten" oder ihm „nachziehen"; denn dies käme einer Beschränkung des Einreise- und Aufenthaltsrechts von Familienangehörigen eines Unionsbürgers im Aufnahmemitgliedstaat gleich und stünde dem zentralen Ziel der RL, den Unionsbürgern die Ausübung ihres Freizügigkeits- und Aufenthaltsrechts zu erleichtern, entgegen. Folglich darf ungeachtet des Wortlauts von Art 3 Abs 1 der RL für die Gewährung der den Familienangehörigen nach der RL zustehenden Rechte nicht danach unterschieden werden, ob diese vor oder nach dem Unionsbürger oder bevor oder nachdem sie dessen Familienangehörige wurden, in den Aufnahmemitgliedstaat eingereist sind.

Das Effektivitätsprinzip ist aber nicht nur bei der Auslegung von Bestimmungen des Unionsrechts von Bedeutung, es wirkt als zentraler Grundsatz des Unionsrechts auch im Verhältnis zu nationalen Vorschriften, die dessen Wirksamkeit– wenn auch nur mittelbar – einschränken; diese werden durch den Anwendungsvorrang des Effektivitätsprinzips verdrängt.

➔ Ein besonders gutes Beispiel dafür ist die Rs *Factortame*[62]: Um zu verhindern, dass unter brit Flagge fahrende Fischerboote, deren Eigentümer und Besatzungen jedoch aus Spanien stammten, weiter die brit Fischfangquoten ausnutzten, wurden die Bestimmungen über die Eintragung in das brit Schiffsregister entsprechend verschärft. Dagegen erhoben betroffene Gesellschaften Klage vor brit Gerichten und stützten diese auf die behauptete Unionsrechtswidrigkeit der Neuregelung. Gleichzeitig beantragten sie, weil ihnen ein nicht wiedergutzumachender Schaden drohte, die vorläufige Aussetzung ihrer Anwendung, obwohl dies nach brit Recht an sich gar nicht möglich war. Der EuGH entschied, dass die Effektivität des Unionsrechts in einem solchen Fall die Gewährung vorläufigen Rechtsschutzes verlange; steht dem nur eine Vorschrift des nationalen Rechts entgegen, so darf diese Vorschrift vom nationalen Gericht nicht angewandt werden. Im Interesse der vorläufigen Sicherung der von den Klägern unter Berufung auf das Unionsrecht behaupteten Rechtsposition war daher die – nach lit Recht nicht vorgesehene – Aussetzung der Anwendung unmittelbar gestützt auf das unionsrechtliche Effektivitätsprinzip zu gewähren.

Für weitere Bsp aus dem Bereich des indirekten Vollzugs siehe unten III.F.2.b.

5. Loyalitätsgebot

Rechtsgrundlage: Art 4 Abs 3 EUV

Nach dem Grundsatz der loyalen Zusammenarbeit (Loyalitätsgebot) achten und unterstützen sich die Union und die Mitgliedstaaten gegenseitig bei der Erfüllung der Aufgaben, die sich aus den Verträgen ergeben. Darüber hinaus haben die Mitgliedstaaten alle geeigneten Maßnahmen allgemeiner und besonderer Art zur Erfüllung der Verpflichtungen zu ergreifen, die sich aus den Verträgen oder aus Handlungen der Organe der Union ergeben, und alle Maßnahmen zu unterlassen, die die Verwirklichung der Ziele der Union gefährden könnten.

Das Loyalitätsgebot dient dem EuGH als – neben dem Uniformitäts- und dem Effektivitätsprinzip – dritter wesentlicher Anker für die Begründung der Rechtswirkungen des Unionsrechts in den Mitgliedstaaten und den damit zusammenhängenden Verpflichtungen aller staatlichen Organe.

Der EuGH interpretiert dabei die aus Art 4 Abs 3 AEUV erfließenden Loyalitätspflichten der Mitgliedstaaten mitunter sehr weit und durchaus innovativ.

➔ Das zeigt etwa die Ableitung von Schutzpflichten zur Sicherung der Warenverkehrsfreiheit gegenüber Beeinträchtigungen durch Privatpersonen aus Art 34 AEUV in Verbindung mit Art 4 Abs 3 AEUV in der Rs *Kommission/Frankreich (Bauernproteste)* (siehe unten IV.A.7.h.).

6. Autonome Auslegung

Als Konsequenz insbesondere des Uniformitätsprinzips sind die im Unionsrecht verwendeten Begriffe unabhängig von ihrer Bedeutung, die sie allenfalls in den nationalen Rechtsordnungen haben, autonom und eigenständig auszulegen. Andernfalls wäre die einheitliche Geltung und Wirkung der betreffenden Bestimmungen des Unionsrechts in allen Mitgliedstaaten gefährdet. Weiters ist in diesem Zusammenhang zu beachten, dass Bestimmungen des Unionsrechts, die den Einzelnen Rechte verleihen, idR extensiv auszulegen sind (siehe auch schon die Rs *Metock* oben II.E.4.), während solche, die diese Rechte einschränken, grundsätzlich restriktiv zu interpretieren sind.

Beides lässt sich an folgenden Beispielen veranschaulichen:

- ➔ So wurde der für den persönlichen Anwendungsbereich der Arbeitnehmerfreizügigkeit entscheidende Begriff des „Arbeitnehmers" vom EuGH in der Rs *Levin*[63] weit dahingehend ausgelegt, dass davon jede tatsächliche und echte Tätigkeit in einem Lohn- oder Gehaltsverhältnis erfasst wird. Auch Teilzeitbeschäftigte, die nur ein unter dem in der betreffenden Branche garantierten Mindesteinkommen liegendes Einkommen erzielen, gelten danach als Arbeitnehmer iSd Art 45 AEUV.
- ➔ Demgegenüber wurde der Begriff der „Beschäftigung in der öffentlichen Verwaltung" in der Rs *Kommission/Belgien (öffentliche Verwaltung)*[64] restriktiv ausgelegt, da dieser für den Umfang der Nichtanwendbarkeit der Bestimmungen über die Arbeitnehmerfreizügigkeit im Bereich der öffentlichen Verwaltung ausschlaggebend ist. Danach zählen zur „öffentlichen Verwaltung" iSd Art 45 Abs 4 AEUV nur Stellen, die mit der Ausübung hoheitlicher Befugnisse und mit der Verantwortung für die Wahrung der allgemeinen Belange des Staates betraut sind (zur ebenso restriktiven Auslegung der für die Niederlassungs- und die Dienstleistungsfreiheit relevanten Bereichsausnahme der Ausübung öffentlicher Gewalt siehe unten IV.A.7.a.).

In beiden Fällen war es unerheblich, welche Bedeutung die Begriffe „Arbeitnehmer" bzw „Beschäftigung in der öffentlichen Verwaltung" im nationalen Recht des betreffenden Mitgliedstaats hatten. Belgien hatte im zweiten Fall etwa die Auffassung vertreten, dass alle Stellen im öffentlichen Dienst automatisch zur „öffentlichen Verwaltung" zählen. Der öffentliche Dienst ist aber in allen Mitgliedstaaten unterschiedlich organisiert und nimmt dort in unterschiedlichem Ausmaß auch Aufgaben wahr, die nicht zu typisch behördlichen Aufgaben der Verwaltung gehören (zB Betrieb von Krankenhäusern, Alten- und Pflegeheimen, Bildungseinrichtungen, Eisenbahnen etc), mit der Folge, dass die Bestimmungen über die Arbeitnehmerfreizügigkeit auf bestimmte Gruppen von Arbeitnehmern (zB Ärzte oder Krankenschwestern) in einem Mitgliedstaat, in dem zB Krankenhäuser überwiegend privat geführt werden, großteils anwendbar wären, während das in einem anderen Mitgliedstaat mit überwiegend öffentlichen Krankenhäusern nicht der Fall wäre. Will man ein derartiges Ergebnis vermeiden, ist eine einheitliche Auslegung unionsrechtlicher Begriffe notwendig.

7. Funktioneller Staatsbegriff

Soweit das Unionsrecht Verpflichtungen der Mitgliedstaaten oder Rechte der Einzelnen gegenüber den Mitgliedstaaten vorsieht, geht es von einem funktionell geprägten Verständnis des Staates aus. Unerheblich ist dabei, in welcher Gestalt der Staat auftritt. Zur staatlichen Sphäre zählt daher nicht nur das „klassische" Staatshandeln in der Gesetzgebung, der Gerichtsbarkeit oder der Hoheitsverwaltung (darunter versteht man im Wesentlichen typische behördliche Tätigkeiten, wie die Genehmigung einer Betriebsanlage oder die verwaltungsstrafrechtliche Verfolgung einer Geschwindigkeitsübertretung), sondern auch die privatrechtliche Tätigkeit des Staates, etwa als Arbeitgeber (zB in einem öffentlichen Krankenhaus) oder Unternehmer (zB als Betreiber eines Gemeindeschwimmbads). Darüber hinaus werden auch nicht direkt in die staatliche Verwaltung eingegliederte Einrichtungen vom Staatsbegriff des Unionsrechts erfasst, wenn sie unter Einfluss und Aufsicht des Staates stehen. Dafür kann eine überwiegende Finanzierung oder Beherrschung durch den Staat selbst oder andere öffentliche Körperschaften schon ausreichen.

Folglich gelten die aus dem Unionsrecht für die Mitgliedstaaten resultierenden Verpflichtungen nicht nur für die Gebietskörperschaften bzw staatliche Organe und Behörden ieS, sondern für alle Einrichtungen, die im Hinblick auf ihre Organisation, Finanzierung, Eigentumsstruktur oder staatliche Aufsichtsrechte in einer gewissen Nahebeziehung zum Staat stehen, wie Selbstverwaltungsträger (zB die Sozialversicherung), sonstige Körperschaften und Anstalten öffentlichen Rechts, Unternehmen im Eigentum oder Einflussbereich der öffentlichen Hand, Vereine zur Förderung des Verkaufs „einheimischer" Produkte etc.

➔ Ein Beispiel dafür ist etwa die Rs *Foster*,[65] in der Bestimmungen der Gleichbehandlungs-RL[66] British Gas entgegengehalten werden konnten. Der EuGH begründete dies damit, dass es sich dabei um ein öffentliches Unternehmen handle, das kraft staatlichen Rechtsakts unter staatlicher Aufsicht eine Dienstleistung im öffentlichen Interesse erbringe und zu diesem Zweck mit besonderen Rechten ausgestattet ist; daher sei es dem Staat zuzurechnen.

Von besonderer Bedeutung ist diese umfassende Geltung unionsrechtlicher Verpflichtungen für die staatliche Sphäre aber nicht nur im Rahmen der unmittelbaren Wirkung von RL, sondern etwa auch für die Anwendung der Grundfreiheiten (siehe unten IV.A.7.b.) oder des Vergaberechts (siehe unten IV.A.5.c.).

8. Unionsrechtskonforme Auslegung nationalen Rechts

Nach dem vom EuGH entwickelten Grundsatz der unionsrechtskonformen Auslegung nationalen Rechts sind innerstaatliche Rechtsvorschriften unter voller Ausschöpfung des Beurteilungsspielraums, den das nationale Recht einräumt, in Übereinstimmung mit den Anforderungen des Unionsrechts auszulegen und anzuwenden (den Stand der Rechtsprechung zusammenfassend siehe die Rs *Adeneler ua*[67]).

➔ Ein *leading case* ist hier die Rs *von Colson und Kamann*[68]: Frau Colson und Frau Kamann bewarben sich um Sozialarbeiterstellen in einer Justizvollzugsanstalt und wurden mit der Begründung abgewiesen, dass dort nur Männer untergebracht seien, sodass die Betreuung durch männliches Personal erfolgen müsse. Dabei handelte es sich um eine klare Diskriminierung aufgrund des Geschlechts. Die Gleichbehandlungs-RL[69] verpflichtete die Mitgliedstaaten für einen solchen Fall zur Erlassung der erforderlichen Rechtsvorschriften, damit die von einer Diskriminierung Betroffenen ihre Rechte gerichtlich geltend machen können. Allerdings schrieb die RL keine bestimmte Sanktion vor. Das in Umsetzung der RL ergangene dt Gesetz sah im Falle einer Diskriminierung lediglich den Ersatz des sog Vertrauensschadens vor, sodass im Anlassfall nur die von den Klägerinnen im Zusammenhang mit der Bewerbung aufgewendeten Fahrtkosten erstattungsfähig gewesen wären. Der vom zuständigen nationalen Gericht angerufene EuGH entschied, dass ein Mitgliedstaat, der sich im Rahmen des von der RL eingeräumten Umsetzungsspielraums dafür entscheide, als Sanktion für einen Verstoß gegen das Diskriminierungsverbot eine Entschädigung vorzusehen, auch gewährleisten müsse, dass deren Höhe in einem angemessenen Verhältnis zum erlittenen Schaden steht und über einen rein symbolischen Schadenersatz wie etwa die bloße Erstattung der Bewerbungskosten hinausgeht, damit ihre Wirksamkeit und ihre abschreckende Wirkung gewährleistet sind; sonst handle es sich nicht um eine im Hinblick auf das Ziel der RL (Verhinderung von Diskriminierungen aufgrund des Geschlechts) geeignete Sanktion. Es sei daher Sache des nationalen Gerichts, das nationale Gesetz unter voller Ausschöpfung des Beurteilungsspielraums so auszulegen und anzuwenden, dass im Ergebnis ein angemessener Schadenersatz (dh höher als an sich vorgesehen) sichergestellt ist.

9. Staatshaftung

Der Grundsatz der Staatshaftung besagt, dass die Mitgliedstaaten den Bürgerinnen und Bürgern jeden Schaden zu ersetzen haben, den diese wegen der Nichteinhaltung des Unionsrechts durch staatliche Organe erlitten haben. Dies gilt für jeden Fall des Verstoßes eines Mitgliedstaats gegen das Unionsrecht, unabhängig davon, welches mitgliedstaatliche Organ durch sein Handeln oder Unterlassen den Verstoß begangen hat (Leitentscheidungen: Rs *Francovich,*[70] Rs *Brasserie du pecheur u Factortame,*[71] Rs *Köbler*[72]).

Die Mitgliedstaaten trifft die Staatshaftung dabei unter folgenden Voraussetzungen:

- ► Verstoß eines staatlichen Organs gegen eine Rechtsnorm, die bezweckt, dem Einzelnen Rechte zu verleihen.
- ► Hinreichende Qualifiziertheit dieses Verstoßes, dh die Unionsrechtsverletzung muss schwerwiegend sein. Ob dies zutrifft, ist insbesondere unter Berücksichtigung folgender Kriterien zu beurteilen: Maß an Klarheit und Genauigkeit der verletzten Vorschrift, Umfang des Ermessenspielraums, den diese den nationalen Behörden belässt, Vorsätzlichkeit des Verstoßes, Entschuldbarkeit oder Unentschuldbarkeit eines allfälligen Rechtsirrtums, möglicherweise irreführende Verhaltensweise eines Organs der EU, Vorliegen einer etwaigen gefestigten einschlägigen Rechtsprechung des EuGH.
- ► Kausalzusammenhang zwischen dem Verstoß und dem eingetretenen Schaden.
- ► Nicht maßgeblich ist ein allfälliges Verschulden des handelnden Organs.

Die konkrete Durchsetzung von Staatshaftungsansprüchen hat im Rahmen des nationalen Haftungsrechts zu erfolgen, welches nicht nur für die konkrete Ausgestaltung des Verfahrens, sondern auch für den Umfang der Entschädigung maßgeblich ist.

➔ Beispiel: Nachdem der EuGH in einem Vertragsverletzungsurteil gegen Österreich festgestellt hatte, dass die Höhe der auf der Brennerautobahn eingehobenen Mautentgelte für LKW gegen Unionsrecht verstoßen hatte (Rs *Kommission/Österreich/Brennermaut*),[73] konnten Frächter die zu viel bezahlte Maut vor den österreichischen Gerichten, die insoweit das nationale Schadenersatzrecht anwendeten, von der im Eigentum der öffentlichen Hand stehenden Autobahnbetreibergesellschaft ASFINAG zurückfordern.

F. Die Verwaltung der EU

Rechtsgrundlage: neben den organisatorischen Bestimmungen der Verträge insb Art 4 Abs 3, 19 Abs 1 EUV; Art 197, 291 AEUV

Weitere Informationen:
www.europa.eu/institutions/index_de.htm
(Institutionen und Einrichtungen der EU)

Der EU fehlt weitestgehend ein eigenständiger Verwaltungsunterbau. Vielmehr werden die Vorschriften des EU-Rechts überwiegend von den Verwaltungen der Mitgliedstaaten durchgeführt und angewandt („vollzogen“). Diese erledigen die anfallenden EU-Angelegenheiten quasi mit und ergreifen zu diesem Zweck alle zur Durchführung der verbindlichen Rechtsakte der Union erforderlichen Maßnahmen nach innerstaatlichem Recht (Art 291 Abs 1 AEUV). Ausgehend davon unterscheidet man den direkten (unionsunmittelbaren) Vollzug durch Organe der EU vom indirekten Vollzug durch Organe der Mitgliedstaaten.

1. Direkter (unionsunmittelbarer) Vollzug

Der EU selbst sind Vollzugszuständigkeiten nur im Ausnahmefall zugewiesen. Die wichtigsten Bereiche dieses unionsunmittelbaren (direkten) Vollzugs durch eigene Organe und Einrichtungen der EU (unionsunmittelbare Verwaltung) sind:

- Personalangelegenheiten und interne Organisation,
- Haushaltsvollzug einschließlich der Verwaltung von Fonds,
- Wettbewerbsrecht (Kartellverbot, Verbot des Missbrauchs einer marktbeherrschenden Stellung, Fusionskontrolle),
- Beihilfenaufsicht,

- Handelspolitik (Ein- und Ausfuhrkontrolle und -beschränkung),
- wesentliche Bereiche der Wirtschafts- und Währungspolitik (beachte insbesondere die Befugnisse der EZB).

Der direkte Vollzug liegt im Wesentlichen im Aufgabenbereich der Kommission. Daneben gibt es eine Reihe anderer Verwaltungsstellen, die idR auf sekundärrechtlicher Grundlage errichtet werden: Zu erwähnen sind ua die Fonds (zB Europäischer Fonds für regionale Entwicklung, Europäischer Sozialfonds, Kohäsionsfonds, Europäischer Landwirtschaftsfonds für die Entwicklung des ländlichen Raums, Europäischer Garantiefonds für die Landwirtschaft, Europäischer Entwicklungsfonds) und die Agenturen. Regulierungsagenturen werden zur Ausübung bestimmter technischer, wissenschaftlicher oder administrativer Aufgaben errichtet und verfügen über eigene Rechtspersönlichkeit. Beispiele sind etwa die Europäische Agentur für Grundrechte mit Sitz in Wien (FRA), die Europäische Agentur für die operative Zusammenarbeit an den Außengrenzen mit Sitz in Warschau (FRONTEX) oder die Europäische Behörde für Lebensmittelsicherheit mit Sitz in Parma (EFSA). An sog Exekutivagenturen werden von der Kommission für einen festgelegten Zeitraum bestimmte Aufgaben bei der Verwaltung von Programmen der EU übertragen; sie sind am Sitz der Kommission in Brüssel eingerichtet. Darüber hinaus bestehen – teils schon primärrechtlich vorgesehene – Agenturen in den Bereichen der GASP (siehe unten V.A.) und des Raums der Freiheit, der Sicherheit und des Rechts (siehe unten V.B.); Beispiele sind einerseits die Europäische Verteidigungsagentur, andererseits Eurojust und Europol.

2. Indirekter Vollzug durch die Mitgliedstaaten

a. Allgemeines

Die Durchführung von Unionsrecht durch die Mitgliedstaaten stellt den Regelfall dar. Man spricht diesbezüglich vom indirekten Vollzug des Unionsrechts durch die Mitgliedstaaten bzw durch staatliche Organe. Dabei können folgende Konstellationen unterschieden werden:

- Normative Durchführung: Darunter wird die Ausführung und/oder Konkretisierung von Unionsvorschriften durch staatliche

Gesetze verstanden; dies ist insbesondere bei der Umsetzung von RL der Fall.

➔ Beispiel: Die Gleichbehandlungs-Rahmen-RL[74] stellt Grundsätze für die Bekämpfung von Diskriminierungen aufgrund der Religion oder Weltanschauung, einer Behinderung, des Alters oder der sexuellen Ausrichtung auf, die von den Mitgliedstaaten durch nationale Gleichbehandlungs- bzw Antidiskriminierungsgesetze ausgeführt und konkretisiert (= „umgesetzt") werden mussten.

- Administrative Durchführung: Darunter wird die Anwendung von Unionsvorschriften bzw nationalen Umsetzungsregelungen in konkreten Einzelfällen durch staatliche Verwaltungsorgane verstanden.

  ➔ Als Beispiel lässt sich etwa die Anwendung des Zollkodex[75] durch die staatlichen Zollbehörden nennen.

- Judikative Durchführung: Darunter wird die Anwendung und Durchsetzung von Unionsrecht bzw nationalen Umsetzungsregelungen durch staatliche Gerichte verstanden.

  ➔ Beispiel: Art 157 AEUV verbietet eine ungleiche Entlohnung von Männern und Frauen. Wird unter Berufung auf diese Bestimmung von einer Arbeitnehmerin vor einem staatlichen Arbeitsgericht Klage gegen ihren Arbeitgeber erhoben, so ist Art 157 AEUV vom Gericht direkt anzuwenden und – sofern sich im Verfahren herausstellt, dass eine Diskriminierung bei der Entlohnung vorliegt – dahingehend durchzusetzen, dass der Klägerin der entsprechend höhere Lohn bzw ein entsprechender Schadenersatz zuzusprechen ist.

Darüber hinaus unterscheidet man den unmittelbaren indirekten Vollzug vom mittelbaren indirekten Vollzug.

- Als unmittelbaren indirekten Vollzug bezeichnet man die Anwendung von unmittelbar anwendbarem Unionsrecht durch die Gerichte und Verwaltungsbehörden der Mitgliedstaaten in konkreten Einzelfällen.
- Als mittelbaren indirekten Vollzug bezeichnet man die Ausführung (Umsetzung) von Unionsrecht durch mitgliedstaatliche Rechtsvorschriften (Gesetze, Verordnungen) einschließlich der Anwendung dieser nationalen Ausführungsregelungen durch Gerichte und Verwaltungsbehörden in konkreten Einzelfällen.

<table>
<tr><th colspan="3">Vollzug von Unionsrecht</th></tr>
<tr><th rowspan="2">Direkter Vollzug</th><th colspan="2">Indirekter Vollzug</th></tr>
<tr><th>unmittelbar</th><th>mittelbar</th></tr>
<tr><th colspan="3">vollziehende Organge</th></tr>
<tr><td rowspan="2">Organe der EU
(Kom, Agenturen)</td><td colspan="2">Organe der MS
(Aufsicht durch Kom)</td></tr>
<tr><td>Verwaltung,
Gerichtsbarkeit</td><td>Gesetzgebung,
Verwaltung
Gerichtsbarkeit</td></tr>
<tr><th colspan="3">vollzogenes materielles Recht</th></tr>
<tr><td>unmittelbar
anwendbares
Unionsrecht</td><td>unmittelbar
anwendbares
Unionsrecht</td><td>nat Recht, das
Unionsrecht
umsetzt</td></tr>
<tr><th colspan="3">anzuwendendes Organisations- und Verfahrensrecht</th></tr>
<tr><td>unmittelbar
anwendbares
Unsionsrecht</td><td colspan="2">nat Recht
(aber unionsrechtliche Mindeststandards)</td></tr>
</table>

Quelle: *Ranacher/Frischhut*, Handbuch Anwendung des EU-Rechts (2009), 251

b. Grundsätze des indirekten Vollzugs

Für den indirekten Vollzug von Unionsrecht hat der EuGH die folgenden grundlegenden Prinzipien entwickelt, die vor allem dessen einheitliche Wirkung und Geltung in den Mitgliedstaaten (Uniformität) sowie dessen praktische Wirksamkeit (Effektivität) sicherstellen sollen:

- Organisations- und Verfahrensautonomie der Mitgliedstaaten: Soweit das Unionsrecht keine gemeinsamen Vorschriften enthält, gehen die nationalen Behörden bei der Durchführung von Unionsregelungen nach den Bestimmungen ihres nationalen Rechts vor (grundlegend Rs *Milchkontor*[76]). Es bleibt also grundsätzlich den Mitgliedstaaten vorbehalten, die zum Vollzug von Unionsrecht zuständigen Stellen zu bezeichnen bzw dessen Vorschriften nach ihrem nationalen (Verfahrens-)Recht durchzuführen. Diese Autonomie der Mitgliedstaaten ist aber insofern eingeschränkt, als dadurch weder die einheitliche Wirksamkeit noch die Effektivität des Unionsrechts beeinträchtigt werden dürfen.

Dies soll ergänzend durch folgende vom EuGH in diesem Zusammenhang entwickelte Grundsätze sichergestellt werden:

- Effektivitätsprinzip: Nach dem Effektivitätsprinzip darf die Anwendung von nationalen Verfahrensregeln nicht darauf hinauslaufen, dass die Verwirklichung des Unionsrechts bzw die Ausübung der durch die Unionsrechtsordnung verliehenen Rechte praktisch unmöglich gemacht oder übermäßig erschwert wird. Dies ist jeweils unter Berücksichtigung aller Umstände des Einzelfalls zu beurteilen (siehe dazu die Rs *Factortame* oben III.E.4.).
  - ➔ So hat der EuGH zB in Zusammenhang mit der Rückerstattung der (für unionsrechtswidrig erklärten) öst Getränkesteuer in der Rs *Weber's Wine World*[77] ausgesprochen, dass es mit dem Effektivitätsprinzip nicht vereinbar ist, wenn allein aufgrund des Umstandes, dass diese Steuer idR in den Verkaufspreis eingerechnet wurde, vermutet wird, dass die wirtschaftliche Belastung nicht vom Abgabepflichtigen getragen wurde. Damit würde diesem nämlich faktisch die Beweislast dafür auferlegt, dass er die Abgabe nicht auf Dritte (hier: die Konsumenten der besteuerten Getränke) überwälzt habe.
  - ➔ Am Effektivitätsprinzip müssen sich aber beispielsweise auch im nationalen Recht vorgesehene Ausschlussfristen für die Geltendmachung von Ansprüchen messen lassen; diese müssen angemessen lang sein, widrigenfalls sie gegen das Effektivitätsprinzip verstoßen. Dies war etwa in der Rs *Preston*[78] im Hinblick auf eine sechsmonatige Frist für die Geltendmachung der Einbeziehung in ein Betriebsrentensystem, die sich auf Arbeitnehmer mit (rechtswidrigen) Kettenarbeitsverträgen besonders nachteilig auswirkte, der Fall. Wenn es der Zweck der Regelung rechtfertigt, können aber auch relativ kurze Fristen mit dem Effektivitätsprinzip vereinbar sein. Das zeigen Beispiele aus dem Vergaberecht (siehe unten IV.A.5.c.), wo besonders kurze Ausschlussfristen (einige Tage, eine Woche) für die Anfechtung bestimmter rechtswidriger Entscheidungen der öffentlichen Auftraggeber mit der Wirkung bestehen, dass diese in einem späteren Verfahrensstadium nicht mehr angefochten werden können. Derartige Regelungen, die auf die rasche Anfechtung und Berichtigung derartiger Fehler während eines Vergabeverfahrens abzielen, erachtet der EuGH im Interesse der Rechtssicherheit als mit dem Effektivitätsprinzip vereinbar

(Rs *Universale Bau*[79]). Dies gilt insbesondere auch für die üblicherweise zwei bis mehrere Wochen betragenden allgemeinen Fristen für die Anfechtung von Gerichtsurteilen und Entscheidungen der Verwaltungsbehörden.

- Äquivalenzprinzip: Nach dem Äquivalenzprinzip dürfen die für die Durchsetzung unionsrechtlicher Ansprüche in den Mitgliedstaaten zur Verfügung stehenden Verfahren nicht ungünstiger ausgestaltet sein als Verfahren, in denen über gleichartige rein nationale Streitigkeiten entschieden wird. Die nationalen Behörden haben beim Vollzug des Unionsrechts also nach denselben Regeln wie für gleichartige nationale Angelegenheiten vorzugehen.
  - ➔ Es ist daher zB unzulässig, im nationalen Verfahrensrecht für auf Unionsrecht gestützte Ansprüche kürzere Verjährungsfristen vorzusehen als für gleichartige, allein auf nationales Recht gestützte Ansprüche. Keine Bedenken hatte der EuGH gegen eine in Italien für alle Anträge und Klagen auf Erstattung von im Zusammenhang mit Zollhandlungen gezahlten Beträgen geltende drei- bzw fünfjährige Ausschlussfrist (Rs *Aprile*[80]) oder gegen die analoge Anwendung einer in Deutschland für ähnliche Klagen vorgesehenen dreijährigen Verjährungsfrist auf Staatshaftungsansprüche (Rs *Danske Slagterrier*[81]).
- Gerichtlicher Rechtsschutz: Das Unionsrecht verlangt, dass gegen Maßnahmen nationaler Organe im Rahmen des indirekten Vollzugs Rechtsschutzmöglichkeiten vor unabhängigen Gerichten bestehen (grundlegend Rs *Comet*[82]).
  - ➔ Dabei geht das Unionsrecht von einem eigenständigen Gerichtsbegriff aus. Damit eine im nationalen Recht vorgesehene Rechtsschutzeinrichtung in diesem Sinn als Gericht qualifiziert werden kann, muss sie eine Reihe von Kriterien erfüllen, die der EuGH in seiner Rechtsprechung entwickelt hat (siehe zB Rs *Wilson*[83]); es sind dies im Wesentlichen: die Errichtung der Einrichtung auf gesetzlicher Grundlage, ihr ständiger Charakter, die obligatorische Zuständigkeit für die ihr zur Entscheidung zugewiesenen Angelegenheiten, die Anwendung von Rechtsnormen bei der Entscheidung in einem streitigen Verfahren sowie ihre Unabhängigkeit und Unparteilichkeit.Dieser unionsrechtliche Gerichtsbegriff ist mit dem in den einzelnen Mitgliedstaaten vorherrschenden

Verständnis nicht unbedingt deckungsgleich. So gibt es insbesondere auch in Österreich eine Reihe von verwaltungsbehördlichen Rechtsschutzeinrichtungen, die keine Gerichte iSd nationalen Rechts sind, sehr wohl aber als solche iSd Unionsrechts zu qualifizieren sind (zB die als Berufungsbehörden in Verwaltungsstrafverfahren und sonstigen Angelegenheiten eingerichteten Unabhängigen Verwaltungssenate, der als Berufungsbehörde in Steuersachen tätige Unabhängige Finanzsenat oder eine Reihe weiterer Sonderbehörden mit Rechtsschutzaufgaben wie das Bundesvergabeamt, der Unabhängige Umweltsenat oder der Urheberrechtssenat).Art 19 Abs 1 EUV verpflichtet die Mitgliedstaaten nunmehr ausdrücklich zur Schaffung der zur Gewährleistung eines effektiven Rechtsschutzes in den vom Unionsrecht erfassten Bereichen erforderlichen Rechtsbehelfe. Zudem garantiert Art 47 GRC jeder Person, deren durch das Recht der Union garantierte Rechte oder Freiheiten verletzt worden sind, einen wirksamen gerichtlichen Rechtsbehelf.

- Beachtung der Unionsgrundrechte: Diese sind im Rahmen des indirekten Vollzugs auch für die Mitgliedstaaten verbindlich (siehe unten IV.D.).

Darüber hinaus unterliegen die Mitgliedstaaten im Rahmen des indirekten Vollzugs von Unionsrecht der Aufsicht und Kontrolle durch die EU, die im Wesentlichen von der Kommission und in letzter Konsequenz auch vom EuGH (Vertragsverletzungsverfahren, siehe oben II.C.6.e.) ausgeübt wird und die ordnungsgemäße und effektive Durchführung des Unionsrechts durch die Mitgliedstaaten sicherstellen soll. Da dies für das ordnungsgemäße Funktionieren der Union äußerst wichtig ist, können zur Verbesserung und Unterstützung der Durchführung des Unionsrechts durch die Mitgliedstaaten sekundärrechtlich spezifische Maßnahmen der Verwaltungszusammenarbeit vorgesehen werden (Art 197 AEUV).

IV. Die Rechte der Bürger in der EU: Grundfreiheiten, Diskriminierungsverbot, Unionsbürgerschaft, Unionsgrundrechte

A. Die Grundfreiheiten des Binnenmarkts

Weitere Informationen:
www.europa.eu/pol/singl/index_de.htm
(Politikfelder der EU > Binnenmarkt)
www.ec.europa.eu/internal_market/index_de.htm
(Europäische Kommission > Binnenmarkt)
www.ec.europa.eu/solvit
(SOLVIT-Netz, Beschwerdestellen in Binnenmarktangelegenheiten)

1. Ziele des Binnenmarkts

Rechtsgrundlage: Art 3 EUV; Art 26 AEUV

Nach Art 3 EUV errichtet die EU einen Binnenmarkt und verfolgt bestimmte wirtschafts- und sozialpolitische Zielsetzungen, wie das Hinwirken auf die nachhaltige Entwicklung Europas auf der Grundlage eines ausgewogenen Wirtschaftswachstums und von Preisstabilität, auf eine wettbewerbsfähige soziale Marktwirtschaft, die auf Vollbeschäftigung und sozialen Fortschritt abzielt, sowie auf ein hohes Maß an Umweltschutz, die Förderung des wissenschaftlichen und technischen Fortschritts, die Bekämpfung sozialer Ausgrenzung und von Diskriminierungen oder die Förderung des wirtschaftlichen, sozialen und territorialen Zusammenhalts und der Solidarität zwischen den Mitgliedstaaten.

Der Binnenmarkt umfasst einen Raum ohne Binnengrenzen, in dem der freie Verkehr von Waren, Personen, Dienstleistungen und Kapital gewährleistet ist (Art 26 Abs 2 AEUV). Wesentliche Zielsetzungen des Binnenmarkts sind zum Zweck der vollen Verwirklichung dieser vier Grundfreiheiten:

- die Beseitigung von Diskriminierungen von Waren und Wirtschaftsteilnehmern aufgrund ihrer Herkunft bzw Staatsangehörigkeit,
- die Beseitigung von sonstigen staatlichen Maßnahmen und Rechtsvorschriften, die die Ausübung der Grundfreiheiten in ungerechtfertigter Weise beschränken,

- die gegenseitige Anerkennung von Rechtsvorschriften und technischen Normen der Mitgliedstaaten (danach dürfen die Mitgliedstaaten insbesondere den Verkauf von in anderen Mitgliedstaaten rechtmäßig hergestellten Produkten nicht verbieten, auch wenn diese auf der Grundlage anderer technischer oder qualitativer Regelungen als der für inländische Produkte geltenden hergestellt wurden) und
- erforderlichenfalls die Beseitigung von Hindernissen für den grenzüberschreitenden Handel durch Angleichung unterschiedlicher mitgliedstaatlicher Rechtsvorschriften und technischer Normen (Harmonisierung).

Unterstützt wird das Funktionieren des Binnenmarkts auch durch die europäischen Wettbewerbsregeln (siehe unten V.F.) und die Harmonisierung gewerblicher Schutzrechte, insbesondere durch Einführung einer Gemeinschaftsmarke,[84] eines Gemeinschaftsgeschmacksmusters[85] und eines gemeinschaftlichen Sortenschutzes.[86] Geplant ist auch die Einführung eines EU-Patents mit einem spezialisierten Patentgericht. Zuständig für die EIntragung von Gemeinschaftsmarken und Gemeinschaftsgeschmackmustern ist das Harmonisierungsamt für den Binnenmarkt in Alicante, für Schutzrechte von Pflanzensorten das Gemeinschaftliche Sortenamt in Angers.

Die Verwirklichung des Binnenmarktkonzepts wurde nach entsprechenden Vorarbeiten in den 70er- und frühen 80er-Jahren auf Basis eines Weißbuches der Kommission und seiner Verankerung im Vertrag durch die Einheitliche Europäische Akte 1986 zu einem wesentlichen Ziel der damaligen EG; danach sollte der Binnenmarkt bis zum 31. Dezember 1992 „vollendet" werden. Zu diesem Zweck wurden in Umsetzung des genannten Weißbuches bis Ende 1992 über 300 Einzelmaßnahmen realisiert, die seither schrittweise ergänzt werden (nach Art 26 Abs 1 AEUV erlässt die Union die erforderlichen Maßnahmen, um nach Maßgabe der einschlägigen Bestimmungen der Verträge den Binnenmarkt zu verwirklichen bzw dessen Funktionieren zu gewährleisten). Die Sicherstellung der Funktionsfähigkeit des Binnenmarkts und seine Weiterentwicklung sind stets wichtige strategische Ziele der Kommission, die diese einerseits durch die Überwachung der Beachtung und Durchführung des binnenmarktbezogenen Unionsrechts durch die Mitgliedstaaten, andererseits durch zahlreiche eigene politische Initiativen auf Unionsebene zu verwirklichen versucht. Ein aktuelles Strategiepapier hat im Auftrag von Kommissionspräsident *Barroso* der ehemalige Binnenmarkt- und Wettbewerbskommissar *Monti* im Mai 2010 vorgelegt (sog Monti-Bericht).[87] An die Mitgliedstaaten hat die Kommission im Jahr 2009 eine Empfehlung zur Optimierung der Funktionsweise des Binnenmarkts gerichtet.[88]

Als größter Markt der industrialisierten Welt stärkt der Binnenmarkt die Wettbewerbsfähigkeit der europäischen Wirtschaft. Durch den Binnenmarkt können die europäischen Unternehmen ihre Waren und Dienstleistungen in anderen Mitgliedstaaten genauso leicht anbieten wie auf ihren Heimatmärkten. Darüber hinaus können die europäischen Unternehmen durch die Öffnung des Zugangs zu öffentlichen Aufträgen aus anderen Mitgliedstaaten und durch die Vereinfachung der rechtlichen Rahmenbedingungen Größenvorteile lukrieren, die ihre Kosten senken. Dies verringert nicht zuletzt auch die Preise für die Konsumenten. Ein weiterer Vorteil des Binnenmarkts, der sowohl den Verbrauchern als auch den Unternehmen zugute kommt, besteht in der Abschaffung der Grenzkontrollen.

Angesichts der Bedeutung des Binnenmarktes für die internationale Wettbewerbsfähigkeit ist ein reibungsloses Funktionieren der Grundfreiheiten ein wichtiges Ziel der EU. Einen praktischen Beitrag dazu leistet das von der Kommission und den Mitgliedstaaten eingerichtete SOLVIT-Netz, in dessen Rahmen Bürger und Unternehmen in Fällen, in denen nationale Verwaltungen das EU-Binnenmarktrecht nicht ordnungsgemäß anwenden, Beschwerden an die sog SOLVIT-Stellen der einzelnen Mitgliedstaaten richten und damit rasch und unbürokratisch Hilfe erhalten können.

2. Die Freiheit des Warenverkehrs

Rechtsgrundlage: Art 28 bis 37 AEUV

Der freie Warenverkehr gilt für alle Waren, die aus den Mitgliedstaaten stammen, sowie für Waren aus Drittländern, die sich im freien Verkehr befinden; das ist dann der Fall, wenn für sie die Einfuhrförmlichkeiten erfüllt sowie die vorgeschriebenen Zölle und Abgaben gleicher Wirkung erhoben worden sind. „Ware" ist jede körperliche Sache, die einen Handelswert hat und Gegenstand von Handelsgeschäften sein kann.

Als Mittel zur Verwirklichung des freien Warenverkehrs dienen die Errichtung einer Zollunion, die Abschaffung aller mengenmäßigen Einfuhr-, Durchfuhr- und Ausfuhrbeschränkungen sowie die Umformung der staatlichen Handelsmonopole.

- Die Zollunion: Diese erstreckt sich auf den gesamten Warenaustausch und besteht aus zwei Elementen, dem Verbot von Ein- und Ausfuhrzöllen sowie von Abgaben gleicher Wirkung zwischen Mitgliedstaaten (Binnendimension) einerseits und der Einführung eines gemeinsamen Zolltarifs und einer gemeinsamen Handelspolitik für den Handel mit Nichtmitgliedstaaten (Außendimension) andererseits. Im Gegensatz dazu sieht eine Freihandelszone (zB EWR, EFTA, NAFTA) als Form zwischenstaatlicher Zusammenarbeit mit geringerer Integrationstiefe keine Vereinheitlichung des Zolltarifs vor. Die Ausdehnung des Zollverbots auf Abgaben gleicher Wirkung dient der Verhinderung seiner Umgehung. Darunter fällt jede auch noch so geringe, den in- oder ausländischen Waren wegen ihres Grenzübertritts einseitig auferlegte finanzielle Belastung, unabhängig von ihrer Bezeichnung und der Art ihrer Erhebung (zB Gebühren für Qualitäts- und Gesundheitskontrollen). Entscheidend ist die von Staats wegen vorgenommene oder veranlasste finanzielle Belastung wegen des Grenzübertritts.
- Die Beseitigung mengenmäßiger Ein-, Durchfuhr- und Ausfuhrbeschränkungen und von Maßnahmen gleicher Wirkung: Alle Ein- und Ausfuhrverbote oder Kontingentierungen, also alle staatlichen Maßnahmen, die die Ein- oder Ausfuhr einer Ware der Menge, dem Wert oder der Zeit nach begrenzen, sind grundsätzlich verboten. Ausnahmsweise erlaubt sind sie lediglich dann, wenn sie aus Gründen der öffentlichen Sittlichkeit, Ordnung und Sicherheit sowie zum Schutz der Gesundheit und des Lebens von Menschen, Tieren oder Pflanzen, des nationalen Kulturguts von künstlerischem, geschichtlichem oder archäologischem Wert oder des gewerblichen und kommerziellen Eigentums gerechtfertigt sind. Solche Maßnahmen dürfen allerdings weder ein Mittel zur willkürlichen Diskriminierung noch eine verschleierte Beschränkung des Handels zwischen den Mitgliedstaaten darstellen. Sie müssen also sachlich gerechtfertigt sein und dem Prinzip der Verhältnismäßigkeit entsprechen (siehe unten IV.A.7.d. und f.). Ebenfalls verboten sind Maßnahmen mit gleicher Wirkung wie mengenmäßige Beschränkungen. Darunter werden in der Rechtsprechung des EuGH – mit Ausnahme bestimmter Verkaufsmodalitäten – alle Handelsregelungen der Mitgliedstaaten verstan-

den, die geeignet sind, den Handel innerhalb der EU unmittelbar oder mittelbar, tatsächlich oder potenziell zu behindern (zB Verpackungsvorschriften; siehe dazu unten IV.A.7.e. mit Bsp aus der Judikatur). Derartige Handelsregelungen, die für in- und ausländische Waren zwar in gleicher Weise gelten, aber dennoch in Bezug auf ausländische Waren eine marktzugangsbeschränkende Wirkung entfalten, dürfen nur aufrechterhalten werden, wenn sie aus zwingenden Allgemeininteressen gerechtfertigt werden können und verhältnismäßig sind (siehe unten IV.A.7.e. und f.).

- Die Umformung der staatlichen Handelsmonopole: Staatliche Handelsmonopole sind derart umzuformen, dass jede Diskriminierung in den Versorgungs- und Absatzbedingungen zwischen den Angehörigen der Mitgliedstaaten ausgeschlossen ist. Damit wird eine weitere Möglichkeit der Umgehung der Warenverkehrsfreiheit beseitigt, denn der Staat könnte aufgrund eines Handelsmonopols die Ein- und Ausfuhr bestimmter Waren unter Ausklammerung des Marktes frei bestimmen. Reine Produktionsmonopole, Dienstleistungsmonopole und lokale Monopole sind nicht betroffen, auch nicht solche gegenüber Drittstaaten. Umformung bedeutet zwar nicht die völlige Abschaffung der Monopole, wohl aber die Beseitigung der Monopolrechte.

3. Die Freiheiten des Personenverkehrs

Als Freiheiten des Personenverkehrs bezeichnet man die Freizügigkeit der Arbeitnehmer, die die freie und unbeschränkte Aufnahme und Ausübung unselbstständiger Erwerbstätigkeiten sicherstellen soll, und die Niederlassungsfreiheit, die die freie und unbeschränkte Aufnahme und Ausübung selbstständiger Erwerbstätigkeiten betrifft. Die durch die Personenverkehrsfreiheiten gewährleisteten Rechte der Bürgerinnen und Bürger werden durch die aus der Unionsbürgerschaft abgeleiteten allgemeinen Aufenthalts- und Freizügigkeitsrechte (siehe unten IV.C.3.) ergänzt und unterstützt.

a. Die Freizügigkeit der Arbeitnehmer

Rechtsgrundlage: Art 45 bis 48 AEUV

Die Freizügigkeit der Arbeitnehmer (zum Begriff des Arbeitnehmers siehe oben III.E.6.) umfasst die Abschaffung jeder auf der Staatsangehörigkeit beruhenden unterschiedlichen Behandlung der Arbeitnehmer in Bezug auf Beschäftigung, Entlohnung und sonstige Arbeitsbedingungen. Darüber hinaus verfügen Arbeitnehmer aus anderen Mitgliedstaaten (sog Wanderarbeitnehmer) im Aufnahmemitgliedstaat über folgende konkrete Rechte: Recht zur Bewerbung auf Stellenangebote einschließlich Mobilität für die Arbeitssuche, Aufenthaltsrecht zur Ausübung der Beschäftigung und Fortbestand des Aufenthaltsrechts nach Beendigung der Beschäftigung. Um allfällige aus unterschiedlichen mitgliedstaatlichen Berufszugangs- und Berufsausbildungsregelungen folgenden Hindernisse für die Mobilität zu beseitigen, ist weiters vorgesehen, dass in anderen Mitgliedstaaten erworbene Befähigungsnachweise und Berufsberechtigungen grundsätzlich gegenseitig anzuerkennen sind, sofern sie mit den im betreffenden Mitgliedstaat geltenden Anforderungen gleichwertig sind (siehe unten IV.A.5.b.).

Wesentlich für die inhaltliche Ausgestaltung der Freizügigkeit der Arbeitnehmer sind auch folgende Sekundärrechtsakte:

- Wanderarbeitnehmer-VO:[89] Diese regelt den Zugang der Wanderarbeitnehmer zur Beschäftigung in anderen Mitgliedstaaten, die Rechtstellung der Wanderarbeitnehmer und ihrer Familienangehörigen sowie den Umfang des Gleichbehandlungsgebotes. Vor allem dürfen Wanderarbeitnehmer hinsichtlich der Beschäftigungs- und Arbeitsbedingungen (insbesondere Entlohnung, Kündigung, berufliche Wiedereingliederung und Wiedereinstellung) nicht anders behandelt werden als inländische Arbeitnehmer und genießen dieselben sozialen und steuerlichen Vergünstigungen. Ferner besitzen Wanderarbeitnehmer das Recht, im Zuge ihrer beruflichen Tätigkeit Eigentum für die private Wohnsitznahme zu erwerben.
- VO zur Koordinierung der Systeme der sozialen Sicherheit:[90] Diese Verordnung bezweckt durch die Koordinierung der Systeme der sozialen Sicherheit der Mitgliedstaaten (betreffend Leistungen bei Krankheit und Mutterschaft, bei Invalidität, bei Alter, an Hinterbliebene, bei Arbeitsunfällen und Berufskrankheiten, bei Arbeitslosigkeit sowie Familienleistungen und Sterbegeld) insbesondere die Verwirklichung der Zusammenrechnung von sozialversicherungsrechtlichen Anwartschaften und Ansprüchen, die in verschiedenen Mitgliedstaaten erworben wurden, und die Sicherstellung der Zahlung derartiger Leistungen an Personen, die in anderen Mitgliedstaaten wohnen.
- Unionsbürger-RL (siehe unten IV.C.3.b.).

Die Mitgliedstaaten dürfen Beschränkungen der Freizügigkeit der Arbeitnehmer aus Gründen der öffentlichen Ordnung, Sicherheit und Gesundheit sowie zwingender Allgemeininteressen vorsehen (siehe unten IV.A.7.d., e. und f.). Ferner findet die Arbeitnehmerfreizügigkeit auf die Beschäftigung in der öffentlichen Verwaltung keine Anwendung (zum Begriff siehe oben III.E.6.).

b. Die Niederlassungsfreiheit

Rechtsgrundlage: Art 49 bis 54 AEUV

Die Niederlassungsfreiheit umfasst das Recht zur Aufnahme und Ausübung selbstständiger Erwerbstätigkeiten sowie zur Gründung und Leitung von Unternehmen nach den für die Angehörigen des Aufnahmestaates geltenden Bestimmungen. Insbesondere garantiert die Niederlassungsfreiheit das Recht,

- in einem anderen Mitgliedstaat dauerhaft eine selbstständige Erwerbstätigkeit aufzunehmen, auszuüben und nach deren Beendigung dort zu verbleiben (natürliche Personen) bzw
- in einem anderen Mitgliedstaat durch Verlegung des Sitzes eine primäre Niederlassung oder durch Gründung bzw Erwerb von Agenturen, Zweigniederlassungen und Tochtergesellschaften eine sekundäre Niederlassung zu begründen (juristische Personen, wie zB Kapital- und Personengesellschaften oder Vereine).

Natürliche und juristische Personen haben somit das Recht, in einem anderen Mitgliedstaat der EU als in ihrem Heimatstaat eine dauernde selbstständige Tätigkeit zu den gleichen Bedingungen wie Inländer auszuüben. Dabei sind in anderen Mitgliedstaaten erworbene Befähigungsnachweise und Berufsberechtigungen grundsätzlich gegenseitig anzuerkennen, sofern sie mit den im betreffenden Mitgliedstaat geltenden Anforderungen gleichwertig sind (siehe unten IV.A.5.b.).

Sonderregelungen für ausländische natürliche oder juristische Personen sind nur aus Gründen der öffentlichen Ordnung, Sicherheit und Gesundheit, sonstige Beschränkungen der Niederlassungsfreiheit nur aufgrund zwingender Allgemeininteressen erlaubt (siehe unten IV.A.7.d., e. und f.). Darüber hinaus findet die Niederlassungsfreiheit auf Tätigkeiten, die zeitweise oder dauernd mit der Ausübung öffentlicher (staatlicher) Gewalt verbunden sind, keine Anwendung (zum Begriff siehe unten IV.A.7.a.).

Wesentlich für die inhaltliche Ausgestaltung der Niederlassungsfreiheit sind auch folgende Sekundärrechtsakte:

- VO zur Koordinierung der Systeme der sozialen Sicherheit (siehe oben IV.A.3.a.),
- Unionsbürger-RL (siehe unten IV.C.3.b.),
- Dienstleistungs-RL (siehe unten IV.A.5.a.) und
- eine große Anzahl von Rechtsakten zum Zweck der Erleichterung der Niederlassungsfreiheit durch Harmonisierung des Gesellschaftsrechts der Mitgliedstaaten bzw durch die Ermöglichung der Gründung grenzüberschreitender Gesellschaften (siehe insbesondere die VO über das Statut der Europäischen Gesellschaft – SE[91] und die VO über das Statut der Europäischen Genossenschaft – SCE[92]; die Einführung einer europäischen GmbH durch ein Statut für eine Europäische Privatgesellschaft – SPE ist geplant[93]).

4. Die Freiheit des Dienstleistungsverkehrs

Rechtsgrundlage: Art 56 bis 62 AEUV

Unter die Freiheit des Dienstleistungsverkehrs fallen zeitlich begrenzte, dh vorübergehend in grenzüberschreitender Weise gegen Entgelt erbrachte Leistungen aus gewerblicher, kaufmännischer, handwerklicher oder freiberuflicher Tätigkeit. Hinsichtlich des Vorliegens eines grenzüberschreitenden Elements unterscheidet man bei der Anwendung der Dienstleistungsfreiheit grundsätzlich folgende Konstellationen:

- Der Dienstleister begibt sich zum Zweck der Leistungserbringung in einen anderen Mitgliedstaat (aktive Dienstleistungsfreiheit); zB ein Tischler aus Bayern, der in Tirol eine Küche einbaut.
- Der Leistungsempfänger begibt sich in einen anderen Mitgliedstaat, um dort eine Dienstleistung in Anspruch zu nehmen (passive Dienstleistungsfreiheit), zB Touristen, die einen Vergnügungspark besuchen.
- Die Grenzüberschreitung erfolgt durch die Dienstleistung selbst (sog Korrespondenzdienstleistungen), zB Rundfunk- oder Fernsehsendungen, Finanzdienstleistungen.
- Das grenzüberschreitende Element wird dadurch hergestellt, dass die Dienstleistung in einem anderen Mitgliedstaat gegenüber Personen erbracht wird, die im selben Mitgliedstaat ansässig sind wie der Dienstleistungserbringer (sog auslandsbedingte

Dienstleistungen), zB Reiseveranstalter, die Pauschalreisen ins EU-Ausland anbieten.

Im Verhältnis zu den anderen Grundfreiheiten erfüllt die Dienstleistungsfreiheit die Funktion eines Auffangtatbestandes. Der betreffende Vorgang darf daher nicht schon von einer anderen Grundfreiheit erfasst sein.

Die grenzüberschreitende Erbringung von Dienstleistungen erfolgt grundsätzlich auf der Grundlage und im Rahmen der Berufsberechtigung im Sitzstaat des Dienstleisters, ohne dass es einer gesonderten Anerkennung oder zusätzlichen Genehmigung im Staat der Dienstleistungserbringung bedarf (siehe auch unten IV.A.5.b.). Weiters dürfen Unternehmen ihr eigenes Personal mitnehmen (sog Entsenderecht). Das Arbeitsverhältnis des entsandten Arbeitnehmers unterliegt weiterhin dem Recht des Heimatstaates, hinsichtlich der Arbeitsbedingungen sind sie jedoch dem Recht des Aufenthaltsstaates, dh des Arbeitsortes, unterworfen (detailliert geregelt in der sog Entsende-RL[94]).

Zulässig sind nur Beschränkungen der Dienstleistungsfreiheit, die durch zwingende Allgemeininteressen gerechtfertigt sind und denen nicht bereits durch Vorschriften des Herkunftslandes des Dienstleistenden Rechnung getragen wurde. Ausgenommen sind Tätigkeiten, die mit der Ausübung öffentlicher (staatlicher) Gewalt verbunden sind (zum Begriff siehe unten IV.A.7.a.). Außerdem sind Sonderregelungen erlaubt, die aus Gründen der öffentlichen Ordnung, Sicherheit oder Gesundheit Beschränkungen vorsehen (siehe unten IV.A.7.d., e. und f.). Nähere Regelungen enthält die Dienstleistungs-RL (siehe unten IV.A.5.a.).

Schließlich sind Dienstleistungen auf dem Gebiet des Verkehrs sowie des Banken- und Versicherungswesens sekundärrechtlich speziell geregelt. Durch entsprechende Sekundärrechtsakte wurden die Mitgliedstaaten zudem zur Liberalisierung bestimmter Dienstleistungssektoren (wie zB der Telekommunikations- und der Postdienste) gezwungen.

5. Exkurs: Dienstleistungsrichtlinie, Anerkennung von Berufsqualifikationen, öffentliche Auftragsvergabe

a. Die Dienstleistungsrichtlinie

Trotz der Gewährleistungen der Dienstleistungs- und der Niederlassungsfreiheit bestehen nach wie vor zahlreiche Hindernisse für die grenzüberschreitende Erbringung von Dienstleistungen. Daher wurde die Dienstleistungs-RL[95] erlassen. Sie verfolgt das Ziel, ab dem Jahr 2010 einen echten Binnenmarkt für Dienstleistungen zu schaffen, und soll zu diesem Zweck Dienstleistungserbringern die Wahrnehmung ihrer Niederlassungsfreiheit erleichtern und den freien Dienstleistungsverkehr zwischen den Mitgliedstaaten einfacher machen. Konkret sind folgende Maßnahmen vorgesehen, die von den Mitgliedstaaten bis Ende 2009 umzusetzen waren:

- die Prüfung und erforderlichenfalls die Vereinfachung der für die Aufnahme und Ausübung einer Tätigkeit geltenden Formalitäten und Verwaltungsverfahren einschließlich der Einrichtung einheitlicher Ansprechpartner in jedem Mitgliedstaat, bei denen alle erforderlichen Formalitäten – auch elektronisch – erledigt werden können.
- die Beseitigung von Rechts- und Verwaltungsvorschriften, die die Entwicklung des Dienstleistungssektors beschränken, insbesondere durch Überprüfung aller Zulassungsverfahren und -voraussetzungen auf ihre Vereinbarkeit mit den Grundsätzen der Nichtdiskriminierung und der Verhältnismäßigkeit.
- die Erleichterung zeitweiliger grenzüberschreitender Dienstleistungen durch die Gewährleistung der freien Aufnahme und Ausübung der Dienstleistungstätigkeit durch in anderen Mitgliedstaaten zugelassene Dienstleister. Der Mitgliedstaat, in den der Dienstleister sich begibt, kann nur dann die Einhaltung seiner eigenen Anforderungen verlangen, wenn diese nicht diskriminierend, verhältnismäßig und durch einen zwingenden Grund des Allgemeininteresses, der öffentlichen Sicherheit, der öffentlichen Gesundheit oder des Umweltschutzes gerechtfertigt sind.
- die Einrichtung einer wirksamen Verwaltungszusammenarbeit zwischen den Mitgliedstaaten einschließlich wechselseitiger Amtshilfe, um insbesondere den Informationsaustausch zwi-

schen den nationalen Verwaltungen zu verbessern und eine wirksame Kontrolle der Dienstleistungen bei gleichzeitiger Vermeidung von Mehrfachkontrollen zu erreichen.

- die Sicherstellung der Nichtdiskriminierung der Dienstleistungsempfänger aus Gründen der Staatsangehörigkeit beim Zugang zu und bei der Inanspruchnahme von Dienstleistungen.

Die Zusammenarbeit der Verwaltungen der Mitgliedstaaten wird in der Praxis durch das sog Binnenmarkt-Informationssystem (IMI), ein von der Kommission eingerichtetes Behördennetzwerk im Internet, unterstützt.[96]

Aufgrund der Besonderheiten ihrer Erbringung gilt die Dienstleistungs-RL nicht für bestimmte Tätigkeiten und Berufe, wie insbesondere für Dienstleistungen von allgemeinem Interesse und ohne wirtschaftliche Gegenleistung, Finanzdienstleistungen, Gesundheitsdienstleistungen, bestimmte soziale Dienstleistungen, Verkehrsdienstleistungen, Glücksspiele oder Tätigkeiten, die mit der Ausübung öffentlicher (staatlicher) Gewalt verbunden sind (zum Begriff siehe unten IV.A.7.a.).

b. Die Anerkennung von Berufsqualifikationen

Zur tatsächlichen Verwirklichung der Freizügigkeit der Arbeitnehmer sowie der Niederlassungs- und der Dienstleistungsfreiheit bedarf es aber auch der Rechtsangleichung im Bereich des Berufszulassungs- und Berufsausübungsrechts der reglementierten Berufe (darunter versteht man berufliche Tätigkeiten, deren Aufnahme oder Ausübung direkt oder indirekt durch Rechts- und Verwaltungsvorschriften an den Besitz bestimmter Berufsqualifikationen gebunden ist).

Dies wird durch die RL über die Anerkennung von Berufsqualifikationen[97] sichergestellt, die zahlreiche auf diesem Gebiet bereits bestehende Einzelrichtlinien konsolidiert und zusammengefasst hat. Die RL sieht insbesondere vor, dass

- in einem Mitgliedstaat erworbene Berufsqualifikationen in den anderen Mitgliedstaaten grundsätzlich anerkannt werden, wodurch den Betroffenen im Aufnahmemitgliedstaat der Berufszugang und die Berufsausübung unter den gleichen Voraussetzungen wie für Inländer ermöglicht werden soll (nur bei wesentlichen Qualifikationsunterschieden darf der Aufnahmemitgliedstaat die Absolvierung eines Anpassungslehrgangs oder einer Eignungsprüfung verlangen), und dass

- jeder rechtmäßig in einem Mitgliedstaat niedergelassene Unionsbürger unter der Berufsbezeichnung seines Herkunftsmitgliedstaats grundsätzlich zeitweilig und gelegentlich in einem anderen Mitgliedstaat Dienstleistungen erbringen darf, ohne die Anerkennung seiner Qualifikationen beantragen zu müssen (für sog sicherheitsrelevante Berufe dürfen diesbezügliche Regelungen allerdings aufrecht bleiben).

Weiters verpflichtet die RL zum Zweck der Erleichterung ihrer Anwendung die zuständigen Behörden zu enger Zusammenarbeit und wechselseitiger Amtshilfe; diese wird in der Praxis durch das IMI-Netzwerk[98] unterstützt.

Zur Anerkennung von Studienabschlüssen und Teilleistungen sowie von akademischen Graden (unabhängig von der beabsichtigten Ausübung eines reglementierten Berufs) siehe unten V.P.

c. Öffentliche Auftragsvergabe

Weitere Informationen:
www.simap.europa.eu/
(Informationssystem für die Europäische öffentliche Auftragsvergabe)

Von besonderer Bedeutung für die Verwirklichung der Dienstleistungsfreiheit, aber auch der Warenverkehrs- und der Niederlassungsfreiheit sind die Regelungen betreffend die öffentliche Auftragsvergabe (Vergaberecht), die den Unternehmen im gesamten Binnenmarkt gleichen und diskriminierungsfreien Zugang zu öffentlichen Aufträgen und entsprechenden Rechtsschutz gewährleisten. Dadurch soll ein echter Wettbewerb um öffentliche Aufträge entstehen und die unsachliche Bevorzugung regionaler Anbieter verhindert werden, was der öffentlichen Hand letztlich auch Kostenvorteile bringen soll.

- Die beiden allgemeinen Vergabe-RL[99] regeln die Durchführung öffentlicher Ausschreibungen und die Vergabe öffentlicher Aufträge in inhaltlicher Hinsicht; sie sehen oberhalb bestimmter Auftragswerte (sog Schwellenwerte[100]) eine Verpflichtung zur EU-weiten Bekanntmachung eines Auftrags[101] und zur Erteilung des Zuschlags an den in einem transparenten Verfahren anhand sachlicher Kriterien zu ermittelnden Best- oder Billigstbieter vor.

- Ergänzt werden diese materiellen Regelungen durch zwei Rechtsmittel-RL,[102] die die Mitgliedstaaten zur Schaffung effektiver Verfahren zur gerichtlichen Überprüfung von Vergabeentscheidungen verpflichten.

Als sog öffentliche Auftraggeber an das Vergaberecht gebunden sind Gebietskörperschaften, Einrichtungen des öffentlichen Rechts und aus diesen zusammengesetzte Verbände. Als Einrichtung öffentlichen Rechts gilt dabei – entsprechend dem funktionellen Staatsbegriff des Unionsrechts (siehe oben III.E.7.) – jede Einrichtung, die im Allgemeininteresse liegende Aufgaben nicht gewerblicher Art erfüllt, Rechtspersönlichkeit besitzt und entweder überwiegend staatlich finanziert wird oder hinsichtlich ihrer Leistung der staatlichen Aufsicht unterliegt oder über entsprechende Mehrheiten in Verwaltungs-, Leitungs- oder Aufsichtsorganen vom Staat beherrscht wird.

➔ Beispiele aus der Rechtsprechung sind etwa die mit dem Druck amtlicher Dokumente (Reisepässe, Personalausweise, Führerscheine etc) betraute Österreichische Staatsdruckerei (Rs *Mannesmann*[103]), das in Form einer GmbH betriebene Leichen- und Bestattungswesen der Gemeinde Wien (Rs *Truley*[104]) oder überwiegend aus öffentlichen Mitteln finanzierte Universitäten (Rs *University of Cambridge*[105]).

In bestimmten Sektoren, namentlich in den Bereichen der Wasser-, Energie- und Verkehrsversorgung sowie der Postdienste, sind außer den öffentlichen Auftraggebern auch private Unternehmen, die derartige Leistungen der Daseinsvorsorge erbringen, an das Vergaberecht gebunden.

6. Die Freiheit des Kapitalverkehrs

Rechtsgrundlage: Art 63 bis 75 AEUV

Alle Beschränkungen des Kapital- und Zahlungsverkehrs zwischen den Mitgliedstaaten sowie zwischen Mitgliedstaaten und Drittstaaten sind verboten. Im Gegensatz zu den anderen Grundfreiheiten stellt die Kapitalverkehrsfreiheit allerdings nicht auf die Herkunft des Kapitals bzw die Staatsangehörigkeit seines Eigentümers ab, sondern bezieht sich auf das gesamte Kapital, das sich rechtmäßig innerhalb der EU befindet. Freizügigkeitsberechtigt ist also das Kapital als solches, sodass sich auch Drittstaatsangehörige auf die Kapitalverkehrsfreiheit berufen können.

Der freie Kapitalverkehr erfasst jede einseitige Wertübertragung aus einem Mitgliedstaat der EU in einen anderen Staat, die idR zugleich eine Vermögensanlage darstellt (sowohl Sachkapital wie Direktinvestitionen und Immobilien als auch Geldkapital). Er betrifft insbesondere Maßnahmen der Mitgliedstaaten, die den Devisenverkehr mit dem Ausland oder die grenzüberschreitende Veranlagung regeln, für Ausländer erschweren oder in besonderer Weise beschränken oder zumindest weniger attraktiv machen.

Die Mitgliedstaaten dürfen aber weiterhin Steuerpflichtige mit unterschiedlichem Wohn- oder Kapitalanlageort unterschiedlich behandeln und die unerlässlichen Maßnahmen treffen, um Zuwiderhandlungen gegen innerstaatliche Rechts- und Verwaltungsvorschriften insbesondere auf dem Gebiet des Steuerrechts und der Aufsicht über die Finanzinstitute zu verhindern, sowie Meldeverfahren für den Kapitalverkehr zwecks administrativer oder statistischer Information vorsehen oder Maßnahmen ergreifen, die aus Gründen der öffentlichen Ordnung oder Sicherheit gerechtfertigt sind. Beschränkungen der Kapitalverkehrsfreiheit können darüber hinaus aufgrund zwingender Allgemeininteressen gerechtfertigt werden.

Eine weitere Vereinheitlichung, Vereinfachung und Beschleunigung des Zahlungsverkehrs innerhalb der EU bringt die RL für Zahlungsdienste im Binnenmarkt[106] mit ihrem Konzept eines einheitlichen Zahlungsraums (*„Single Euro Payments Area – SEPA“*[107]), in dem grenzüberschreitende Zahlungen bzw Überweisungen so einfach, effizient und sicher werden sollen wie innerhalb eines Mitgliedstaats. Zu diesem Zweck enthält die RL einheitliche Vorschriften für alle Zahlungsdienstleistungen in der EU. Ergänzende Regelungen enthält die VO über grenzüberschreitende Zahlungen;[108] diese verpflichtet etwa Zahlungsdienstleister dazu, für grenzüberschreitende Zahlungen die gleichen Entgelte wie für entsprechende Inlandszahlungen zu verrechnen, und enthält Maßnahmen zur Erleichterung der automatischen Zahlungsabwicklung.

7. Funktionsprinzipien für die Anwendung der Grundfreiheiten

Für die Anwendung der Grundfreiheiten gibt es eine Reihe von gemeinsamen Funktionsprinzipien, die im Folgenden kurz näher dargestellt werden sollen.

a. Anwendungsbereich

Der Anwendungsbereich lässt sich in Bezug auf jede Grundfreiheit sachlich, persönlich, räumlich und zeitlich definieren.

- Sachlich: Der sachliche Anwendungsbereich der Grundfreiheiten ist grundsätzlich dann eröffnet, wenn es sich um Tätigkeiten handelt, die ein Teil des Wirtschaftslebens sind. Darunter fallen etwa auch Tätigkeiten sportlichen oder künstlerischen Charakters, nicht aber strafbare Tätigkeiten. Zusätzlich müssen hinsichtlich der einzelnen Grundfreiheiten die folgenden Tatbestandsvoraussetzungen erfüllt sein (näher dazu oben bei der jeweiligen Grundfreiheit): Warenverkehrsfreiheit: Ware; Freizügigkeit der Arbeitnehmer: unselbstständige Tätigkeit (Arbeitnehmereigenschaft); Niederlassungsfreiheit: selbstständige Tätigkeit (primäre bzw sekundäre Niederlassung); Dienstleistungsfreiheit: Erbringung einer Dienstleistung; Kapitalverkehrsfreiheit: Kapitalbewegung bzw Zahlung.
- Persönlich: Die Personenverkehrsfreiheiten und die Dienstleistungsfreiheit gelten grundsätzlich für Unionsbürger bzw für nach den Rechtsvorschriften eines Mitgliedstaats errichtete juristische Personen, die in der EU ihren satzungsmäßigen Sitz, ihre Hauptverwaltung oder ihre Hauptniederlassung haben. Drittstaatsangehörige können allerdings als Familienangehörige zT weitreichende Begleitrechte (zB auf Aufenthalt, Beschäftigung oder soziale Vergünstigungen) geltend machen. Die Kapitalverkehrsfreiheit betrifft in der EU rechtmäßig „ansässiges" Kapital; die Herkunft, Staatsangehörigkeit oder den Wohnsitz des Eigentümers sind dabei unerheblich. Ähnliches gilt für die Warenverkehrsfreiheit, die nicht nur für direkt aus den Mitgliedstaaten stammende Waren, sondern auch für rechtmäßig in den Binnenmarkt eingeführte Waren aus Drittstaaten gilt.
- Räumlich: Erforderlich für die Anwendbarkeit der Grundfreiheiten ist ein bestimmter Bezug zum Gebiet der EU, dh es muss im Hinblick auf den Ort, an dem eine Rechtsbeziehung entstanden ist oder an dem sie ihre Wirkungen entfaltet, ein grenzüberschreitender Sachverhalt zu einem anderen Mitgliedstaat vorliegen (idR wird ein solcher durch den Grenzübertritt der Ware, des Arbeitnehmers, des Selbstständigen, der Dienstleistung oder der Kapitalbewegung hergestellt). Der EuGH ist hinsichtlich der Annahme eines derart grenzüberschreitenden Bezuges relativ großzügig, sodass lediglich rein interne Sachverhalte (wenn also kein

einziges Sachverhaltselement über die Grenzen eines Mitgliedstaats hinausweist) nicht von den Grundfreiheiten erfasst werden. Liegt aber ein grenzüberschreitender Bezug vor, so können sich Berechtigte auch gegenüber ihrem eigenen Mitgliedstaat auf eine Grundfreiheit berufen.

➔ Beispiele sind sog Rückkehrer, also Personen, die in ihren Herkunftsstaat zurückkehren, nachdem sie von ihrem Freizügigkeitsrecht (etwa als Wanderarbeitnehmer) Gebrauch gemacht haben (zB Rs *Terhoeve*[109]), sog Grenzgänger mit Wohn- oder Arbeitsort in einem anderen Mitgliedstaat (zB Rs *Hartmann*[110]) oder Personen die, ohne ihren Herkunftsstaat zu verlassen, Dienstleistungen ins EU-Ausland erbringen (Rs *Carpenter*[111]).

- Zeitlich: Der zeitliche Anwendungsbereich der Grundfreiheiten wird idR nur mehr anlässlich des Beitritts neuer Mitgliedstaaten relevant; für diese gelten die Grundfreiheiten naturgemäß erst ab dem Beitrittszeitpunkt, wobei hier teilweise auch Übergangsbestimmungen vorgesehen werden, die die volle Anwendung bestimmter Grundfreiheiten für die Staatsangehörigen der neuen Mitgliedstaaten aufschieben.[112] Ungeachtet dessen werden Sachverhalte, die vor dem Beitritt liegen, sich aber auf die Rechtsstellung Begünstigter gegenwärtig oder zukünftig auswirken, von den Grundfreiheiten erfasst.

  ➔ Beispiel: So hat der EuGH in der Rs *ÖGB/Österreich*[113] entschieden, dass im EU-Ausland vor dem Beitritt Österreichs zur EU erworbene Beschäftigungszeiten bei Erfüllung der sonstigen Voraussetzungen als für die Einstufung ins Entlohnungssystem der öffentlich Bediensteten wirksame Vordienstzeiten angerechnet werden.

- Bereichsausnahmen: Nicht von den Grundfreiheiten erfasst werden Bereiche, die kraft ausdrücklicher Anordnung im AEUV ausgenommen sind (sog Bereichsausnahmen): So findet die Freizügigkeit der Arbeitnehmer keine Anwendung auf die Beschäftigung in der öffentlichen Verwaltung (zum Begriff siehe oben III.E.6.). Die Niederlassungs- und die Dienstleistungsfreiheit finden keine Anwendung auf Tätigkeiten, die in einem Mitgliedstaat dauernd oder zeitweise mit der Ausübung öffentlicher (staatlicher) Gewalt verbunden sind.

  ➔ Auch diese Ausnahmeregelung wird vom EuGH sehr restriktiv dahingehend ausgelegt, dass davon nur Tätigkeiten erfasst werden, die als solche eine unmittelbare und spezifische Teilnahme an der Ausübung öffentlicher Gewalt darstellen; davon sind etwa hoheitliche behördliche Entscheidungen vorbereitende Kontrolltätigkeiten durch von der Behörde beauftragte private Stellen schon nicht mehr erfasst (Rs *Kommission/Österreich [ökologischer Landbau]*[114]).

Im Ergebnis werden daher lediglich die Kernbereiche staatlicher Hoheitsverwaltung (also behördliche Tätigkeiten ieS) von den betreffenden Bereichsausnahmen erfasst.

b. Verpflichtete

Die Diskriminierungs- und Beschränkungsverbote der Grundfreiheiten sind grundsätzlich „staatengerichtet“, dh, dass sich aus der Anwendung der Grundfreiheiten prinzipiell Verpflichtungen für die Mitgliedstaaten ergeben.

- Unerheblich ist dabei, welcher Handlungsformen sich der Staat bedient, insbesondere, ob es sich bei der betreffenden staatlichen Maßnahme um eine gesetzliche Regelung oder eine bloße Verwaltungspraxis handelt.
- Unerheblich ist ferner, in welcher Gestalt der Staat auftritt. Die Mitgliedstaaten müssen sich daher nicht nur das Verhalten staatlicher Organe und Behörden im engeren Sinne zurechnen lassen, sondern auch jenes von Einrichtungen, die im Hinblick auf ihre Organisation, Finanzierung oder bestimmte staatliche Aufsichtsrechte in einer Nahebeziehung zum Staat stehen (funktioneller Staatsbegriff; siehe oben III.E.7.).

Darüber hinaus ist auch die EU selbst an die Grundfreiheiten gebunden, insbesondere bei der Erlassung von Sekundärrechtsakten.

Hingegen werden private Rechtsträger – vorbehaltlich der folgenden Ausnahmen – durch die Grundfreiheiten nicht verpflichtet.

- Die erste Ausnahme gilt für sog „intermediäre Gewalten“: Das sind Körperschaften, Vereine und Verbände, die im Rahmen ihrer Privatautonomie befugt sind, im Arbeits- und Dienstleistungsbereich gleich dem Staat kollektive und verbindliche Regelungen zu treffen. Ausgehend davon hat der EuGH sowohl im Rahmen der Arbeitnehmerfreizügigkeit als auch im Bereich der Dienstleistungsfreiheit die Geltung der Diskriminierungs- und Beschränkungsverbote insbesondere für die Sozialpartner und für Sportverbände anerkannt.

➔ So hat der EuGH etwa in der Rs *Bosman*[115] die vom nationalen belgischen Fußballverband, vom europäischen Fußballverband UEFA und vom Weltfußballverband FIFA aufgestellten Transferregeln für mit der Arbeitnehmerfreizügigkeit unvereinbar erklärt. In anderen Fällen hat der EuGH geprüft, inwieweit gewerkschaftliche Kampfmaßnahmen, die Unternehmen zum Abschluss eines Tarifvertrags zwingen sollten, die Niederlassungsfreiheit der davon betroffenen Unternehmen beeinträchtigen (Rs *Laval*,[116] Rs *Viking Line*[117]).

- Die zweite Ausnahme betrifft das Diskriminierungsverbot der Arbeitnehmerfreizügigkeit; dieses bindet auch einzelne private Arbeitgeber.

  ➔ Wie nämlich der EuGH in zwei Leitentscheidungen festgestellt hat, gilt das Diskriminierungsverbot des Art 45 AEUV für alle die abhängige Erwerbstätigkeit kollektiv regelnden Tarifverträge und alle Arbeitsverträge zwischen Privatpersonen (Rs *Angonese*[118], Rs *Raccanelli*[119]); diese Geltung in privatrechtlichen Rechtsbeziehungen nennt man unmittelbare Drittwirkung.

Diese Rechtsprechung ist jedoch bisher auf den Bereich der Arbeitnehmerfreizügigkeit beschränkt geblieben. Aus ihr kann daher nicht geschlossen werden, dass auch die anderen Grundfreiheiten eine unmittelbare Drittwirkung entfalten.

c. Unmittelbare Anwendbarkeit

Alle Grundfreiheiten sind unmittelbar anwendbar und begründen Rechte Einzelner, dh, dass diesen Rechten entgegenstehende staatliche Regelungen verdrängt und damit unanwendbar werden, worauf sich die Berechtigten insbesondere vor staatlichen Behörden und Gerichten unmittelbar berufen können.

➔ Beispiel: Im Jahr 1987 hat der EuGH in der Rs *Kommission/Deutschland (Reinheitsgebot für Bier)*[120] festgestellt, dass dt Vorschriften, nach denen nur unter Einhaltung des dt Reinheitsgebots gebraute Biere unter der Bezeichnung „Bier" in Deutschland auf den Markt gebracht werden dürfen (mit der Konsequenz, dass vorwiegend ausländische Biere, für die in den Erzeugerstaaten das strenge dt Reinheitsgebot naturgemäß nicht galt, nicht als „Bier" in Deutschland verkauft werden konnten), gegen die Warenverkehrsfreiheit verstoßen, weil sie als Maßnahmen gleicher Wirkung wie eine mengenmäßige Beschränkung den Import ausländischer Biere nach Deutschland unverhältnismäßig beschränken. Die betreffenden dt Vorschriften wurden folglich durch das Beschränkungsverbot der Warenverkehrsfreiheit verdrängt und konnten daher auf in anderen Mitgliedstaaten erzeugte und dort rechtmäßig in Verkehr gebrachte Biere nicht mehr angewandt werden. Darauf konnten sich Erzeuger dieser Biere berufen und fortan auch dem dt Reinheitsgebot nicht entsprechende Biere als „Bier" in Deutschland verkaufen.

d. Der Kern der Grundfreiheiten: Verbot der Diskriminierung

Alle Grundfreiheiten stellen im Kern Diskriminierungsverbote dar, dh sie verbieten die Schlechterstellung von Waren und Personen aus anderen Mitgliedstaaten gegenüber inländischen Waren bzw Inländern. Dabei ist zu unterscheiden zwischen

- unmittelbaren (direkten) Diskriminierungen durch Regelungen, die direkt an die Herkunft bzw die Staatsangehörigkeit anknüpfen, und
- mittelbaren (indirekten) Diskriminierungen, die an ein an sich neutrales Kriterium anknüpfen, das aber regelmäßig von Staatsangehörigen anderer Mitgliedstaaten nicht erfüllt wird (zB Wohnsitzerfordernis).

Beide Arten der Diskriminierung sind verboten.

➔ So hat der EuGH zB in der Rs *Kommission/Italien (Einheimischentarife)*[121] festgestellt, dass Vergünstigungen beim Eintritt in Museen („Einheimischentarife") nicht nur dann gegen das Diskriminierungsverbot der Dienstleistungsfreiheit verstoßen, wenn diese ausschließlich italienischen Staatsangehörigen gewährt werden (direkte Diskriminierung), sondern auch dann, wenn sie unabhängig von der Staatsangehörigkeit nur von Ortsansässigen in Anspruch genommen werden können (indirekte Diskriminierung).

➔ Als indirekte Diskriminierung wurde auch eine öst Regelung qualifiziert, wonach ein gewerberechtlicher Geschäftsführer im Inland seinen Wohnsitz haben muss (Rs *Clean Car Autoservice*[122]).

Diskriminierende mitgliedstaatliche Maßnahmen dürfen ausnahmsweise aufrecht bleiben, wenn sie aus bestimmten vertraglich festgelegten Gründen gerechtfertigt sind:

- Warenverkehrsfreiheit: öffentliche Sittlichkeit, Ordnung und Sicherheit, Schutz der Gesundheit und des Lebens von Menschen, Tieren oder Pflanzen, des nationalen Kulturguts von künstlerischem, geschichtlichem oder archäologischem Wert oder des gewerblichen und kommerziellen Eigentums.
- Arbeitnehmerfreizügigkeit, Niederlassungs- und Dienstleistungsfreiheit: öffentliche Ordnung, Sicherheit und Gesundheit.
- Kapitalverkehrsfreiheit: öffentliche Ordnung oder Sicherheit.

Allen diesen vertraglichen Ausnahmegründen ist gemeinsam, dass sie vom EuGH als Begriffe der Unionsrechtsordnung autonom ausgelegt (siehe oben III.E.6.) und restriktiv interpretiert werden.

➔ So ist etwa nach ständiger Rechtsprechung die Ausweisung eines Freizügigkeitsberechtigten unter Berufung auf den Ausnahmegrund der öffentlichen Ordnung und Sicherheit nur dann zulässig, wenn durch das persönliche Verhalten des Betroffenen eine tatsächliche und hinreichend schwere Gefährdung vorliegt, die ein Grundinteresse der Gesellschaft berührt (zB Rs *Orfanopoulos*[123]; siehe auch unten IV.C.2.).

Ob indirekte Diskriminierungen darüber hinaus auch – wie bloße Beschränkungen – durch sonstige zwingende Allgemeininteressen gerechtfertigt werden können (siehe gleich im Folgenden IV.A.7.e.), ist strittig; die Rechtsprechung des EuGH ist diesbezüglich uneinheitlich.

e. Die Grundfreiheiten als umfassende Beschränkungsverbote

Darüber hinaus hat der EuGH die Grundfreiheiten sukzessive zu Beschränkungsverboten ausgedehnt (lediglich die Kapitalverkehrsfreiheit war im Vertrag schon immer als Beschränkungsverbot formuliert).

- So gilt im Bereich der Warenverkehrsfreiheit als „Maßnahme gleicher Wirkung wie eine mengenmäßige Einfuhrbeschränkung“ jede Handelsregelung der Mitgliedstaaten, „die geeignet ist, den innergemeinschaftlichen Handel unmittelbar oder mittelbar, tatsächlich oder potentiell zu behindern“ (sog *„Dassonville-*Formel“[124]). Dadurch werden nicht nur diskriminierende Vorschriften, sondern Regelungen jeglicher Art, die beschränkend auf den Handelsverkehr zwischen den Mitgliedstaaten wirken können, von der Warenverkehrsfreiheit erfasst.

- ▶ Darüber hinaus erfassen die Arbeitnehmerfreizügigkeit, die Niederlassungsfreiheit und die Dienstleistungsfreiheit nach der Rechtsprechung des EuGH alle nationalen Maßnahmen, „die die Ausübung der durch den Vertrag garantierten grundlegenden Freiheiten behindern oder weniger attraktiv machen können" (sog *Gebhard*-Formel[125]).

Im Ergebnis werden daher auch unterschiedslos anwendbare, dh für in- und ausländische Waren bzw In- und Ausländer gleichermaßen geltende staatliche Maßnahmen von den Grundfreiheiten erfasst, wenn sie für deren Ausübung eine beschränkende Wirkung entfalten.

➔ Beispiel für die Anwendung der *Dassonville*-Formel: In Österreich ist es nach den einschlägigen lebensmittelhygienerechtlichen Vorschriften verboten, Kaugummi unverpackt über Automaten zu verkaufen. Demgegenüber darf Kaugummi in Deutschland grundsätzlich unverpackt in Verkehr gebracht werden, sodass deutsche Importeure gezwungen sind, die für den öst Automatenmarkt bestimmte Ware speziell zu folieren, was zusätzliche Kosten verursacht. Dies bewirkt eine Behinderung des Marktzugangs und ist daher im Hinblick auf die Warenverkehrsfreiheit als eine Maßnahme gleicher Wirkung wie eine mengenmäßige Beschränkung zu qualifizieren, wie der EuGH in der Rs *Schwarz*[126] festgestellt hat.

➔ Beispiel für die Anwendung der *Gebhard*-Formel: In Österreich gibt es eine Bedarfsprüfung für Zahnambulatorien, dh solche dürfen nur eröffnet werden, wenn in einem behördlichen Verfahren anhand bestimmter Kriterien festgestellt worden ist, dass im Hinblick auf die bestehende Versorgungsstruktur tatsächlich ein Bedarf für ein weiteres Ambulatorium besteht. Diese Regelung gilt zwar für in- und ausländische Interessenten gleichermaßen, behindert aber schon deshalb, weil sie darauf abzielt, die Zahl der Dienstleister zu begrenzen, Interessenten aus anderen Mitgliedstaaten, sich in Österreich als Betreiber eines Zahnambulatoriums niederzulassen; außerdem entsteht für die Erlangung der Genehmigung ein administrativer und finanzieller Aufwand. Aufgrund der damit verbundenen Behinderung des Marktzugangs stellt eine solche Genehmigungsregelung eine Beschränkung der Niederlassungsfreiheit dar (Rs *Hartlauer*[127]).

Als Folge dieser extensiven Interpretation der Grundfreiheiten als Beschränkungsverbote musste der EuGH weitere Schranken der Grundfreiheiten entwickeln, um eine Rechtfertigung der nunmehr von ihrem Anwendungsbereich erfassten unterschiedslos anwendbaren Maßnahmen auch aus anderen als den vertraglichen Ausnahmegründen zu ermöglichen, wenn diese legitime Regelungsziele verfolgen. Derartige Maßnahmen der Mitgliedstaaten dürfen nach dieser Rechtsprechung aufrecht bleiben, wenn sie durch bestimmte Gründe des Allgemeinwohls (in der Diktion des EuGH: „zwingende Allgemeininteressen") gerechtfertigt werden können (grundlegend: Rs *Cassis de Dijon*[128]).

Als „zwingende Allgemeininteressen'" können von den Mitgliedstaaten potenziell alle denkbaren legitimen öffentlichen Interessen geltend gemacht werden. Bislang wurden als solche etwa anerkannt: Gesundheitsschutz, Verbraucherschutz, Lauterkeit des Handelsverkehrs, Umweltschutz, Schutz der Arbeitnehmer, Schutz des geistigen Eigentums, Berufsregeln, Aufrechterhaltung der Nahversorgung, Schutz der Medienvielfalt, kulturelle Gründe, raumordnungspolitische Zielsetzungen uam.

➔ Beispiel: In der Rs *Schwarz* hat der EuGH Gründe des Gesundheits- und Verbraucherschutzes, mit der die oben genannten öst Rechtsvorschriften über die Verpackungspflicht für Kaugummi gerechtfertigt wurden, akzeptiert, weil ohne Verpackung die Gefahr einer Beeinträchtigung der Ware durch Feuchtigkeit, Ameisen und Insekten bzw durch Verschmutzung und Verkeimung der Entnahmemulde bestand und damit ein erhebliches Krankheits- bzw Ansteckungsrisiko gegeben war.[129]

f. Verhältnismäßigkeit mitgliedstaatlicher Maßnahmen und Beachtung der Unionsgrundrechte

Darüber hinaus müssen Maßnahmen der Mitgliedstaaten, die in die Grundfreiheiten eingreifen, verhältnismäßig sein, dh sie

- müssen geeignet sein, das vorgegebene Ziel zu erreichen (Eignung der Maßnahme), und
- dürfen nicht über das hinausgehen, was zur Zielerreichung erforderlich ist (Erforderlichkeit der Maßnahme).

Hat ein Mitgliedstaat die Wahl zwischen verschiedenen zur Erreichung desselben Ziels geeigneten Mitteln, so hat er das die betreffende Grundfreiheit am wenigsten beschränkende Mittel zu wählen.

➔ Als Beispiel lässt sich hier wieder die Rs *Schwarz*[130] nennen: Die Verpackungspflicht für Kaugummi war sowohl geeignet, das in Rede stehende Ziel (Schutz der Gesundheit der Verbraucher durch Vermeidung einer Verschmutzung der Ware) zu erreichen, als auch verhältnismäßig, weil konkret kein alternatives, die Warenverkehrsfreiheit weniger beschränkendes Mittel zur Zielerreichung geeignet war. Der EuGH hat daher ausgesprochen, dass die betreffenden Vorschriften mit der Warenverkehrsfreiheit vereinbar sind.

Darüber hinaus können grundfreiheitsbeschränkende Maßnahmen der Mitgliedstaaten aber nur dann gerechtfertigt werden, wenn sie auch mit den Unionsgrundrechten (siehe unten IV.D.) in Einklang stehen.

➔ Das hat etwa in der Rs *Carpenter*[131] dazu geführt, dass Großbritannien die drittstaatsangehörige Ehefrau eines Unionsbürgers, der von dort Dienstleistungen ins EU-Ausland erbrachte, trotz Fehlens eines gültigen Aufenthaltstitels nicht den Aufenthalt im Inland verwehren durfte, weil diese als Beschränkung der Dienstleistungsfreiheit anzusehende, an sich mit der Wahrung der öffentlichen Ordnung gerechtfertigte Maßnahme das Grundrecht auf Achtung des Privat- und Familienlebens verletzt hätte.

g. Reichweite und Grenzen der Grundfreiheiten

Wie gezeigt, genügt grundsätzlich allein das bloße Potenzial einer nationalen Regelung oder Maßnahme, den Handel zwischen den Mitgliedstaaten bzw die Mobilität der Arbeitnehmer und Unternehmer zu behindern, um vom Anwendungsbereich der Grundfreiheiten erfasst zu werden. Nun können aber Vorschriften der Mitgliedstaaten, die allgemeine Rahmenbedingungen für die Ausübung wirtschaftlicher Tätigkeiten festlegen und regulierend in das Wirtschaftsleben eingreifen, indem sie die Handlungsfreiheit der einzelnen Wirtschaftsteilnehmer begrenzen, immer auch in irgendeiner Weise geeignet sein, grenzüberschreitende Aktivitäten zu erschweren oder bloß „weniger attraktiv" zu machen.

➔ Ladenöffnungszeiten zB beschränken auch die Absatzmöglichkeiten für Produkte aus anderen Mitgliedstaaten. Feiertags- und Sonntagsregelungen erlauben an diesen Tagen Wirtschaftstätigkeiten nur unter bestimmten Voraussetzungen. Arbeitsrechtliche Vorschriften über Mindestlöhne, Arbeitsbedingungen oder Kündigungsmöglichkeiten gelten natürlich auch für Arbeitnehmer aus anderen Mitgliedstaaten. Steuerliche Regelungen sind ebenso wie Arbeitnehmerschutz- und Sozialstandards Faktoren für die Standortentscheidung von Unternehmern und können diese positiv wie negativ beeinflussen etc.

Eine weitere Folge der Interpretation der Grundfreiheiten als umfassende Beschränkungsverbote bestand also darin, dass praktisch alle staatlichen Vorschriften mit Bezug zum Wirtschaftsleben potenziell in ihren Anwendungsbereich gelangten. Dies hätte in letzter Konsequenz bedeutet, dass die wirtschaftlichen Grundordnungen der Mitgliedstaaten praktisch in ihrer Gesamtheit von den Verbotstatbeständen der Grundfreiheiten erfasst worden wären und damit plötzlich einer Rechtfertigung anhand der vom EuGH entwickelten Maßstäbe bedurft hätten.

Um ein solches Ergebnis zu vermeiden, hat der EuGH den Anwendungsbereich der Grundfreiheiten in der Folge auf staatliche Maßnahmen eingeschränkt, die gegenüber Wirtschaftsteilnehmern aus anderen Mitgliedstaaten diskriminierende Wirkungen entfalten oder deren Markt- oder Berufszugang spürbar beschränken. Ist dies nicht der Fall, dann werden staatliche Maßnahmen nicht (mehr) von den Verbotstatbeständen der Grundfreiheiten erfasst.

▶ Bestimmte Verkaufs- und Berufsausübungsmodalitäten:
Begonnen hat diese Entwicklung im Bereich der Warenverkehrsfreiheit, von der seit der grundlegenden Entscheidung in der Rs *Keck*[132] vertriebsbezogene, auf die Art und Weise der Vermarktung und des Verkaufs abstellende Vorschriften prinzipiell nicht mehr erfasst werden. Der EuGH spricht diesbezüglich von „bestimmten Verkaufsmodalitäten" und versteht darunter Regelungen, die bestimmen, wer was wann verkaufen darf und wo und wie verkauft werden darf.

- ➔ Beispiele sind Ladenöffnungszeiten (Rs *Punto Casa*[133]), Preisregelungen wie das Verbot des Verlustverkaufs von Waren unter dem Einstandspreis (Rs *Keck*[134]), Werbebeschränkungen, wie zB in der Rs *Karner*[135] für aus einer Konkursmasse stammende Waren oder ein Verbot irreführender Werbung (Rs *Bellamy*[136]), ein Verkaufsvorbehalt von Säuglingsmilch für Apotheken (Rs *Kommission/Griechenland [Säuglingsmilch]*[137]).

Auch Verkaufsmodalitäten werden aber weiterhin von der Warenverkehrsfreiheit erfasst, wenn sie ausländische Waren bzw Wirtschaftsteilnehmer gegenüber inländischen hinsichtlich des Marktzugangs stärker behindern.

➔ Das war etwa im Hinblick auf das dt Verbot des Apothekenversandhandels der Fall, weil dieses Apotheken mit Sitz in anderen Mitgliedstaaten faktisch das einzige Mittel nahm, um Arzneiwaren auf dem dt Markt (insbesondere über das Internet) anzubieten und zu verkaufen. Das Verbot war daher geeignet, den Marktzugang für Waren aus anderen Mitgliedstaaten stärker zu behindern als für inländische Erzeugnisse (Rs *DocMorris*[138]).

Der Anwendungsbereich der Warenverkehrsfreiheit wird damit im Wesentlichen auf produktbezogene Regelungen (als solche gelten insbesondere Vorschriften hinsichtlich der Bezeichnung, der Form, der Abmessungen, des Gewichts, der Zusammensetzung, der Aufmachung, der Etikettierung und der Verpackung eines Produkts) eingeschränkt.

➔ Beispiele sind Regelungen über die Verpackungsform von Margarine (Rs *Rau*[139]), das dt Reinheitsgebot für Bier (Rs *Kommission/Deutschland [Reinheitsgebot für Bier]*[140]), die in der Rs *Schwarz*[141] gegenständliche Folierungspflicht für Kaugummis, das Verbot eines Werbeaufdrucks „+ 10 %" auf der Verpackung (Rs *Mars*[142]) oder Etikettierungsvorschriften (zB Rs *Kommission/Deutschland [Sauce hollandaise]*[143])

Darüber hinaus hat der EuGH aber auch generelle Verwendungsverbote für ein bestimmtes Erzeugnis als Marktzugangsschranken qualifiziert und daher weiterhin dem Verbotstatbestand der Warenverkehrsfreiheit unterstellt.

➔ Nach einer italienischen Regelung dürfen aus Gründen der Verkehrssicherheit Kleinkraftfahrräder keine Anhänger ziehen; dies gilt auch für in anderen Mitgliedstaaten hergestellte und dort rechtmäßig in Verkehr gebrachte Anhänger. Das Verbot wirkt sich daher, wie der EuGH in der Rs *Kommission/Italien (Anhänger)*[144] ausgesprochen hat, nachteilig auf den Marktzugang dieser Erzeugnisse aus anderen Mitgliedstaaten aus.

Auch für die Niederlassungsfreiheit, die Arbeitnehmerfreizügigkeit und die Dienstleistungsfreiheit wird zunehmend eine klare Einschränkung des Anwendungsbereiches auf Vorschriften deutlich, die den Zugang zu bestimmten Berufen oder zum Arbeitsmarkt regeln (Zugangsbeschränkungen), während Bestimmungen, die als „Berufsausübungsmodalitäten" bloß die allgemeinen Rahmenbedingungen der Berufsausübung, der Dienstleistungserbringung bzw der Ausübung einer nichtselbstständigen Tätigkeit festlegen (Ausübungsbeschränkungen), nicht vom Anwendungsbereich erfasst werden. Ansätze in diese Richtung gibt es auch im Bereich der Kapitalverkehrsfreiheit.

➔ Dies lässt sich anhand von zwei Beispielen aus dem Bereich der Niederlassungsfreiheit veranschaulichen: In der Rs *Corporacion Dermoestetica*[145] qualifizierte der EuGH eine Regelung, die Werbung für Schönheitsoperationen lokalen Fernsehsendern vorbehielt, aufgrund ihrer Eignung, den Zugang von in anderen Mitgliedstaaten zugelassenen privaten Gesundheitseinrichtungen zum italienischen Markt zu erschweren, als Beschränkung der Niederlassungsfreiheit. Nicht als eine solche Beschränkung war dagegen eine Regelung anzusehen, die die Beteiligung an einem System der Sozialhilfe Wirtschaftsteilnehmern vorbehält, die keinen Erwerbszweck verfolgen, weil dadurch Gesellschaften mit Erwerbszweck aus anderen Mitgliedstaaten gegenüber solchen mit Sitz im Inland weder sachlich noch rechtlich benachteiligt werden (Rs *Sodemare*[146]).

▶ Spürbarkeit:
Darüber hinaus werden nur „spürbare" Binnenmarkthindernisse von den Grundfreiheiten erfasst, nicht jedoch Maßnahmen, deren Wirkungen zu mittelbar und ungewiss sind, um als geeignet angesehen werden zu können, den zwischenstaatlichen Handel bzw die Mobilität der Wirtschaftsteilnehmer zu behindern.

➔ So hat der EuGH etwa in der Rs *Graf*[147] ausgesprochen, dass der nach öst Recht eintretende Verlust des Abfertigungsanspruches im Fall der Selbstkündigung nicht geeignet ist, einen Wanderarbeitnehmer davon abzuhalten, ein in Österreich bestehendes Arbeitsverhältnis zu beenden, um ein solches in einem anderen Mitgliedstaat zu begründen, bzw seinen Mitgliedstaat zu verlassen, um in Österreich ein Arbeitsverhältnis zu begründen, da es sich dabei um eine Regelung handelt, die zu ungewiss ist und zu indirekt wirkt; sie kann daher nicht als Beschränkung der Freizügigkeit der Arbeitnehmer angesehen werden. Auch die Wirkungen eines Öffnungsverbotes an Sonn- und Feiertagen sind zu ungewiss und zu mittelbar, als dass dieses als geeignet angesehen werden könnte, die Niederlassungsfreiheit von Unternehmen aus anderen Mitgliedstaaten zu behindern (Rs *Semeraro Casa Uno*[148]).

h. Schutzpflichten

Die Grundfreiheiten begründen aber nicht nur direkte Handlungs- und Unterlassungspflichten der Mitgliedstaaten, sondern verpflichten diese darüber hinaus auch, alle erforderlichen und geeigneten Maßnahmen zu ergreifen, um in ihrem Gebiet die Beachtung der Grundfreiheiten sicherzustellen. Das umfasst auch alle notwendigen Maßnahmen gegen Handlungen von Privatpersonen, die die Ausübung einer Grundfreiheit beeinträchtigen.

➔ So wurde in der Rs *Kommission/Frankreich (Bauernproteste)*[149] Frankreich wegen Vertragsverletzung vom EuGH verurteilt, weil die französischen Behörden es über Jahre hinweg unterlassen hatten, gegen Protest- und Blockademaßnahmen aufgebrachter französischer Bauern einzuschreiten, die den Import spanischer Erdbeeren gewaltsam verhinderten. Mitgliedstaatliche Schutzpflichten waren auch in der Rs *Schmidberger* betreffend die Nichtuntersagung einer Blockade der Brennerautobahn durch die zuständigen öst Behörden relevant (siehe unten IV.D.).

i. Zusammenfassung

Aus dem bisher Gesagten ergibt sich für die Anwendung der Grundfreiheiten auf mitgliedstaatliche Maßnahmen das folgende vereinfachte Grundkonzept:

- Alle Grundfreiheiten enthalten sowohl ein Diskriminierungs- als auch ein Beschränkungsverbot.
- (Direkt oder indirekt) diskriminierende Regelungen werden von den grundfreiheitlichen Verbotstatbeständen erfasst, können aber aus den im AEUV genannten Ausnahmegründen gerechtfertigt werden, sofern sie verhältnismäßig und unionsgrundrechtskonform sind.
- Auch nicht diskriminierende Vorschriften (unterschiedslos anwendbare Maßnahmen), die den Zugang von Waren, Dienst-

leistungen, Arbeitnehmern oder Selbstständigen aus anderen Mitgliedstaaten beschränken, sind verboten, wenn sie ein spürbares Binnenmarkthindernis darstellen. Sie bedürfen daher einer Rechtfertigung anhand zwingender Erfordernisse des Allgemeininteresses und sind bei Vorliegen eines derartigen Allgemeininteresses unter dem Vorbehalt ihrer Verhältnismäßigkeit und Vereinbarkeit mit den Unionsgrundrechten zulässig.

- Mitgliedstaatliche Regelungen, die allgemeine Rahmenbedingungen für die Ausübung wirtschaftlicher Tätigkeiten festlegen (bestimmte Verkaufs- und Berufsausübungsmodalitäten), fallen dagegen aus dem Anwendungsbereich der Grundfreiheiten heraus, es sei denn, sie entfalten rechtlich oder tatsächlich diskriminierende Wirkungen; nur dann bedürfen sie einer Rechtfertigung anhand zwingender Allgemeininteressen.

Daraus ergibt sich das auf S. 137 abgebildete (vereinfachte) Prüfschema.

B. Das allgemeine Diskriminierungsverbot

Rechtsgrundlage: Art 18 AEUV

Nach dem (unmittelbar anwendbaren) allgemeinen Diskriminierungsverbot ist unbeschadet besonderer Bestimmungen im Anwendungsbereich der Verträge jede Diskriminierung aus Gründen der Staatsangehörigkeit verboten. Obwohl es im Verhältnis zu den speziellen Diskriminierungsverboten der Grundfreiheiten subsidiär ist, hat es große praktische Bedeutung erlangt, weil der EuGH alle Sachverhalte, die einen hinreichenden sachlichen Bezug zum Unionsrecht aufweisen, als „im Anwendungsbereich der Verträge" liegend betrachtet.

Dies hat eine Ausdehnung des sachlichen Anwendungsbereichs des allgemeinen Diskriminierungsverbots auf mitgliedstaatliche Vorschriften zur Folge, die auf den ersten Blick keine oder nur sehr schwache Berührungspunkte zum Unionsrecht aufweisen.

➔ Paradigmatisch dafür ist etwa die Rechtsprechung des EuGH zur Regelung des Hochschulzuganges in Österreich (Rs *Kommission/Österreich/Hochschulzugang*),[150] die ungeachtet der alleinigen Regelungskompetenz der Mitgliedstaaten in diesem Bereich

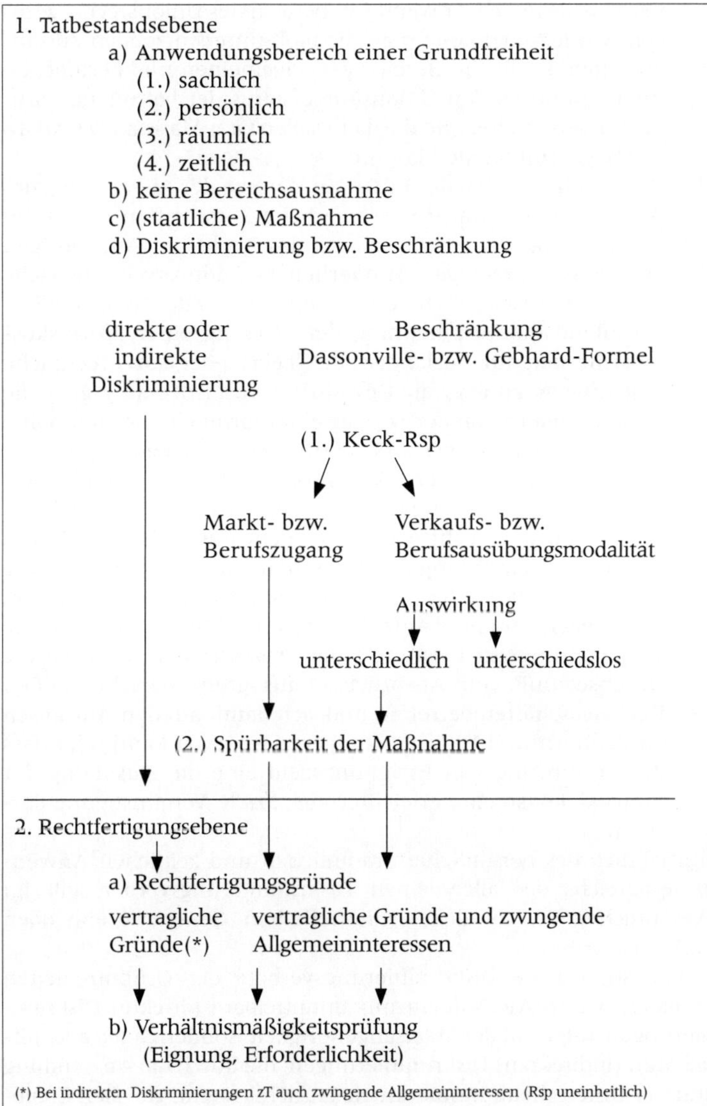

Abb. 6: Prüfschema Grundfreiheiten
Quelle: *Ranacher/Frischhut,* Handbuch Anwendung des EU-Rechts (2009), 149

vom EuGH in den Anwendungsbereich des Unionsrechts gezogen wurde, indem dieser an die bloß unterstützenden Zuständigkeiten der EU im Bereich der allgemeinen und beruflichen Bildung und an den Unionsbürgerstatus der betroffenen Studenten anknüpfte, und die dadurch erst am Maßstab des Art 18 AEUV geprüft werden konnte.

➔ Darüber hinaus hat der EuGH für Zwecke der Anwendung des Art 18 AEUV etwa prozessrechtliche Vorschriften (zB in der Rs *Bickel und Franz*[151] betreffend das Recht der Angehörigen der deutschsprachigen Minderheit in Südtirol, die deutsche Sprache vor Gericht zu verwenden, oder in der Rs *Saldanha*[152] betreffend die Verpflichtung der Leistung einer Prozesskostensicherheit für ausländische Kläger) oder sozialrechtliche Regelungen, zB über die Gewährung von Erziehungsgeld, die bei Ausländern von der Vorlage einer förmlichen Aufenthaltserlaubnis abhängig war (Rs Sala),[153] dem Anwendungsbereich des Unionsrechts unterstellt, obwohl es diesbezüglich keinerlei unionsrechtliche Regelungen gibt. Als hinreichender Bezug zum Unionsrecht genügte es dem EuGH dabei, dass das Recht zur Verwendung der deutschen Sprache vor Gericht die Ausübung der Freiheit, sich in einen anderen Mitgliedstaat zu begeben und dort aufzuhalten, erleichtern kann, dass die Verpflichtung zur Leistung einer Prozesskostensicherheit die Durchsetzung von Ansprüchen aus grenzüberschreitenden Rechtsgeschäften betreffen und sich damit auf den Austausch von Gütern und Dienstleistungen auswirken kann oder dass die Gewährung von Erziehungsgeld eine die Ausübung der Freizügigkeitsrechte erleichternde soziale Vergünstigung darstellt.

Hinsichtlich des persönlichen, räumlichen und zeitlichen Anwendungsbereichs des allgemeinen Diskriminierungsverbots gilt im Wesentlichen das zu den Grundfreiheiten Gesagte (siehe oben IV.A.7.a.).

Ebenso wie die Diskriminierungsverbote der Grundfreiheiten verbietet Art 18 AEUV nicht nur unmittelbare (direkte) Diskriminierungen aufgrund der Staatsangehörigkeit, sondern auch alle mittelbaren (indirekten) Diskriminierungen, die durch die Anwendung anderer Unterscheidungsmerkmale tatsächlich zum gleichen Ergebnis führen.

➔ Beispiel: In Österreich erhalten Menschen mit bestimmten Behinderungen auf Antrag eine kostenlose Jahresvignette für Schnellstraßen und Autobahnen. Voraussetzung ist ein Wohnsitz oder gewöhnlicher Aufenthalt in Österreich. Obwohl es sich dabei um ein an sich neutrales Kriterium handelt, stellt seine Anwendung eine mittelbare Diskriminierung von Unionsbürgern dar, da sich in der begünstigten Gruppe überwiegend Inländer befinden (Rs *Gottwald*[154]).

Eine derart unterschiedliche Behandlung kann jedoch gerechtfertigt werden, wenn sie auf objektiven, von der Staatsangehörigkeit der Betroffenen unabhängigen Erwägungen beruht und in einem angemessenen Verhältnis zu einem legitimen Zweck steht, der mit den nationalen Rechtsvorschriften verfolgt wird.

➔ So machte die Republik Österreich in der Rs *Gottwald* geltend, dass die kostenlose Zurverfügungstellung einer Jahresvignette die Mobilität und die soziale Integration von Menschen fördern soll, denen wegen einer Behinderung die Benützung öffentlicher Verkehrsmittel nicht zumutbar sei und die daher auf die Benützung des privaten Kraftfahrzeugs angewiesen seien. Wie die Gültigkeit der Vignette für ein Jahr zeige, richte sich die betreffende Maßnahme an Personen, die das Straßennetz vergleichsweise häufig benützten. Das Erfordernis des Wohnsitzes oder des gewöhnlichen Aufenthalts (das auch von Personen ohne Wohnsitz in Österreich erfüllt werde, die sich aus beruflichen oder privaten Gründen regelmäßig dorthin begeben, wie zB Grenzgänger) sei somit Ausdruck eines gewissen Grades an Integration der Empfänger der kostenlosen Vignette in die öst Gesellschaft. Ausgehend davon erachtete der EuGH die betreffende Regelung als gerechtfertigt und verhältnismäßig, weil sie mit geeigneten Mitteln ein legitimes Ziel verfolgt und zudem auch nicht über das hinausgeht, was zur Zielerreichung erforderlich ist.

Aus dem vorher Gesagten ergibt sich das folgende (vereinfachte) Prüfschema:

1. Tatbestandsebene

   a. Anwendungsbereich des Unionsrechts und keine Grundfreiheit einschlägig
   b. Diskrimimierende staatliche Maßnahmen

   direkt — indirekt

2. Rechtfertigungsebene

   a. Rechtfertigungsgründe

   objektive Gründe — objektive Gründe unabhängig von der Staatsangehörigkeit

   b. Verhältnismäßigkeitsprüfung

Abb. 7: Prüfschema Allgemeines Diskriminierungsverbot
Quelle: *Ranacher/Frischhut*, Handbuch Anwendung des EU-Rechts (2009), 127

C. Die Unionsbürgerschaft

Rechtsgrundlage: Art 9, 11 EUV, Art 20 bis 25 AEUV

Weitere Informationen:
http://europa.eu/legislation_summaries/justice_freedom_security/citizenship_of_the_union/index_de.htm
(Politikfelder der EU > Justiz, Freiheit und Sicherheit > Unionsbürgerschaft)

1. Grundlagen und Status

Der Begriff „Europa der Bürger" steht als Schlagwort für alle Bestrebungen, besondere Rechte für die Bürger der Mitgliedstaaten der EU vorzusehen und die Identifizierung der Bürger mit dem Projekt Europa zu verstärken. Dazu sollen greifbare und pragmatische Ergebnisse in Politikbereichen beitragen, die alle Menschen angehen und diesen konkret spürbare Vorteile aus der europäischen Integration bringen. Nicht zuletzt in diesem Bestreben wurde mit dem Vertrag von Maastricht die Unionsbürgerschaft mit spezifischen Rechten eingeführt.

Unionsbürger ist, wer die Staatsangehörigkeit eines Mitgliedstaats besitzt; dabei schadet die Doppelstaatsbürgerschaft eines Drittstaates nicht (Rs *Saldanha*[155]). Die Unionsbürgerschaft tritt zur nationalen Staatsbürgerschaft hinzu, ersetzt sie aber nicht. Da das Staatsangehörigkeitsrecht der Mitgliedstaaten voneinander abweicht, können daher auch die Voraussetzungen für den Erwerb und den Verlust der Unionsbürgerschaft je nach Mitgliedstaat unterschiedlich sein. Ein durch Verlust der Staatsbürgerschaft bewirkter Verlust der Unionsbürgerschaft ist daher nicht per se ein Verstoß gegen Unionsrecht.

➔ So hat der EuGH in der Rs *Rottmann*[156] klargestellt, dass es unionsrechtlich zulässig ist, dass ein Mitgliedstaat einem Unionsbürger die durch Einbürgerung erworbene Staatsbürgerschaft dieses Mitgliedstaats wieder entzieht, wenn diese durch Täuschung erschlichen wurde.

Der EuGH bezeichnet den Unionsbürgerstatus in ständiger Rechtsprechung als den „grundlegenden Status der Angehörigen der Mitgliedstaaten, der es denjenigen unter ihnen, die sich in der gleichen Situation befinden, erlaubt, unabhängig von ihrer Staatsangehörigkeit und unbeschadet der insoweit ausdrücklich vorgesehenen Ausnahmen die gleiche rechtliche Behandlung zu genießen (grundlegend Rs *Grzelczyk*[157]). Ausgehend davon leitet der Gerichtshof insbesondere aus dem Freizügigkeitsrecht der Unionsbürger weitreichende Ansprüche ab (siehe unten IV.C.3.).

2. Unionsbürgerrechte

Im Einzelnen umfasst die Unionsbürgerschaft folgende unmittelbar anwendbare Unionsbürgerrechte:

- Das Recht, sich überall in der EU frei zu bewegen und aufzuhalten (Recht auf Freizügigkeit, Art 21 AEUV, zusätzlich verankert in Art 45 GRC; siehe unten IV.C.3.);
- das Wahlrecht bei Kommunalwahlen und Europawahlen in dem Mitgliedstaat, in dem der Unionsbürger seinen Wohnsitz hat (Art 22 AEUV, zusätzlich verankert in Art 39 und 40 GRC, näher ausgestaltet durch die Kommunalwahl-RL[158] und die Europawahl-RL[159]);

- das Recht, diplomatischen und konsularischen Schutz eines jeden Mitgliedstaates in Drittländern überall dort zu erhalten, wo der eigene Mitgliedstaat nicht vertreten ist (Art 23 AEUV, zusätzlich verankert in Art 46 GRC);
- das Recht, die Kommission zur Unterbreitung eines Rechtssetzungsvorschlags aufzufordern (Europäische Bürgerinitiative; Art 11 EUV, Art 24 AEUV; siehe unten IV.C.4.);
- das Recht, eine Petition (dh einen Antrag oder eine Beschwerde) an das EP zu richten (Art 24 und 227 AEUV, zusätzlich verankert in Art 44 GRC);
- die Möglichkeit, Beschwerden über Missstände bei der Tätigkeit der EU-Organe an den Bürgerbeauftragten zu richten (Art 24 und 228 AEUV, zusätzlich verankert in Art 43 GRC);
- das Recht, sich schriftlich in den Vertragssprachen an Organe und Einrichtungen der EU zu wenden und eine Antwort in der gewählten Sprache zu erhalten (Art 24 AEUV);
- das Recht auf Zugang zu Dokumenten des EP, des Rats und der Kommission (Art 15 AEUV, zusätzlich verankert in Art 42 GRC; näher ausgestaltet durch die VO 2001/1049/EG[160]).

Im Folgenden wird aufgrund ihrer Bedeutung auf das Freizügigkeitsrecht der Unionsbürger und die Europäische Bürgerinitiative näher eingegangen.

3. Das Freizügigkeitsrecht der Unionsbürger

Nach Art 21 AEUV hat jeder Unionsbürger das Recht, sich im Hoheitsgebiet der Mitgliedstaaten vorbehaltlich der in den Verträgen und den Durchführungsvorschriften vorgesehenen Beschränkungen und Bedingungen frei zu bewegen und aufzuhalten.

a. Diskriminierungs- und Beschränkungsverbot

In einer gerade in den letzten Jahren bemerkenswert dynamischen Judikatur hat der EuGH das in Art 21 AEUV grundgelegte Freizügigkeitsrecht der Unionsbürger – gleich den Grundfreiheiten – zu einem selbstständigen Diskriminierungs- und Beschränkungsverbot entwickelt.

- Unionsbürger haben danach – auch losgelöst vom allgemeinen Diskriminierungsverbot (siehe oben IV.B.) – einen allgemeinen Anspruch auf Inländergleichbehandlung bei der Anwendung aller staatlichen Vorschriften im Anwendungsbereich des Unionsrechts, insbesondere solcher, die in Zusammenhang mit der Ausübung ihres Freizügigkeitsrechts stehen. Insbesondere darf ein Mitgliedstaat auch seine eigenen Staatsangehörigen, die von ihrem Freizügigkeitsrecht Gebrauch gemacht haben, nicht weniger günstig behandeln als die anderen Staatsangehörigen:

➔ Daher hat zB eine Regelung, nach der in Finnland steuerpflichtige Bezieher einer finnischen Rente mit Wohnsitz in einem anderen Mitgliedstaat wegen ihres ausländischen Wohnsitzes mit einem ungünstigeren Steuersatz besteuert wurden als Rentenbezieher mit Wohnsitz in Finnland, gegen Art 21 AEUV verstoßen (Rs *Turpeinen*[161]).

Für die Rechtfertigung von diskriminierenden Maßnahmen gelten die zum allgemeinen Diskriminierungsverbot entwickelten Voraussetzungen (siehe oben IV.B).

▶ Darüber hinaus verbietet Art 21 AEUV auch sonstige spürbare Beschränkungen des Freizügigkeitsrechtes, sofern diese nicht auf objektiven, von der Staatsangehörigkeit unabhängigen Erwägungen beruhen und in einem angemessenen Verhältnis zu den mit ihnen legitimerweise verfolgten Zwecken stehen. Umfasst sind alle Maßnahmen – auch solche des eigenen Mitgliedstaats des Unionsbürgers –, die die Ausübung des Freizügigkeitsrechts auch nur potenziell und mittelbar behindern und geeignet sind, einen Unionsbürger davon abzuhalten, von diesem Recht Gebrauch zu machen.

➔ Beispiel: In Deutschland hatten nur Personen mit Wohnsitz oder gewöhnlichem Aufenthalt im Inland Anspruch auf Eigenheimzulage; zudem wurde diese nur für die Herstellung oder Anschaffung eines Hauses oder einer Eigentumswohnung im Inland gewährt. Da diese Regelung geeignet war, Unionsbürger davon abzuhalten, in einem anderen Mitgliedstaat ein Eigenheim zu schaffen bzw zu erwerben, hat sie der EuGH als unzulässige Beschränkung des diesen gewährleisteten Freizügigkeitsrechts qualifiziert (*Rs Kommission/Deutschland [Eigenheimzulage]*[162]).

Das Diskriminierungs- und das Beschränkungsverbot des Art 21 AEUV sind gegenüber den Diskriminierungs- und Beschränkungsverboten der Grundfreiheiten subsidiär. Ihr Anwendungsbereich wird durch die bloße Ausübung des Freizügigkeitsrechts durch einen Unionsbürger eröffnet. Lediglich rein interne Sachverhalte werden nicht erfasst.

Im Ergebnis hat der EuGH mit dieser Rechtsprechung die wesentlichen Funktionsprinzipien der Grundfreiheiten auf das Feizügigkeitsrecht der Unionsbürger übertragen. Dieses vermittelt den Unionsbürgern einen umfassenden Gleichbehandlungsanspruch und verbietet zudem ungerechtfertigte Beschränkungen ihrer Freizügigkeit, sei es durch den Herkunfts- oder den Aufnahmemitgliedstaat. Insofern wird es mittlerweile auch als „fünfte Grundfreiheit" bezeichnet.

Aus dem vorher Gesagten ergibt sich das folgende (vereinfachte) Prüfschema:

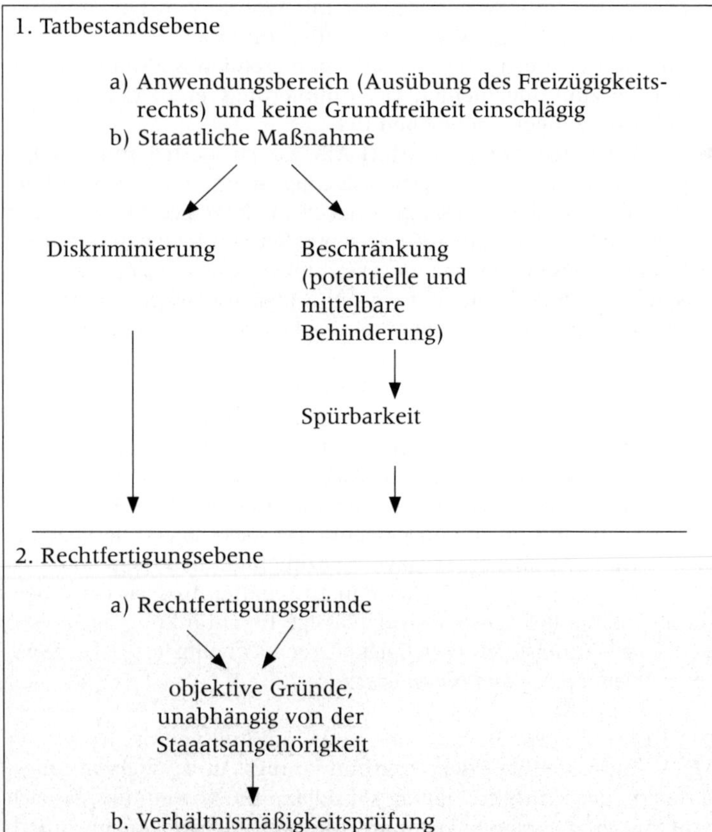

Abb. 8: Prüfschema Freizügigkeit der Unionsbürger
Quelle: *Ranacher/Frischhut*, Handbuch Anwendung des EU-Rechts (2009), 142

b. Die Unionsbürgerrichtlinie

Das Freizügigkeitsrecht der Unionsbürger wird zudem durch die Unionsbürger-RL[163] konkretisiert. Im Einzelnen regelt sie:

- Das Freizügigkeits- und Aufenthaltsrecht bis zu drei Monaten: Unionsbürger mit einem gültigen Personalausweis oder Reisepass haben das Recht, sich ohne weitere Voraussetzungen und Formalitäten in einen anderen Mitgliedstaat zu begeben und sich dort bis zu drei Monate aufzuhalten. Dies gilt auch für Familienangehörige, die nicht Unionsbürger sind.
- Das Freizügigkeits- und Aufenthaltsrecht über drei Monate: Unionsbürger haben das Recht, sich länger als drei Monate in einem anderen Mitgliedstaat aufzuhalten, wenn sie dort einer unselbstständigen oder selbstständigen Erwerbstätigkeit nachgehen, ein berufsqualifizierendes Studium betreiben oder nachweisen, dass sie für sich und ihre Familienangehörigen über ausreichende Existenzmittel und einen umfassenden Krankenversicherungsschutz verfügen. Das Aufenthaltsrecht gilt auch für Familienangehörige, die nicht Unionsbürger sind (zum Begriff siehe oben III.E.4.).
  - ➔ Die in der RL festgelegten Bedingungen des Rechts auf Aufenthalt (ausreichende Existenzmittel und Krankenversicherungsschutz) sind allerdings nach der Rechtsprechung des EuGH im Einklang mit den allgemeinen Grundsätzen des Unionsrechts, insbesondere dem Grundsatz der Verhältnismäßigkeit, anzuwenden. Das hat zur Folge, dass hier aufenthaltsbeschränkende Maßnahmen nur unter sehr engen Voraussetzungen denkbar und zulässig sind. So darf insbesondere die Inanspruchnahme von Sozialhilfe im Aufenthaltsstaat nicht automatisch zu einer Ausweisung führen (Rs *Trojani*[164]).
- Das Recht auf Daueraufenthalt: Unionsbürger, die sich rechtmäßig fünf Jahre ununterbrochen im Aufnahmemitgliedstaat aufgehalten haben (unter bestimmten Voraussetzungen schon davor), erwerben das von keinen weiteren Voraussetzungen abhängige Recht, sich dort auf Dauer aufzuhalten (es ist dann also insbesondere kein Nachweis ausreichender Existenzmittel bzw eines Krankenversicherungsschutzes mehr erforderlich). Das Daueraufenthaltsrecht gilt auch für Familienangehörige, die nicht Unionsbürger sind und sich rechtmäßig mehr als fünf Jah-

re ununterbrochen mit einem Unionsbürger im Aufnahmemitgliedstaat aufgehalten haben.

- Das Recht auf Gleichbehandlung: Unionsbürger und ihre Familienangehörigen, die sich für einen bestimmten Zeitraum oder auf Dauer in einem anderen Mitgliedstaat aufhalten, genießen dort im Anwendungsbereich des Unionsrechts rechtliche Gleichbehandlung gegenüber Inländern.
- Die Rechte der Familienangehörigen eines aufenthaltsberechtigten Unionsbürgers: Diese sind ungeachtet ihrer Staatsangehörigkeit insbesondere berechtigt, im Aufnahmemitgliedstaat eine unselbstständige oder selbstständige Erwerbstätigkeit aufzunehmen.
- Die Möglichkeit der Beschränkung des Aufenthaltsrechts aus Gründen der öffentlichen Ordnung, Sicherheit und Gesundheit: Aufenthaltsbeendende Maßnahmen dürfen gegen Unionsbürger und ihre Familienangehörigen nur aus diesen Gründen und zusätzlich unter weiteren strengen Voraussetzungen getroffen werden. So dürfen Unionsbürger, die sich strafbar gemacht haben, nur dann aus einem Mitgliedstaat ausgewiesen werden, wenn ihr persönliches Verhalten eine tatsächliche, gegenwärtige und erhebliche Gefahr darstellt, die ein Grundinteresse der Gesellschaft berührt. Strafrechtliche Verurteilungen allein können ohne Weiteres diese Maßnahmen nicht begründen. Vom Einzelfall losgelöste, generalpräventiv motivierte aufenthaltsbeendende Maßnahmen sind daher unzulässig.

4. Die Europäische Bürgerinitiative

Rechtsgrundlage: Art 11 EUV, Art 24 AEUV

Weitere Informationen:
http://ec.europa.eu/dgs/secretariat_general/citizens_initiative/index_de.htm
Europäische Kommission > Generalsekretariat > Die Europäische Bürgerinitiative

Mit dem VvL wurde als neues Instrument der direktdemokratischen Mitbestimmung der Bürgerinnen und Bürger die sog Europäische Bürgerinitiative eingeführt. Dabei handelt es sich um das Recht, die Kommission aufzufordern, im Rahmen ihrer Befugnisse geeignete Vorschläge zu Themen zu unterbreiten, zu denen es nach Ansicht der Unterstützer eines Rechtsakts der Union bedarf, um die Verträge umzusetzen. Es handelt sich also um ein auf die Erlassung von Sekundärrechtsakten gerichtetes Initiativrecht. Damit eine solche Europäische Bürgerinitiative zustande kommt, bedarf es mindestens 1 Mio Unterstützer, bei denen es sich um Staatsangehörige einer erheblichen Anzahl von Mitgliedstaaten handeln muss.

Die näheren Bestimmungen über die Verfahren und die Bedingungen, die für eine solche Bürgerinitiative gelten, einschließlich der Mindestzahl der Mitgliedstaaten, sind sekundärrechtlich festzulegen. Nach einer öffentlichen Konsultation auf der Grundlage eines Grünbuchs hat die Kommission bereits im März 2010 einen Vorschlag für eine VO über die Bürgerinitiative vorgelegt.[165] Dessen Hauptaspekte sind:

- Eine geplante Bürgerinitiative ist über ein verbindliches Verfahren bei der Kommission anzumelden und wird in einem von dieser zur Verfügung gestellten Online-Register registriert.
- Die erforderliche 1 Mio Unterstützungsbekundungen können daraufhin in einem Zeitraum von zwölf Monaten gesammelt werden; dies soll auch online möglich sein. Unterstützer müssen über das aktive Wahlrecht bei Wahlen zum EP verfügen.
- Eine Entscheidung der Kommission über die Zulässigkeit einer geplanten Bürgerinitiative kann bei der Kommission erst beantragt werden, nachdem 300.000 Unterstützungsbekundungen von Unterzeichnern aus mindestens drei Mitgliedstaaten gesammelt wurden.
- Die für das Zustandekommen einer Europäischen Bürgerinitiative erforderliche Mindestzahl der Mitgliedstaaten, aus denen die Unterstützer kommen müssen, wird mit einem Drittel festgelegt (derzeit: 9). Darüber hinaus wird eine Mindestzahl der Unterzeichner je Mitgliedstaat festgelegt, die der mit dem Faktor 750 vervielfachten Anzahl der Mitglieder des EP des Mitgliedstaats entspricht (Österreich: 14.250).
- Ist bei Erfüllung dieser Voraussetzungen eine Bürgerinitiative durch Unterstützung von mindestens 1 Mio Unterzeichnern gültig zustande gekommen, so ist die Kommission verpflichtet, diese innerhalb einer Frist von vier Monaten zu prüfen.

Der Vorschlag der Kommission ist gegenwärtig Gegenstand von Beratungen von Rat und EP im ordentlichen Gesetzgebungsverfahren.

D. Die Unionsgrundrechte

Rechtsgrundlage: Art 6 EUV, GRC, EMRK
Weitere Informationen:
www.europa.eu/pol/rights/index_de.htm
(Politikfelder der EU > Menschenrechte)
www.fra.europa.eu
(Homepage der Europäischen Grundrechteagentur)

Die schon längere Zeit zurückreichenden Bestrebungen zur Schaffung eines geschriebenen Grundrechtskatalogs für die EU haben bereits im Jahr 2001 zur Proklamation einer Charta der Grundrechte der Europäischen Union (GRC)[166] geführt. Diese wurde in einer angepassten Fassung[167] mit dem VvL Bestandteil des Primärrechts (Art 6 Abs 1 EUV). Damit verfügt nunmehr auch die EU über einen eigenständigen und – vorbehaltlich bestimmter Einschränkungen in Bezug auf das Vereinigte Königreich, Irland, Polen und Tschechien – verbindlichen geschriebenen Grundrechtskatalog.

- Die GRC umfasst alle zum anerkannten europäischen Grundrechtsstandard gehörenden grundrechtlichen Garantien wie die Achtung der Menschenwürde, das Recht auf Leben oder das Folterverbot, klassische Freiheitsrechte (Achtung des Privat- und Familienlebens, Datenschutz, Gedanken-, Gewissens- und Religionsfreiheit, Meinungsfreiheit, Versammlungs- und Vereinigungsfreiheit, Berufsfreiheit, Eigentumsfreiheit etc), Gleichheitsrechte (insbesondere Gleichheit vor dem Gesetz und Gleichheit von Mann und Frau) und rechtsstaatliche Garantien (Recht auf einen wirksamen Rechtsbehelf und auf Anrufung eines unabhängigen und unparteiischen Gerichts, rechtliches Gehör, Recht auf Akteneinsicht, Unschuldsvermutung, das Verbot rückwirkender strafrechtlicher Regelungen[168] und das Verbot der Doppelbestrafung bzw die Unwiederholbarkeit einer Entscheidung,[169] daneben aber auch soziale Gewährleistungen wie ein Recht auf angemessene Arbeitsbedingungen, ein Anhörungsrecht von Arbeitnehmern im Unternehmen oder das Recht auf Kollektivmaßnahmen. Zudem werden zentrale Unionsbürgerrechte zusätzlich auch in der GRC verankert (siehe oben IV.C.2.).

Neben den in der GRC verankerten Rechten sind aber auch die Grundrechte, wie sie in der Europäischen Menschenrechtskonvention (EMRK) gewährleistet sind und wie sie sich aus den gemeinsamen Verfassungsüberlieferungen der Mitgliedstaaten ergeben, als allgemeine Grundsätze Teil des Unionsrechts (Art 6 Abs 3 EUV). Diese Bestimmung nimmt auf die Rechtsprechung des EuGH bis zur primärrechtlichen Verankerung der GRC Bezug, die dadurch nicht obsolet wird. Der EuGH hat daher auch künftig die Möglichkeit, Unionsgrundrechte – ergänzend zu den Verbürgungen der GRC – aus der EMRK bzw den Verfassungsüberlieferungen der Mitgliedstaaten abzuleiten und als allgemeine Rechtsgrundsätze des Unionsrechts anzuerkennen.

Schließlich sieht Art 6 Abs 2 EUV nunmehr auch den formellen Beitritt der EU zur EMRK vor. Darauf gerichtete Verhandlungen zwischen der EU und dem Europarat haben am 7. Juli 2010 begonnen. Mit dem Beitritt zur EMRK wird diese für die EU unmittelbar rechtsverbindlich werden; Rechtsakte der Union werden dann nicht nur vom EuGH, sondern auch vom Europäischen Gerichtshof für Menschenrechte (EGMR) in Straßburg auf ihre Grundrechtskonformität überprüft werden können.

Nach der gefestigten Rechtsprechung des EuGH können in der EU keine Maßnahmen als rechtens angesehen werden, die mit der Beachtung der so anerkannten und gewährleisteten Menschenrechte unvereinbar sind.

Primärer Adressat der Unionsgrundrechte ist daher naturgemäß die EU selbst bzw deren Organe. Die Unionsgrundrechte sind folglich Maßstab für die Rechtmäßigkeit und Gültigkeit des sekundären Unionsrechts. Sämtliche Rechtsakte der Organe der EU müssen mit ihnen im Einklang stehen. Tun sie dies nicht, so können sie vom EuGH für ungültig erklärt werden.

➔ Beispiel: Im Interesse der Transparenz der Förderungsvergabe wird durch unionsrechtliche Vorschriften die Veröffentlichung der Empfänger und der Höhe von aus Mitteln des EGFL und des ELER (siehe unten V.C.) gewährten Agrarsubventionen im Internet angeordnet.[170] Ob diese Veröffentlichung mit den Unionsgrundrechten auf Achtung der Privatsphäre und Datenschutz der betroffenen Subventionsempfänger vereinbar ist, wird der EuGH demnächst im Rahmen einer Vorabentscheidung klären (Rs *Schecke*).[171]

Zur Frage der Grundrechtskonformität der durch die RL 2006/24/EG[172] für einen Zeitraum von mindestens sechs Monaten vorgesehenen Speicherung von Telekommunikationsdaten zum Zweck der Verhütung, Ermittlung, Feststellung und Verfolgung von Strafdaten (sog Vorratsdatenspeicherung) hat der Irische High Court im Frühjahr 2010 ein Vorabentscheidungsersuchen an den EuGH angekündigt.[173]

Darüber hinaus gelten die Unionsgrundrechte aber auch für Maßnahmen und Regelungen der Mitgliedstaaten. Voraussetzung dafür ist, dass diese in den Anwendungsbereich des Unionsrechts fallen. Dies ist insbesondere dann der Fall, wenn die Mitgliedstaaten im indirekten Vollzug (siehe oben III.F.2.) Unionsrecht durchführen. Zum Tragen kommt dies insbesondere bei der Anwendung von VO und bei der Umsetzung von RL.

➔ Lässt eine VO den nationalen Behörden hinsichtlich ihrer Durchführung und Anwendung Ermessensspielräume, so dürfen diese nicht in einer die Unionsgrundrechte der betroffenen Bürger verletzenden Art und Weise genutzt werden (grundlegend Rs *Klensch*[174] und Rs *Wachauf*[175]). Auch bei der Umsetzung von RL haben die Mitgliedstaaten darauf zu achten, dass die von ihnen innerhalb der eingeräumten Umsetzungsspielräume erlassenen Maßnahmen nicht gegen die Unionsgrundrechte verstoßen (zB Rs *Promusicae*[176]). Diese Bindung erstreckt sich zudem auch auf die in Umsetzung einer RL erlassenen nationalen Rechtsvorschriften (zB Rs *Berlusconi*[177]).

Die Unionsgrundrechte sind aber auch in Zusammenhang mit den Grundfreiheiten relevant.

- Zunächst müssen mitgliedstaatliche Beschränkungen der Grundfreiheiten mit den Unionsgrundrechten in Einklang stehen; tun sie das nicht, sind sie ungeachtet ihrer an sich möglichen Rechtfertigung mit dem Unionsrecht unvereinbar:
  ➔ Als Beispiel kann hier erneut auf die Rs *Carpenter* verwiesen werden (siehe oben IV.A.7.f.).
- Es ist aber auch der umgekehrte Fall denkbar, dass Erfordernisse des Grundrechtsschutzes Eingriffe in die Grundfreiheiten notwendig machen und daher von den Mitgliedstaaten erfolgreich als Rechtfertigung für die damit verbundenen Beschränkungen geltend gemacht werden.
  ➔ Dies war etwa in der Rs *Schmidberger*[178] betreffend die Blockade der Brennerautobahn durch Transitgegner der Fall.

Obwohl damit ganz offensichtlich eine Beeinträchtigung des freien Warenverkehrs über den Brennerkorridor verbunden und von den Initiatoren auch beabsichtigt war, hatten die zuständigen öst Behörden die Blockade nicht untersagt, da eine solche Untersagung in die grundrechtlich geschützte Meinungsäußerungs- und Versammlungsfreiheit der Demonstranten eingegriffen hätte. Dies wurde vom EuGH im Ergebnis akzeptiert, weil die Beeinträchtigung der Warenverkehrsfreiheit nicht über das hinausging, was zur Wahrung dieser Grundrechte erforderlich und somit als verhältnismäßig anzusehen war.

➔ In der Rs *Omega*[179] wurde die Untersagung der gewerblichen Veranstaltung von Unterhaltungsspielen mit simulierten Tötungshandlungen von Deutschland erfolgreich damit gerechtfertigt, dass diese eine Gefahr für die öffentliche Ordnung darstellten, weil damit gegen die Achtung der Menschenwürde als im dt Grundgesetz verankerte grundlegende Wertvorstellung verstoßen würde.

Eine gleichgerichtete Verbindlichkeit der Unionsgrundrechte besteht im Anwendungsbereich des allgemeinen Diskriminierungsverbots (siehe oben IV.B.) und des Freizügigkeitsrechts der Unionsbürger (siehe oben IV.C.3.).

V. Die Politikfelder der EU

Außer den in den vorangegangenen Teilen dargestellten Inhalten regeln die Verträge auch die Politiken der EU. Das sind jene Politikbereiche, in denen die EU aufgrund entsprechender Kompetenzen, die ihr in den betreffenden Ermächtigungsnormen eingeräumt werden, rechtsetzend, unterstützend, koordinierend oder ergänzend zu den Maßnahmen der MS tätig wird (siehe oben II.B.3.). Dabei ist festzustellen, dass die Aktivitäten der EU in den verschiedenen Politikfeldern auf nahezu alle Bereiche der Lebens-, Arbeits- und Wirtschaftswelt einwirken, was den fortgeschrittenen Stand der europäischen Integration unterstreicht.

Die Vertragsbestimmungen regeln die einzelnen Politikbereiche in unterschiedlicher Regelungsdichte und Regelungstiefe. Einzelne Maßnahmen und Aktionen zu ihrer Durchführung werden in Bereichen, in denen die EU über Rechtsetzungskompetenzen verfügt, fast ausschließlich durch Sekundärrecht (insbesondere VO und RL) normiert.

Wird die EU hingegen außerhalb der eingeräumten Rechtsetzungskompetenzen politisch tätig, so bedient sie sich der sog Offenen Methode der Koordinierung (OMK). Wesentliche Instrumente der OMK sind Empfehlungen und Leitlinien an die MS, die regelmäßige Überwachung, Bewertung und Überprüfung der bei der Verwirklichung dieser Ziele erreichten Fortschritte sowie spezifische Aktionsprogramme. Die OMK fördert die Vereinbarung gemeinsamer Ziele, die Zusammenarbeit, den Austausch und Vergleich bewährter Verfahren *(best practices)* und das Voneinanderlernen. Freiwilliges „benchmarking" und die Strategie des „naming, shaming and blaming" können dabei durchaus starke Wirkung zeigen, sind doch die Akteure national und international auf ihren guten Ruf angewiesen. Ein weiteres wirksames Instrument der Politikgestaltung ist schließlich die Gewährung von Fördermitteln in politisch prioritären Themenbereichen.

Die folgende Darstellung folgt im Wesentlichen der Bedeutung, die die MS und die EU den einzelnen Politikfeldern im Rahmen der Zuteilung von Haushaltsmitteln und der aktuellen Hauptausrichtung der Gesamtstrategie der EU (Europa 2020, Beschäftigung, Wachstum, Nachhaltigkeit) beimessen. Ergänzend werden aufgrund ihrer großen praktischen Bedeutung in einem abschließenden Kapitel gemeinsame Aspekte der in nahezu allen Politikbereichen anzutreffenden finanziellen Förderprogramme gesondert dargestellt.

A. Die gemeinsame Außen- und Sicherheitspolitik

Rechtsgrundlage: Art 2, Art 21 bis 46 EUV

Weitere Informationen:
www.europa.eu/pol/cfsp/index_de.htm
(Politikfelder der EU > Außen- und Sicherheitspolitik)
www.consilium.europa.eu
(Politik > Gemeinsame Außen- und Sicherheitspolitik)
www.europa.eu/agencies/security_agencies/index_de.htm
(Institutionen und Einrichtungen > Agenturen)

Die Union lässt sich bei ihrem Handeln auf internationaler Ebene von den Grundsätzen leiten, die für ihre eigene Entstehung, Entwicklung und Erweiterung maßgebend waren und denen sie auch weltweit zu stärkerer Geltung verhelfen will: Demokratie, Rechtsstaatlichkeit, die universelle Gültigkeit und Unteilbarkeit der Menschenrechte und Grundfreiheiten, die Achtung der Menschenwürde, der Grundsatz der Gleichheit und der Grundsatz der Solidarität sowie die Achtung der Grundsätze der Charta der Vereinten Nationen und des Völkerrechts (zu den Werten und Zielen der EU siehe oben II.A.3.). Diese sonst in staatlichen Verfassungen nicht üblichen inhaltlichen Vorgaben für die Gestaltung des außenpolitischen Handelns zeigen, dass die EU den Weg einer werteorientierten Außenpolitik und des Multilateralismus beschreiten will.

Die Zuständigkeit der EU in der Gemeinsamen Außen- und Sicherheitspolitik (GASP) erstreckt sich auf alle Bereiche der Außenpolitik sowie auf sämtliche Fragen im Zusammenhang mit der Sicherheit der EU, einschließlich der schrittweisen Festlegung einer gemeinsamen Verteidigungspolitik, die zu einer gemeinsamen Verteidigung führen kann. Die EU verfolgt, bestimmt und verwirklicht im Rahmen der Grundsätze und Ziele ihres auswärtigen Handelns eine GASP, die auf einer Entwicklung der gegenseitigen politischen Solidarität der MS, der Ermittlung der Fragen von allgemeiner Bedeutung und der Erreichung einer immer stärkeren Konvergenz des Handelns der MS beruht. Die MS unterstützen die GASP aktiv und vorbehaltlos im Geiste der Loyalität und der gegenseitigen Solidarität. Sie enthalten sich jeder Handlung, die den Interessen der EU zuwiderläuft oder ihrer Wirksamkeit als kohärente Kraft in den internationalen Beziehungen schaden könnte.

Die EU verfolgt ihre GASP, indem sie

- die allgemeinen Leitlinien bestimmt,
- Beschlüsse erlässt zur Festlegung der von der EU durchzuführenden Aktionen oder der von der EU einzunehmenden Standpunkte bzw zur Festlegung der Einzelheiten der Durchführung dieser Beschlüsse,
- die systematische Zusammenarbeit der MS bei der Führung ihrer Politik ausbaut,
- restriktive Maßnahmen (zB Embargomaßnahmen) zur Aussetzung, Einschränkung oder vollständigen Einstellung der Wirtschafts- und Finanzbeziehungen zu Drittstaaten oder gegen natürliche oder juristische Personen sowie Gruppierungen oder nichtstaatliche Einheiten setzt,
- Übereinkünfte mit Drittstaaten oder internationalen Organisationen schließt.

Für die GASP gelten besondere Bestimmungen und Verfahren. Sie wird vom Europäischen Rat und vom Rat einstimmig festgelegt und durchgeführt, soweit in den Verträgen ausnahmsweise nichts anderes vorgesehen ist. Abstimmungen mit qualifizierter Mehrheit sind jedenfalls nur für jene Fragen möglich, die keinen militärischen oder verteidigungspolitischen Bezug haben. Der Erlass von Gesetzgebungsakten ist ausgeschlossen. Die EU-Außenpolitik hat gerade durch den VvL an Sichtbarkeit und Profil gewonnen, weist aber weiterhin zwischenstaatliche Charakterzüge auf.

Die GASP wird vom Hohen Vertreter der Union für Außen- und Sicherheitspolitik und von den MS gemäß den Verträgen durchgeführt. Die spezifische Rolle des EP und der Kommission in diesem Bereich ist in den Verträgen festgelegt. Der EuGH ist in Bezug auf diese Bestimmungen abgesehen von zwei Ausnahmen nicht zuständig (siehe oben II.C.6.).

Die Gemeinsame Sicherheits- und Verteidigungspolitik (GSVP) ist integraler Bestandteil der GASP. Sie sichert der EU eine auf zivile und militärische Mittel gestützte Operationsfähigkeit. Auf diese kann die EU bei Missionen außerhalb der EU zur Friedenssicherung, Konfliktverhütung und Stärkung der internationalen Sicherheit in Übereinstimmung mit den Grundsätzen der Charta der Vereinten Nationen zurückgreifen. Sie erfüllt diese Aufgaben mithilfe der Fähigkeiten, die von den MS bereitgestellt werden. Die GSVP umfasst weiters die schrittweise Festlegung einer gemeinsamen Verteidigungspolitik. Diese führt zu einer gemeinsamen Verteidigung, sobald der Europäische Rat dies einstimmig beschlossen hat. Er empfiehlt in diesem Fall den MS, einen Beschluss im Einklang mit ihren verfassungsrechtlichen Vorschriften zu erlassen.

Die GSVP berührt nicht den besonderen Charakter der Sicherheits- und Verteidigungspolitik bestimmter MS. Sie achtet vielmehr die vertraglichen Verpflichtungen einiger MS, die sich aus deren Mitgliedschaft in der Nordatlantikvertrags-Organisation (NATO) ergeben und die ihre gemeinsame Verteidigung in dieser Organisation verwirklicht sehen.

Die MS stellen der EU für die Umsetzung der GSVP zivile und militärische Fähigkeiten als Beitrag zur Verwirklichung der vom Rat festgelegten Ziele zur Verfügung und verpflichten sich, insbesondere ihre militärischen Fähigkeiten schrittweise zu verbessern. Die von den MS gemeinsam aufgestellten, multinationalen Streitkräfte können auch in den Dienst der GSVP gestellt werden. Ein wesentliches Ziel ist dabei der Aufbau von operativen militärischen Kapazitäten in Form schneller Eingreiftruppen, die sich in ständiger Bereitschaft befinden und es der EU ermöglichen, bei Krisen und Konflikten nötigenfalls rasch militärisch zu intervenieren (sog battlegroup concept).

Die Agentur für die Bereiche Entwicklung der Verteidigungsfähigkeiten, Forschung, Beschaffung und Rüstung (Europäische Verteidigungsagentur) ermittelt den operativen Bedarf und fördert Maßnahmen zur Bedarfsdeckung, trägt zur Ermittlung von Maßnahmen zur Stärkung der industriellen und technologischen Basis des Verteidigungssektors bei und führt diese Maßnahmen gegebenenfalls durch, beteiligt sich an der Festlegung einer europäischen Politik im Bereich der Fähigkeiten und der Rüstung und unterstützt den Rat bei der Beurteilung der Verbesserung der militärischen Fähigkeiten.

Der Rat kann zur Wahrung der Werte der EU und im Dienste ihrer Interessen eine Gruppe von MS mit der Durchführung einer Mission im Rahmen der EU beauftragen. MS, die anspruchsvollere Kriterien in Bezug auf die militärischen Fähigkeiten erfüllen und die im Hinblick auf Missionen mit höchsten Anforderungen untereinander weitergehende Verpflichtungen eingegangen sind, begründen eine Ständige Strukturierte Zusammenarbeit. Missionen, bei deren

Durchführung die EU auf zivile und militärische Mittel zurückgreifen kann, umfassen gemeinsame Abrüstungsmaßnahmen, humanitäre Aufgaben und Rettungseinsätze, Aufgaben der militärischen Beratung und Unterstützung, Aufgaben der Konfliktverhütung und der Erhaltung des Friedens sowie Kampfeinsätze im Rahmen der Krisenbewältigung einschließlich friedenschaffender Maßnahmen und Operationen zur Stabilisierung der Lage nach Konflikten. Darin finden sich die bereits 1992 festgelegten sog Petersberg-Missionen wieder. Mit all diesen Missionen kann zur Bekämpfung des Terrorismus beigetragen werden, unter anderem auch durch die Unterstützung von Drittländern unmittelbar in ihrem Hoheitsgebiet.

Im Falle eines bewaffneten Angriffs auf das Hoheitsgebiet eines MS schulden diesem die anderen MS alle in ihrer Macht stehende Hilfe und Unterstützung im Einklang mit Artikel 51 der Charta der Vereinten Nationen (Art 42 Abs 7 EUV; allgemeine Solidaritätsklausel). Dies lässt den besonderen Charakter der Sicherheits- und Verteidigungspolitik bestimmter MS unberührt. Die Verpflichtungen und die Zusammenarbeit in diesem Bereich bleiben im Einklang mit den im Rahmen der NATO eingegangenen Verpflichtungen. Eine spezielle Solidaritätsklausel in Art 222 AEUV, die nicht Teil der GSVP ist, gilt im Fall von terroristischen Anschlägen und im Katastrophenfall.

Die vom Europäischen Rat am 12. Dezember 2003 verabschiedete Europäische Sicherheitsstrategie (ESS) „Ein sicheres Europa in einer besseren Welt“[180] beschreibt das gewachsene Gewicht der EU als Akteur mit globaler Verantwortung („vom global payer zum global player“). Sie zeigt Wege auf, wie die EU ihr politisches, wirtschaftliches und auch militärisches Gewicht – und das ihrer MS – wirksam, kohärent und mit verbesserten Fähigkeiten zum Tragen bringen kann. In drei Kapiteln werden Zuordnungen zwischen den globalen Herausforderungen und Risiken einerseits und dem Instrumentarium der EU zur Konfliktprävention, zum Krisenmanagement und zur Konfliktnachsorge andererseits herausgearbeitet und ein umfassender Sicherheitsbegriff abgeleitet. Als Hauptbedrohungen für die Sicherheit Europas werden Terrorismus,[181] Verbreitung von Massenvernichtungswaffen *(proliferation)*, regionale Konflikte, Scheitern von Staaten *(failed states)* und organisierte Kriminalität identifiziert.

Im Rahmen der Europäischen Nachbarschaftspolitik (ENP)[182] werden privilegierte Beziehungen zu jenen Nachbarstaaten in Osteuropa, im südlichen Mittelmeerraum und im Südkaukasus angestrebt, die bis auf Weiteres keine Beitrittsperspektive haben: Israel, Jordanien, Moldawien, Marokko, Tunesien, Ukraine, Armenien, Aserbaidschan, Georgien, Libanon, Ägypten, Algerien, Weißrussland, Libyen, Syrien und die Palästinensische Autonomiebehörde. Ziel der Bemühungen ist die Stabilisierung dieser Länder, um einen Raum des Wohlstands und der guten Nachbarschaft zu schaffen, der auf den Werten der EU aufbaut und sich durch enge, friedliche Beziehungen auf der Grundlage der Zusammenarbeit auszeichnet. Die ENP soll dazu beitragen, dass mit den Erweiterungsschritten nicht neue Trennlinien aufgebaut werden. Voraussetzung für die privilegierten Beziehungen ist eine beiderseitige Verpflichtung zur Wahrung gemeinsamer Werte, wie Demokratie, Rechtsstaatlichkeit, Achtung der Menschenrechte, verantwortungsvolle Staatsführung *(good governance)*, Grundsätze der Marktwirtschaft und nachhaltige Entwicklung. Umgesetzt wird die ENP durch bilaterale Aktionspläne, die auf die spezifischen Bedürfnisse des jeweiligen Landes sowie dessen Interessen und die Interessen der Union bezogen sind. Die EU gewährt ihren Nachbarstaaten außerdem finanzielle und technische Hilfe, in erster Linie durch das Europäische Nachbarschafts- und Partnerschaftsinstrument (ENPI)[183] und die Nachbarschaftsinvestitionsfazilität (NIF).[184]

Eine besondere multilaterale Ausgestaltung erfuhr die ENP im Rahmen des sog „Barcelona-Prozesses“: Union für den Mittelmeerraum,[185] womit seit 1995 die Beziehungen zwischen der EU und den südlichen Mittelmeeranrainerstaaten im Sinne einer euro-mediterranen Partnerschaft vertieft und gleichzeitig die Verbindungen unter den Mittelmeerländern selbst ausgebaut werden. Die 2008 eingerichtete Schwarzmeer-Synergie[186] spiegelt das seit dem EU-Beitritt zweier Anrainerstaaten gestiegene Interesse der EU an der Förderung der regionalen Zusammenarbeit rund um das Schwarze Meer wider. Ebenfalls im multilateralen Rahmen arbeitet die 2009 ins Leben gerufene Östliche Partnerschaft,[187] um dem Wunsch der östlichen Partnerländer nach weiterer Annäherung an die EU nachzukommen und die Voraussetzungen für eine beschleunigte politische Assoziierung und eine weitere wirtschaftliche Integration zu schaffen.

Zur Verwirklichung der allgemeinen Ziele der ENP tragen schließlich im weiteren Sinne auch die Umsetzung der gemeinsamen Strategie Afrika–EU und die Zusammenarbeit zwischen der EU und den nordafrikanischen Ländern im Rahmen der strategischen Partnerschaft Afrika–EU[188] bei.

Eine spezielle Stellung – auch als drittwichtigster Handelspartner der EU – genießt Russland, mit dem die Zusammenarbeit im Rahmen einer „privilegierten Partnerschaft“ oder „Modernisierungspartnerschaft“ entwickelt wird.[189]

Der Hohe Vertreter der Union für Außen- und Sicherheitspolitik (siehe oben II.C.4.) leitet die GASP, sorgt für die Kohärenz des auswärtigen Handelns und führt den Vorsitz im Rat Auswärtige Angelegenheiten. Während der Präsident der Europäischen Kommission Mitglied des Europäischen Rates ist, nimmt der Hohe Vertreter nur ohne Stimmrecht an dessen Tagungen teil. Gleichzeitig ist er aber einer der Vizepräsidenten der Kommission. In dieser Doppelfunktion ist er also Bindeglied zwischen der supranationalen Institution Kommission und der immer noch intergouvernementale Züge aufweisenden EU-Außenpolitik. Der Hohe Vertreter hört das EP regelmäßig zu den wichtigsten Aspekten und den grundlegenden Weichenstellungen der GASP und der GSVP und unterrichtet es über die Entwicklung der Politik in diesen Bereichen. Er achtet darauf, dass die Auffassungen des EP gebührend berücksichtigt werden. Das EP kann Anfragen oder Empfehlungen an den Rat und den Hohen Vertreter richten.

Die Außenvertretung der Union in Angelegenheiten der GASP nimmt der Präsident des Europäischen Rates wahr – unbeschadet der Befugnisse des Hohen Vertreters der Union für Außen- und Sicherheitspolitik. Verhandlungen mit Drittstaaten, die Erläuterung der EU-Position bei internationalen Organisationen und Konferenzen sowie die entsprechende Koordination besorgt jedenfalls der Hohe Vertreter.

Durch die Doppelfunktion des Hohen Vertreters könnte die Kommission indirekt stärker in die GASP eingebunden sein als früher. Auch wird der Anspruch der Kommission, außerhalb der GASP und der übrigen vorgesehenen Fälle die Außenvertretung der EU wahrzunehmen, durch den Hohen Vertreter nicht geschmälert. Es gibt daher weiterhin etwa die für die Angelegenheiten der Außenhandelspolitik, der Zusammenarbeit mit Drittländern, der humanitären Hilfe und der finanziellen Soforthilfe im Krisenfall betrauten Mitglieder der Kommission.

Dem Hohen Vertreter der Union für Außen- und Sicherheitspolitik ist der Europäische Auswärtige Dienst (EAD) zur Seite gestellt.[190] Die im Endausbau ca 8.000 Mitarbeiter werden zum Teil in der Zentralverwaltung in Brüssel und zum größeren Teil in den weltweit rund 140 EU-Delegationen in Drittstaaten und bei internationalen Organisationen eingesetzt. Ca 1.500 davon haben einen diplomatischen Status. Das Personal setzt sich jeweils ungefähr zu einem Drittel aus den einschlägigen Abteilungen des Generalsekretariats des Rates und der Kommission sowie aus abgeordnetem Personal der diplomatischen Dienste der MS zusammen. Seine Organisation und Arbeitsweise werden durch einen Beschluss des Rates festgelegt.[191]

Ein nach Art 38 EUV eingerichtetes Politisches und Sicherheitspolitisches Komitee verfolgt die internationale Lage in den Bereichen der GASP und trägt durch an den Rat gerichtete Stellungnahmen zur Festlegung der Politiken bei. Der Militärausschuss der EU (EUMC) ist das höchste militärische Gremium im Rahmen des Rates. Er ist das Forum für die militärische Konsultation und Kooperation im Bereich der Konfliktverhütung und der Krisenbewältigung. Der Militärstab der EU (EUMS) dient als Quelle für militärisches Fachwissen. Er ist für Frühwarnung, Lagebeurteilung und strategische Planung zuständig.

Im Rahmen der GASP wurden ferner Agenturen zur Ausübung ganz bestimmter technischer, wissenschaftlicher oder verwaltungstechnischer Aufgaben errichtet. Derzeit handelt es sich um die folgenden Agenturen: Europäische Verteidigungsagentur (EDA), Institut der Europäischen Union für Sicherheitsstudien (EUISS), Satellitenzentrum der Europäischen Union (EUSC).

B. Der Raum der Freiheit, der Sicherheit und des Rechts

Rechtsgrundlage: Art 3 EUV, Art 4, 67 bis 89 AEUV

Weitere Informationen:
www.europa.eu/pol/justice/index_de.htm
(Politikfelder der EU > Justiz, Freiheit und Sicherheit)
www.europa.eu/agencies/pol_agencies/index_de.htm
(Institutionen und Einrichtungen > Agenturen)

Ein wesentliches Ziel der EU bildet die Verwirklichung eines „Raums der Freiheit, der Sicherheit und des Rechts" im Dienste der Bürger.[192] In diesen Politikbereich fallen die Regelungen betreffend Kontrollen an den Außengrenzen, Asyl, Einwanderung, die justizielle Zusammenarbeit in Strafsachen, die polizeiliche Zusammenarbeit und die justizielle Zusammenarbeit in Zivilsachen. Bedacht zu nehmen ist dabei neben der GRC auf die nationalen Rechtsordnungen und -traditionen, weshalb dazu den MS sogar ein spezielles Vetorecht eingeräumt wird.

Die Zuständigkeiten der EU berühren aber ausdrücklich nicht die Wahrnehmung der Zuständigkeiten der MS für die Aufrechterhaltung der öffentlichen Ordnung und den Schutz der inneren Sicherheit.[193] Rechtsakte der justiziellen Zusammenarbeit in Strafsachen, der polizeilichen Zusammenarbeit sowie Maßnahmen der Verwaltungszusammenarbeit können nicht nur auf Vorschlag der Kommission, sondern auch auf Initiative eines Viertels der MS erlassen werden. Maßnahmen betreffend die operative polizeiliche Zusammenarbeit beschließt der Rat einstimmig nach Anhörung des EP. Der EuGH (siehe oben II.C.6.) ist nicht zuständig für die Überprüfung der Gültigkeit oder Verhältnismäßigkeit von Maßnahmen der Polizei oder anderer Strafverfolgungsbehörden eines MS oder der Wahrnehmung der Zuständigkeiten der MS für die Aufrechterhaltung der öffentlichen Ordnung und den Schutz der inneren Sicherheit.

Mit dem Beschluss des Rates[194] zur Vertiefung der grenzüberschreitenden Zusammenarbeit, insbesondere zur Bekämpfung des Terrorismus und der grenzüberschreitenden Kriminalität, wurden wesentliche Inhalte des sog Vertrages von Prüm in das Unionsrecht überführt. Im Prümer Vertrag haben bereits 2005 Belgien, Deutschland, Frankreich, Luxemburg, die Niederlande, Österreich und Spanien die Vertiefung der grenzüberschreitenden Zusammenarbeit vereinbart.

Das vom Europäischen Rat am 5. November 2004 angenommene Haager Programm[195] listete bereits die politischen Prioritäten zur Stärkung von Freiheit, Sicherheit und Recht auf. Das vom Europäischen Rat am 11. Dezember 2009 weiterentwickelte „Stockholmer Programm – Ein offenes und sicheres Europa im Dienste und zum Schutz der Bürger“[196] sieht weitere – nach einem rund 170 Punkte umfassenden Aktionsplan[197] bis 2014 umzusetzende – Maßnahmen in den Bereichen Unionsbürgerschaft, Justiz, Sicherheit und Asyl vor.[198]

Die vom Rat am 25. Februar 2010 angenommene und vom Europäischen Rat am 26. März 2010 nach Art 68 AEUV gebilligte ISS „Strategie der inneren Sicherheit der EU – Hin zu einem europäischen Sicherheitsmodell“[199] geht von der Feststellung aus, dass die Qualität der Demokratie und das Vertrauen der Bürger in die EU weitgehend von der Fähigkeit bestimmt werden, Sicherheit und Stabilität in Europa zu gewährleisten und gemeinsam mit den Nachbarn und Partnern die Ursachen für Probleme der inneren Sicherheit anzugehen. Die Strategie beinhaltet ein umfassendes europäisches Sicherheitsmodell, das Maßnahmen in den Bereichen Strafverfolgung und justizielle Zusammenarbeit, Grenzmanagement und Katastrophenschutz gleichermaßen vorsieht. Die Strategie weist die wichtigsten Bedrohungen und Herausforderungen aus, denen sich die EU gegenübersieht, und fordert die Weiterentwicklung gemeinsamer Instrumente und Politiken unter Nutzung eines stärker integrierten Ansatzes, der an den Ursachen für Unsicherheit und nicht erst an den Folgen ansetzt.

Gemäß dem 1985 völkerrechtlich außerhalb des Gemeinschaftsrechts entstandenen, mit 1. Mai 1999 in das EU-Recht integrierten Schengener Übereinkommen[200] entfallen an den Binnengrenzen des Schengen-Raums grundsätzlich – ausgenommen in begrenzten Zeiträumen aus Gründen der öffentlichen Ordnung und Sicherheit – alle sicherheitspolizeilichen Grenzkontrollen. Dies gilt auch für Reisende aus Drittstaaten, selbstverständlich ohne dass damit eine längerfristige Aufenthaltserlaubnis oder Arbeitserlaubnis verbunden ist.

- Der Schengen-Raum umfasst derzeit 22 EU-Staaten (Belgien, Dänemark, Deutschland, Estland, Finnland, Frankreich, Griechenland, Italien, Lettland, Litauen, Luxemburg, Malta, Niederlande, Österreich, Polen, Portugal, Schweden, Slowakei, Slowenien, Spanien, Tschechien und Ungarn), vier assoziierte Staaten (Island, Norwegen, Schweiz und voraussichtlich ab 2011 Liechtenstein) sowie Andorra, Monaco, San Marino und den Vatikanstaat (aufgrund faktisch nicht bestehender Grenzkontrollen).
- Der Abbau der Polizeigrenzkontrollen zu Bulgarien und Rumänien ist nach Sicherstellung eines ausreichenden Schutzes der Außengrenzen für 2012 ins Auge gefasst. Gleiches gilt für Zypern, wobei hier zusätzlich Probleme angesichts der speziellen politischen Situation auf der geteilten Insel bestehen.
- Nur dem Vereinigten Königreich und Irland steht es offen, einzelnen oder allen Teilbereichen des Schengen-Rechts in Form eines *„Opting-in"* beizutreten, sie können die Fortentwicklung dieses Rechts aber nicht aufhalten. Alle neuen Beitrittsstaaten mussten bzw müssen den Schengen-Rechtsbesitzstand übernehmen und

umsetzen. Dies wird durch die übrigen Schengen-Staaten überprüft. Erst wenn der Rat aufgrund der Überprüfungsergebnisse einstimmig entscheidet, dass ein bestimmtes Beitrittsland sämtliche Schengen-Standards erfüllt, können die Personenkontrollen auch im Verhältnis zu diesem Beitrittsland entfallen.

Im Gegenzug sind Ausgleichsmaßnahmen insbesondere durch eine intensive polizeiliche Zusammenarbeit vorgesehen, damit der Verzicht auf Grenzkontrollen nicht unverantwortbare Sicherheitsrisiken mit sich bringt. Kernstück des Sicherheitsbündels ist das Schengen-Informationssystem (SIS), eine Art elektronisches Fahndungsbuch. Die erforderlichen Rechtsakte für die Einrichtung, den Betrieb und die Nutzung der zweiten Generation des SIS wurden bereits geschaffen,[201] allerdings wird SIS II aus technischen Gründen nicht vor 2013 starten. Ein erweiterter Datenaustausch bezieht auch DNA-, KFZ- und Fingerabdruck-Daten sowie Strafregisterdaten (ECRIS[202] als Netzwerk der nationalen Strafregister) mit ein. Daneben werden über die nationalen SIRENE-Büros[203] sicherheitsrelevante Zusatzinformationen ausgetauscht. Die Einreisevoraussetzungen an den Außengrenzen werden insgesamt verstärkt und nach einheitlichen Grundsätzen kontrolliert.[204]

Die Europäische Grenzschutzagentur FRONTEX[205] mit Sitz in Warschau koordiniert die Zusammenarbeit zum integrierten Schutz der Außengrenzen der MS. Multinationale Eingreifteams unterstützen nationale Grenzschutzorgane in akuten Krisensituationen.

Mit der Visapolitik wird die Vereinheitlichung der rechtlichen Voraussetzungen für einen kurzzeitigen Aufenthalt von Drittstaatsangehörigen verfolgt. Im Visakodex[206] sind die gemeinsamen Bedingungen und Verfahren für die Visumerteilung festgelegt: Der Kodex enthält allgemeine Vorschriften sowie Regeln für die Bestimmung des für einen Visumantrag zuständigen MS und über die Bearbeitung und Bescheidung von Visaanträgen. Das einheitliche Schengen-Visum berechtigt zu einem dreimonatigen Aufenthalt im gesamten Schengen-Raum, bei einem längeren Aufenthalt muss ein besonderes nationales Visum beantragt werden. Technische Unterstützung beim Austausch von Visadaten zwischen MS zur Vermeidung des „Visa- und Asylshoppings" (mehrfache Asyl- und/oder Visaanträge in verschiedenen EU-Staaten) bietet das Visa-Informationssystem (VIS).[207]

Die EU entwickelt eine gemeinsame Politik im Bereich Asyl, subsidiärer Schutz und vorübergehender Schutz, mit der jedem Drittstaatsangehörigen, der internationalen Schutz benötigt, ein angemessener Status angeboten und die Einhaltung des Grundsatzes der Nicht-Zurückweisung gewährleistet werden soll. Diese Politik muss mit dem Genfer Abkommen vom 28. Juli 1951 und dem Protokoll vom 31. Januar 1967 über die Rechtsstellung der Flüchtlinge sowie den anderen einschlägigen Verträgen im Einklang stehen.

Die asylrechtlichen Normen, die auf Flüchtlinge anzuwenden sind, die insbesondere aus Gründen der Rasse, Religion, Nationalität, der Zugehörigkeit zu einer bestimmten sozialen Gruppe oder aufgrund einer politischen Überzeugung in ihren Herkunftsländern verfolgt werden, stellen konkrete Ermächtigungsgrundlagen zur Erlassung von asylverfahrensrechtlichen Vorschriften, aber auch von materiellen Asylvoraussetzungen dar.

- Die sog Dublin-II-VO[208] legt die Kriterien und Verfahren zur Bestimmung des MS fest, der für die Prüfung eines Asylantrages zuständig ist. Dadurch werden in Verbindung mit der Fingerabdruck-Datenbank Eurodac Mehrfachanträge in verschiedenen MS verhindert und Asylverfahren nach klaren Kriterien auf die MS verteilt.
- Der Rat erließ weiters Mindestnormen für die Aufnahme von Asylwerbern,[209] für die Gewährung vorübergehenden Schutzes im Falle eines Massenzustroms,[210] für die Anerkennung und den Status von Flüchtlingen[211] sowie für das Verfahren zur Zuerkennung und Aberkennung der Flüchtlingseigenschaft.[212]

Insgesamt stellen diese Maßnahmen noch keine gänzliche Harmonisierung des Asylrechts dar, aber einen Schritt in diese Richtung. Politisches Ziel ist ein Gemeinsames Europäisches Asylsystem.[213] Dazu gehören auch eine solidarische Aufteilung der Verantwortlichkeiten und Lasten der MS sowie eine effektive Zusammenarbeit mit Drittländern zur Steuerung der Asylströme. Das Europäische Unterstützungsbüro für Asylfragen in Malta unterstützt, allenfalls mit Asyl-Unterstützungsteams, die praktische Zusammenarbeit der nationalen Asylbehörden und kooperiert dabei mit dem Hohen Kommissar der Vereinten Nationen für Flüchtlinge (UNHCR) sowie mit dem Europäischen Migrationsnetzwerk.

Die EU entwickelt eine gemeinsame Einwanderungspolitik, die eine wirksame Steuerung der Migrationsströme, eine angemessene Behandlung von Drittstaatsangehörigen, die sich rechtmäßig in einem MS aufhalten, sowie die Verhütung und verstärkte Bekämpfung von illegaler Einwanderung und Menschenhandel gewährleisten soll. Dazu werden Maßnahmen in folgenden Bereichen erlassen:

- Einreise- und Aufenthaltsvoraussetzungen sowie Normen für die Erteilung von Visa und Aufenthaltstiteln für einen langfristigen Aufenthalt, einschließlich solcher zur Familienzusammenführung,
- Festlegung der Rechte von Drittstaatsangehörigen, die sich rechtmäßig in einem MS aufhalten, einschließlich der Bedingungen, unter denen sie sich in den anderen MS frei bewegen und aufhalten dürfen,
- illegale Einwanderung und illegaler Aufenthalt einschließlich Abschiebung und Rückführung solcher Personen, die sich illegal in einem MS aufhalten,
- Bekämpfung des Menschenhandels, insbesondere des Handels mit Frauen und Kindern.

In ihrer Mitteilung „Eine gemeinsame Einwanderungspolitik für Europa“[214] stellt die Kommission Grundsätze, Maßnahmen und Instrumente für diesen Politikbereich vor. Jedes Jahr wandern rund 2 Mio Personen aus Drittstaaten in die EU ein, sodass aktuell die rund 19 Mio rechtmäßig aufhältigen Drittstaatsangehörigen einen Anteil von etwa 4 % der Gesamtbevölkerung ausmachen. Das ist gleichzeitig als Herausforderung und als Chance zu sehen. Unter Berücksichtigung der Bevölkerungsalterung und der zu erwartenden Einbrüche auf dem Arbeitsmarkt ist es eine Tatsache, dass Einwanderer wesentlich zur Wirtschaftsleistung der EU beitragen können und es eine strategische Planung zur Steuerung der legalen Zuwanderung braucht. Die Notwendigkeit eines integrativen Ansatzes zu allen Maßnahmen und Aspekten der Migration ist jedenfalls offensichtlich.

Zur Erreichung eines kohärenten Rechtsrahmens wird an eine Konsolidierung der zahlreichen Einwanderungsfragen regelnden Rechtsakte in einem „Einwanderungskodex“ gedacht.

Angesichts des zunehmenden Fehlbestands an hochqualifizierten Arbeitskräften in bestimmten Sektoren des Arbeitsmarktes wurde ein eigenes Schnellverfahren zur Zulassung und Mobilität von Hochqualifizierten und ihren Familienangehörigen eingeführt („Blaue Karte"),[215] die allerdings nicht automatisch dazu berechtigt, in jedem EU-Mitgliedsland zu arbeiten. Als weitere Möglichkeit zur Förderung der wirtschaftlich gewünschten Immigration wird ein einheitliches Antragsverfahren für eine kombinierte Erlaubnis zum Aufenthalt und zur Arbeit *(single permit)*[216] diskutiert. Die Kommission hat auch Vorschläge für gemeinsame erleichterte Einreise- und Aufenthaltsbedingungen für Saisonarbeiter[217] und konzerninterne Entsendungen[218] aus Drittstaaten vorgelegt.

Auf Basis der Kommissionsmitteilung über die politischen Prioritäten bei der Bekämpfung der illegalen Einwanderung von Drittstaatsangehörigen[219] wurde der „Europäische Pakt zu Einwanderung und Asyl"[220] vom Rat am 25. September 2008 angenommen und vom Europäischen Rat am 16. Oktober 2008 gebilligt. Darin wird mit Herkunfts- und Transitländern das Einvernehmen zur Gestaltung der legalen Einwanderung, Bekämpfung der illegalen Einwanderung sowie zum besseren Außengrenzschutz und Aufbau einer europäischen Asylgemeinschaft festgehalten.

Nach der RL über gemeinsame Normen und Verfahren zur Rückführung illegal aufhältiger Drittstaatsangehöriger[221] können Personen ohne gültige Aufenthaltserlaubnis maximal 18 Monate für die Zwecke der Abschiebung in Haft genommen werden. Außerdem sieht die RL vor, dass Wiedereinreiseverbote, die ein MS verhängt, in allen EU-Staaten gelten. Laut Schätzungen der Kommission wandern jährlich rund 500.000 Menschen auf illegalen Wegen in die EU ein, mindestens 5 Millionen Menschen halten sich ohne rechtmäßige Aufenthaltserlaubnis in der EU auf. Zwischen 3.000 und 4.000 Menschen sterben jährlich bei Einschleusungen.

Die RL über Mindeststandards für Sanktionen und Maßnahmen gegen Arbeitgeber, die Drittstaatsangehörige ohne rechtmäßigen Aufenthalt beschäftigen,[222] soll die daraus resultierenden Missstände bekämpfen helfen.

Ein spezieller Aktionsplan widmet sich dem zunehmend an Bedeutung gewinnenden Problem der unbegleiteten Minderjährigen.[223]

Hinsichtlich der Aufteilung der Verantwortlichkeiten und auch finanziellen Lasten verpflichten sich die MS zu besonderer Solidarität. Dies berührt aber nicht das Recht der MS, festzulegen, wie viele Drittstaatsangehörige aus Drittländern in ihr Hoheitsgebiet einreisen dürfen, um dort als Arbeitnehmer oder Selbstständige Arbeit zu suchen. Im Rahmen des Programms „Solidarität und Steuerung der Migrationsströme“ wurden der Europäische Flüchtlingsfonds, der Außengrenzenfonds, der Europäische Rückkehrfonds und der Europäische Fonds für die Integration von Drittstaatsangehörigen eingerichtet.

Die justizielle Zusammenarbeit in Strafsachen beruht auf dem Grundsatz der gegenseitigen Anerkennung gerichtlicher Urteile und Entscheidungen und umfasst die Angleichung der Rechtsvorschriften der MS, um

- Regeln und Verfahren über die Anerkennung von gerichtlichen Entscheidungen festzulegen,
- Kompetenzkonflikte zwischen den MS zu verhindern und beizulegen,
- die Weiterbildung von Richtern und Staatsanwälten sowie Justizbediensteten zu fördern,
- die Zusammenarbeit zwischen den Behörden der MS im Rahmen der Strafverfolgung sowie des Vollzugs und der Vollstreckung von Entscheidungen zu erleichtern.

Soweit dies zur Erleichterung der gegenseitigen Anerkennung gerichtlicher Entscheidungen und der polizeilichen und justiziellen Zusammenarbeit in Strafsachen mit grenzüberschreitender Dimension erforderlich ist, können Mindestvorschriften festgelegt werden betreffend

- die Zulässigkeit von Beweismitteln auf gegenseitiger Basis,
- die Rechte des Einzelnen im Strafverfahren,
- die Rechte der Opfer von Straftaten,
- sonstige spezifische Aspekte des Strafverfahrens.

In Bereichen besonders schwerer Kriminalität, die aufgrund der Art oder der Auswirkungen der Straftaten oder aufgrund einer besonderen Notwendigkeit, sie auf einer gemeinsamen Grundlage zu bekämpfen, eine grenzüberschreitende Dimension haben, können Mindestvorschriften zur Festlegung von Straftaten und Strafen erlassen werden. Derartige Kriminalitätsbereiche sind: Terrorismus, Menschenhandel und sexuelle Ausbeutung von Frauen und Kindern, illegaler Drogenhandel, illegaler Waffenhandel, Geldwäsche, Korruption, Fälschung von Zahlungsmitteln, Computerkriminalität und organisierte Kriminalität. Je nach Entwicklung der Kriminalität kann der Rat einstimmig nach Zustimmung des EP weitere Kriminalitätsbereiche bestimmen. Damit erhält die Union erstmals eine Strafrechtsetzungskompetenz, allerdings mit einem Notbremsemechanismus, sofern grundlegende Aspekte nationaler Strafrechtsordnungen berührt sind (siehe oben III.C.2.b.).

Erweist sich die Angleichung der strafrechtlichen Rechtsvorschriften als unerlässlich für die wirksame Durchführung der Politik auf einem Gebiet, auf dem Harmonisierungsmaßnahmen erfolgt sind, so können Mindestvorschriften für die Festlegung von Straftaten und Strafen bestimmt werden.

Eurojust[224] mit Sitz in Den Haag hat den Auftrag, die Koordinierung und Zusammenarbeit zwischen den nationalen Behörden, die für die Ermittlung und Verfolgung von schwerer Kriminalität zuständig sind, zu unterstützen und zu verstärken, wenn eine Verfolgung auf gemeinsamer Grundlage erforderlich ist; Eurojust stützt sich dabei auf die von den Behörden der MS und von Europol durchgeführten Operationen und gelieferten Informationen. Zu den Aufgaben von Eurojust gehören die Einleitung und Koordinierung von strafrechtlichen Ermittlungsmaßnahmen sowie Vorschläge zur Einleitung von strafrechtlichen Verfolgungsmaßnahmen, die von den zuständigen nationalen Behörden durchgeführt werden, insbesondere bei Straftaten zum Nachteil der finanziellen Interessen der Union, sowie eine enge Zusammenarbeit mit dem Europäischen Justiziellen Netz.[225]

Zur Bekämpfung von Straftaten zum Nachteil der finanziellen Interessen der Union kann der Rat ausgehend von Eurojust einstimmig und nach Zustimmung des EP eine Europäische Staatsanwaltschaft einsetzen. Diese ist in Verbindung mit Europol zuständig für die strafrechtliche Untersuchung und Verfolgung sowie die Anklageerhebung in Bezug auf Personen, die Straftaten zum Nachteil der finanziellen Interessen der Union begangen haben. Die Europäische Staatsanwaltschaft nimmt bei diesen Straftaten vor den zuständigen Gerichten der MS die Aufgaben des öffentlichen Anklägers wahr. Der Europäische Rat kann einen Beschluss zur Ausdehnung der Befugnisse der Europäischen Staatsanwaltschaft auf die Bekämpfung der schweren Kriminalität mit grenzüberschreitender Dimension fassen.

Die Union entwickelt eine polizeiliche Zusammenarbeit zwischen allen zuständigen Behörden der MS, einschließlich der Polizei, des Zolls und anderer auf die Verhütung oder die Aufdeckung von Straftaten sowie entsprechende Ermittlungen spezialisierter Strafverfolgungsbehörden. Die Maßnahmen können betreffen:

- Einholen, Speichern, Verarbeiten, Analysieren und Austauschen sachdienlicher Informationen,
- Unterstützung bei der Aus- und Weiterbildung von Personal sowie Zusammenarbeit in Bezug auf den Austausch von Personal, die Ausrüstungsgegenstände und die kriminaltechnische Forschung,
- gemeinsame Ermittlungstechniken zur Aufdeckung schwerwiegender Formen der organisierten Kriminalität.

Europol[226] mit Sitz in Den Haag hat den Auftrag, die Tätigkeit der Polizeibehörden und der anderen Strafverfolgungsbehörden der MS sowie deren gegenseitige Zusammenarbeit bei der Verhütung und Bekämpfung der schweren Kriminalität, des Terrorismus und der Kriminalitätsformen, die ein gemeinsames Interesse verletzen, zu unterstützen und zu verstärken. Zu den Aufgaben gehören die Einholung, Speicherung, Verarbeitung und Analyse und Weitergabe von Informationen sowie die Koordinierung, Organisation und Durchführung von Ermittlungen und von operativen Maßnahmen gemeinsam mit den Behörden der MS oder im Rahmen gemeinsamer Ermittlungsgruppen. Europol darf operative Maßnahmen nur in Verbindung und in Absprache mit den Behörden der betroffenen MS ergreifen. Die Anwendung von Zwangsmaßnahmen bleibt ausschließlich den zuständigen einzelstaatlichen Behörden vorbehalten.

Die Europäische Polizeiakademie EPA[227] optimiert die Zusammenarbeit zwischen den nationalen Ausbildungseinrichtungen bei der Schulung von hochrangigen Führungskräften der Polizei.

Zur Förderung und Verstärkung der operativen Zusammenarbeit im Bereich der inneren Sicherheit wurde im Rat der in Art 71 AEUV vorgesehene Ständige Ausschuss COSI aus Mitarbeitern der nationalen Ministerien eingerichtet.

Der Europäische Haftbefehl[228] ist eine justizielle Entscheidung, die in einem MS ergangen ist und die Festnahme oder Übergabe einer gesuchten Person durch einen anderen MS zur Strafverfolgung oder zur Vollstreckung einer Freiheitsstrafe bezweckt; er ersetzt ein langwieriges und kompliziertes Auslieferungsverfahren. Auf Initiative mehrerer MS soll eine Europäische Ermittlungsanordnung[229] die grenzüberschreitende Beweiserhebung in Strafverfahren erleichtern und die bereits bestehende Möglichkeit einer Europäischen Beweisanordnung ausweiten.

Der Grundsatz der gegenseitigen Anerkennung gilt auch für Geldstrafen oder Geldbußen von Gerichts- oder Verwaltungsbehörden, womit die Vollstreckbarkeit in einem anderen MS als dem, in dem sie verhängt worden sind, erleichtert wird. Der entsprechende Rahmenbeschluss[230] betrifft nicht nur die schwere Kriminalität, sondern auch Zuwiderhandlungen gegen Verkehrsvorschriften. Speziell zur Erleichterung der grenzübergreifenden Durchsetzung von Verkehrssicherheitsvorschriften befindet sich eine RL im Gesetzgebungsprozess[231]. Weitergehende Rechtshilfe zwischen den MS der EU sieht das Übereinkommen über die Rechtshilfe in Strafsachen vor.

Die Union entwickelt eine justizielle Zusammenarbeit in Zivilsachen mit grenzüberschreitendem Bezug, die auf dem Grundsatz der gegenseitigen Anerkennung gerichtlicher und außergerichtlicher Entscheidungen beruht. Diese Zusammenarbeit kann den Erlass von Maßnahmen zur Angleichung der Rechtsvorschriften der MS umfassen. Die Rechtsetzungsakte sollen Folgendes sicherstellen:

- die gegenseitige Anerkennung und die Vollstreckung gerichtlicher und außergerichtlicher Entscheidungen zwischen den MS,
- die grenzüberschreitende Zustellung gerichtlicher und außergerichtlicher Schriftstücke,
- die Vereinbarkeit der in den MS geltenden Kollisionsnormen und Vorschriften zur Vermeidung von Kompetenzkonflikten,
- die Zusammenarbeit bei der Erhebung von Beweismitteln,
- einen effektiven Zugang zum Recht,
- die Beseitigung von Hindernissen für die reibungslose Abwicklung von Zivilverfahren,
- die Entwicklung von alternativen Methoden für die Beilegung von Streitigkeiten,
- die Förderung der Weiterbildung von Richtern und Justizbediensteten.

Die Rechtsakte werden grundsätzlich gemäß dem ordentlichen Gesetzgebungsverfahren erlassen. Nur für Maßnahmen zum Familienrecht ist ein besonderes Gesetzgebungsverfahren festgelegt, wonach der Rat einstimmig entscheidet und das EP lediglich angehört wird.

Während die sog Brüssel-I-[232] und Brüssel-IIA-[233]VOen Regelungen über die gerichtliche Zuständigkeit in Zivil- und Handelssachen bzw in Ehesachen bei Vorliegen grenzüberschreitender Sachverhalte und die gegenseitige Anerkennung und Vollstreckung gerichtlicher Entscheidungen umfassen, enthalten die als Rom I[234] und Rom II[235] bekannten Rechtsakte Kollisionsnormen des Internationalen Privatrechts über das auf vertragliche bzw außervertragliche Schuldverhältnisse mit Verbindungen zum Recht verschiedener Staaten anzuwendende Recht.

Für Eheschließungen gilt nationales Recht, wobei für grenzüberschreitende Sachverhalte das Internationale Privatrecht Anwendung findet. Das Namensrecht bei binationalen Ehen unterliegt ebenfalls nicht dem EU-Recht, sondern dem nationalen Recht bzw dem Internationalen Privatrecht. Aufgrund der unterschiedlichen Namensgesetzgebung der MS gibt es allerdings häufig Probleme. Der EuGH hat daher bereits in mehreren Fällen dargelegt, welche EU-rechtlichen Pflichten die MS auf dem Gebiet des Namensrechts haben. Beispielsweise kann ein MS seinen Staatsbürgern die Anerkennung des Nachnamens nicht verweigern, der im Geburts- und Wohnsitzland bereits eingetragen wurde. Fragen betreffend die Zuständigkeit, das anwendbare Recht, die Anerkennung und Vollstreckung von Entscheidungen und die Zusammenarbeit in Unterhaltssachen sind wiederum durch VO[236] geregelt. Bezüglich einer VO betreffend das auf Ehescheidung und Trennung ohne Auflösung des Ehebandes anzuwendende Recht (Rom III) konnte angesichts der sehr unterschiedlichen Rechtstraditionen und kulturellen Prägungen gerade im Familienrecht keine Einigung erzielt werden, weshalb in diesem Bereich erstmals das Verfahren der verstärkten Zusammenarbeit nach Art 331 AEUV zur Anwendung kommt.[237]

Für unbestrittene Forderungen ist eine Vollstreckung ohne weiteres Zwischenverfahren auf Basis eines Europäischen Vollstreckungstitels[238] möglich. Für bezifferbare Geldforderungen ist es im Rahmen eines Europäischen Mahnverfahrens[239] weiters möglich, die Erlassung eines Europäischen Zahlungsbefehls zu beantragen, der dem Verpflichteten direkt zugestellt wird und – sofern dieser keinen Einspruch erhebt – sofort vollstreckbar ist. Dadurch wird die Durchsetzung von zivilrechtlichen Ansprüchen gegen in anderen MS ansässige Personen erheblich erleichtert. Für geringfügige Forderungen (Streitwert bis € 2.000) wurde ebenfalls ein vereinfachtes Verfahren eingeführt.[240]

Um die Nutzung der Mediation zu fördern und sicherzustellen, dass sich die Parteien auf einen vorhersehbaren rechtlichen Rahmen verlassen können, wurde für grenzüberschreitende Fälle die RL über bestimmte Aspekte der Mediation in Zivil- und Handelssachen[241] geschaffen.

In Diskussion steht ein Verordnungsvorschlag über die Zuständigkeit, das anzuwendende Recht, die Anerkennung und die Vollstreckung von Entscheidungen und öffentlichen Urkunden in Erbsachen sowie zur Einführung eines Europäischen Nachlasszeugnisses,[242] wobei jedoch das materielle Erbrecht der MS[243] unberührt bleibt. Einen breiteren Ansatz verfolgt die Kommission mit der Erarbeitung von Optionen, wie das Vertragsrecht in der EU als Fundament des Binnenmarktes kohärenter gestaltet werden könnte.[244]

Ein wichtiges Forum für den Austausch von Informationen und Erfahrungen zwischen den MS und der Kommission ist das Europäische Justizielle Netz für Zivil- und Handelssachen.[245]

Zur verstärkten europaweiten Nutzung der Informations- und Kommunikationstechnologie im Zivil- und Strafjustizwesen wurde der mehrjährige Aktionsplan 2009–2013 für die europäische E-Justiz beschlossen.[246]

C. Die Landwirtschaft und die Fischerei

Rechtsgrundlage: Art 4, 38 bis 44 AEUV

Weitere Informationen:
www.europa.eu/pol/agr/index_de.htm
(Politikfelder der EU > Landwirtschaft)
www.europa.eu/pol/fish/index_de.htm
(Politikfelder der EU > Fischerei und maritime Angelegenheiten)
www.ec.europa.eu/maritimeatlas
(Kommission > Maritime Angelegenheiten > Meeresatlas)
www.ec.europa.eu/agriculture/markets/wine/index_de.htm
(Kommission > Landwirtschaftliche Märkte > Wein)

Der Gemeinsamen Agrarpolitik (GAP) als Eckpfeiler des europäischen Einigungswerks ist es zu verdanken, dass Europa von einem Agrarimporteur, der nach dem 2. Weltkrieg zur Selbstversorgung seiner Bürgerinnen und Bürger unfähig war, zu einem der bedeutendsten Agrarexporteure mit einem eindrucksvollen Selbstversorgungsgrad geworden ist. Heute bereitet in Teilbereichen die Überproduktion größere Absatzprobleme. Auch dadurch – und weil sie zum allergrößten Teil „vergemeinschaftet" ist – hat sich die GAP zur „teuersten" Politik der EU entwickelt, die immer noch rund 40 % der Haushaltsmittel der EU bindet und sich lange Jahre aufgrund sehr unterschiedlicher nationaler Interessenslagen, der engen Verflechtung mit anderen Wirtschaftsbereichen und der multifunktionalen Leistungen der Landwirtschaft als schwer reformierbar erwiesen hat.

Im Rahmen der GAP leistet die EU Direktzahlungen und marktbezogene Ausgaben („erste Säule der GAP") sowie Förderungen zur Entwicklung des ländlichen Raums („zweite Säule der GAP"). Für beide Bereiche stehen zu Preisen von 2004 im EU-Finanzrahmen 2007–2013 (siehe oben II.D.1.) rund € 363 Mrd (Marktbezogene Ausgaben und Direktzahlungen: € 293 Mrd, Entwicklung des ländlichen Raums: € 70 Mrd) zur Verfügung.

Die Ziele der GAP sind:

- Steigerung der Produktivität der Landwirtschaft,
- Gewährleistung einer angemessenen Lebenshaltung der landwirtschaftlichen Bevölkerung,
- Stabilisierung der Märkte,
- Sicherstellung der Versorgung der Bevölkerung,
- Belieferung der Verbraucher zu angemessenen Preisen.

Anhand dieser Ziele haben sich im Laufe der Jahre die Grundprinzipien der GAP herausgebildet.

- Dazu gehört – wenngleich durch ein umfangreiches System von Lenkungsmaßnahmen, insbesondere durch die Gemeinsame Marktordnung (GMO), verdeckt – das Marktprinzip, nach dem ein einheitlicher Binnenmarkt im Sinne eines freien Agrarwarenverkehrs besteht und die in der Landwirtschaft Tätigen ihr Einkommen grundsätzlich durch Verkäufe auf diesem Markt selbst erwirtschaften.
- Des Weiteren gilt das Prinzip der Gemeinschaftspräferenz, nach dem der Binnenmarkt für landwirtschaftliche Erzeugnisse gegenüber den in vielen Bereichen billigeren Weltmarkterzeugnissen geschützt werden soll.
- Schließlich wird durch das Prinzip der Gemeinschaftsfinanzierung eine finanzielle Solidarität für die GAP sichergestellt.

Das Instrument der GMO in der ersten Säule der GAP, die aus den Finanzmitteln des Europäischen Garantiefonds für die Landwirtschaft (EGFL)[247] gespeist wird, besteht für einen Großteil der landwirtschaftlichen Produkte.

Die Gemeinsamen Marktordnungen basieren auf einem bestimmten Grundschema, das aus einem Außenschutz gegenüber dem Weltmarkt durch Einfuhrzölle, einem Interventions- und Lagerhaltungssystem zur Garantie eines Mindestpreises, Ausfuhrerstattungen, Beihilfen und Wettbewerbsvorschriften besteht. Die GMO weist mit ihrem interventionistischen Instrumentarium einen planwirtschaftlichen Charakter auf, der sich vom marktwirtschaftlich-liberalen Grundansatz des Binnenmarktes deutlich abhebt. Dieses insgesamt sehr komplexe System wurde 2007 zumindest vereinfacht, indem die sektorspezifischen GMOen in einer einzigen horizontalen GMO erfasst wurden.[248] Kern der Reform der GAP 2003 war eine erhebliche Absenkung der durch die Marktordnungen vorgesehenen Preise sowie eine Entkoppelung der Beihilfen von der Produktion. Insbesondere die Koppelung der Beihilfen an die Produktion hat zu fundamentalen Problemen der GAP geführt, da dieses System eine sehr intensive landwirtschaftliche Betriebsführung und massive Überschüsse zur Folge hatte.

Mit der Einführung von produktionsunabhängigen, betriebsbezogenen Einheitszahlungen in Form sog Einheitlicher Betriebsprämien werden die Beihilfen nun auf Basis eines bestimmten vorangegangenen Produktionszeitraumes ausbezahlt. Diese Beihilfen werden aber mit der Einhaltung von Standards in den Bereichen Umwelt, Lebensmittelsicherheit, Tiergesundheit und Tierschutz[249] junktimiert. Weiters sind sämtliche landwirtschaftlich genutzten Flächen des Betriebes in gutem landwirtschaftlichen und ökologischen Zustand zu erhalten und der Bestand des Dauergrünlandes zu gewährleisten *(cross compliance)*. Durch die Kürzung der Direktzahlungen an Großbetriebe *(Modulation)* werden schließlich zusätzliche Mittel für die Förderung der Entwicklung des ländlichen Raums frei.

Die zweite Säule der GAP ist die Agrarstrukturpolitik mit ua Investitionsbeihilfen für einzelne Betriebe und Programmen zur sektoralen Regionalförderung und wird aus den Finanzmitteln des Europäischen Landwirtschaftsfonds für die Entwicklung des ländlichen Raums (ELER)[250] gespeist. Für den Zeitraum 2007–2013 stehen für die Entwicklung des ländlichen Raums,[251] der ca 90 % der gesamten Fläche der EU ausmacht, rund € 96 Mrd (zu jeweiligen Preisen) EU-Finanzmittel[252] zur Verfügung. Gemäß den Strategischen Leitlinien[253] sind die vier Förderschwerpunkte:

- Verbesserung der Wettbewerbsfähigkeit der Land- und Forstwirtschaft, zB durch Förderung des Humankapitals über Schulungsmaßnahmen und Beratungsdienste für Land- und Forstwirte,
- Verbesserung der Umwelt und der Landschaft, zB durch Ausgleichszahlungen für naturbedingte Nachteile zugunsten der Landwirtschaft in Berggebieten,
- Verbesserung der Lebensqualität im ländlichen Raum und Diversifizierung der ländlichen Wirtschaft, zB durch Unterstützung der Gründung von Kleinstunternehmen,
- Aufbau lokaler Kapazitäten für Beschäftigung und Diversifizierung, zB durch innovative Aktionen im Bereich der ländlichen Entwicklung (Leader-Konzept).

Auch der gemeinsame Weinmarkt erfuhr 2008 eine Reform[254] mit dem Hauptziel der Einschränkung der Überproduktion und gleichzeitigen Steigerung der Qualität. Unter den rund zwei Millionen Betrieben, die ca 60 % der Weltmenge an Wein produzieren, waren vor allem die erlaubte Zuckerung *(Chaptalisierung)*, die Zulassung neuer önologischer Verfahren und verbesserte Etikettierungsvorschriften umstritten.

Die GAP ist trotz weitreichender Reformen weiterhin mit großen Problemen konfrontiert, die im Wesentlichen in der hohen Haushaltsbelastung und in handelspolitischen Konflikten mit Drittstaaten in der Welthandelsorganisation (WTO) liegen. Gerade die zukünftigen Entwicklungen im WTO-Regime dürften noch zu großen Umwälzungen in der GAP führen, wie zu einer weiteren Liberalisierung der Agrarmärkte und zum Abbau von Zöllen, Kontingentierungen und fixen Preissystemen. Im Zuge der Evaluierung der GAP („Gesundheitscheck") wurden einige dieser Fragen angegangen und 2009 in mehreren Rechtsakten umgesetzt. Dazu gehören die Abschaffung der Flächenstilllegung, das Auslaufen der Milchquoten, die weitere Entkoppelung von Direktzahlungen, mehr Flexibilität bei Hilfen für Sektoren mit besonderen Problemen, die Reduktion der Interventionsmechanismen, die Verschärfung der Modulation und Vereinfachungen der Bestimmungen zur *cross compliance*.

Mit einer nächsten größeren Reform ist im Zusammenhang mit der Aushandlung des neuen mehrjährigen Finanzrahmens nach 2013 zu rechnen. Der Agrarsektor, der an die 50 % der EU-Fläche bewirtschaftet, wird dabei auf seine Schlüsselrolle bei der sicheren

Versorgung mit hochqualitativen Lebensmitteln, bei der Schaffung von öffentlichen Gütern wie Landschafts-, Umwelt- und Katastrophenschutz sowie auf seinen Beitrag zur Strategie „Europa 2020" verweisen und angesichts der Volatilität der Lebensmittelpreise ein Mindesteinkommen für Bauern verlangen *(Value for Money)*.[255]

In der gemeinsamen Fischereipolitik[256] steht neben der Begrenzung der Überschussproduktion die Erhaltung der Produktionsgrundlage, nämlich der Fischbestände, im Vordergrund. Europa ist mit 6 % des weltweiten Fangs zum Wert von etwa € 6 Mrd der drittgrößte Fischproduzent der Welt, die Aquakulturindustrie stellt mit rund € 3 Mrd etwa 2 % des gesamten Weltvolumens dar. Auch für die Erzeugnisse der Fischerei und der Aquakultur wurde eine gemeinsame Marktorganisation verordnet.[257] Die VO über die Erhaltung und nachhaltige Nutzung der Fischereiressourcen im Rahmen der Gemeinsamen Fischereipolitik[258] sieht eine jährliche Festlegung einer Gesamtfangmenge (TAC) und ihre Aufteilung in nationale Quoten nach dem Grundsatz der relativen Stabilität der Fischereitätigkeit bei jedem der infrage kommenden Bestände vor. Weitere Schutzmaßnahmen sind in sog Managementplänen und Erholungsplänen enthalten.

Zur Verhinderung, Bekämpfung und Unterbindung der illegalen, nicht gemeldeten und unregulierten Fischerei wurde ein Gemeinschaftssystem eingeführt und zur Unterstützung der MS und der Kommission bei der Durchführung dieser Verordnung die Europäische Fischereiaufsichtsagentur eingerichtet.[259]

Die Fischereistrukturpolitik stellt insbesondere darauf ab, Kapazitäten der Fischereifahrzeuge zu reduzieren. Um wirtschaftliche und soziale Folgen abzufedern, werden sozioökonomische Maßnahmen gesetzt, die durch den Europäischen Fischereifonds (EFF)[260] finanziert werden. Für den Zeitraum 2007–2013 ist er mit einem Betrag von € 3,8 Mrd dotiert. Mit der Durchführungs-VO zum EFF[261] werden die Verfahren geregelt, die die MS bei der Erarbeitung und Durchführung ihrer operationellen Programme einhalten müssen, um Finanzmittel lukrieren zu können. Eine Reform der Gemeinsamen Fischereipolitik ist in Diskussion.[262]

Die Fischereiabkommen mit Drittländern beinhalten die Ausweitung der Fangmöglichkeiten der Fischereifahrzeuge in den Gewässern der Drittländer gegen gleichwertige Möglichkeiten in den EU-Gewässern oder gegen finanziellen Ausgleich und/oder Marktzugang und fördern gemischte Gesellschaften und eine nachhaltige Fischerei.

D. Wirtschaftlicher, sozialer und territorialer Zusammenhalt

Rechtsgrundlage: Art 4, 162 bis 164, 174 bis 178 AEUV

Weitere Informationen:
www.europa.eu/pol/reg/index_de.htm
(Politikfelder der EU > Regionalpolitik)

Die EU verfolgt eine Politik zur Stärkung des wirtschaftlichen, sozialen und territorialen Zusammenhalts, um eine harmonische Entwicklung der Union als Ganzes zu fördern. Damit wird der Präambel des AEUV Rechnung getragen, wonach „die Grundlagen für einen immer engeren Zusammenschluss der europäischen Völker" zu schaffen sowie der wirtschaftliche und soziale Fortschritt durch solidarisches Handeln zu sichern sind.

Die Union setzt sich insbesondere zum Ziel, die Unterschiede im Entwicklungsstand der verschiedenen Regionen und den Rückstand der am stärksten benachteiligten Gebiete zu verringern. Unter den betreffenden Gebieten gilt besondere Aufmerksamkeit den ländlichen Gebieten, den vom industriellen Wandel betroffenen Gebieten und den Gebieten mit schweren und dauerhaften natürlichen oder demographischen Nachteilen, wie den nördlichsten Regionen mit sehr geringer Bevölkerungsdichte sowie den Insel-, Grenz- und Bergregionen.

Dieses Politikfeld ist als Querschnittsmaterie konzipiert, dh die Ziele der Struktur- und Regionalpolitik sind bei der Festlegung und Durchführung sämtlicher EU-Politiken zu berücksichtigen. Zudem sind auch die MS angehalten, ihre Wirtschaftspolitiken im Sinne der Kohäsionsziele zu koordinieren.

Die Regionalpolitik basiert traditionell auf folgenden Grundprinzipien:

- Konzentration der Förderinterventionen auf die Hauptprobleme und Zielgruppen,
- Partnerschaft aller nationalen und regionalen Behörden und der Akteure der Zivilgesellschaft bei der Planung und Durchführung der Interventionen,
- Programmplanung für einen definierten Zeitraum,

- Zusätzlichkeit durch das Erfordernis der nationalen oder regionalen Kofinanzierung der Programme und Projekte,
- Kontrolle durch Begleitung und Bewertung der Ergebnisse unter Beachtung des Verhältnismäßigkeitsprinzips.

Nach den letzten Erweiterungsrunden verlagerte sich der Schwerpunkt der Förderungen stark auf die zuletzt beigetretenen MS, denn 43 % der Wirtschaftsleistung und 75 % der Investitionen in Forschung und Innovation konzentrieren sich immer noch auf nur 14 % des EU-Territoriums, das sog Fünfeck zwischen London, Hamburg, München, Mailand und Paris. Von der Struktur- und Regionalpolitik profitieren jedoch auch die wirtschaftlich starken MS, da viele Fördergelder als Investitionsausgaben in diese zurückfließen. In den periodischen Berichten der Kommission über den wirtschaftlichen und sozialen Zusammenhalt[263] werden die Lage der Regionen unter Berücksichtigung der wichtigsten Faktoren, wie Bruttonationaleinkommen (BNE), Produktivität und Beschäftigung, analysiert und die anstehenden Herausforderungen aus den beachtlichen sozioökonomischen Unterschieden für die künftige Ausgestaltung dieses wichtigen Politikfeldes beschrieben.

Für die Förderperiode 2007–2013 wurde 2006 ein Verordnungspaket erlassen:

- Eine allgemeine VO[264] enthält gemeinsame Bestimmungen für alle Instrumente,
- drei gesonderte VOen regeln den Europäischen Fonds für regionale Entwicklung (EFRE),[265] den Europäischen Sozialfonds (ESF)[266] und den Kohäsionsfonds,[267]
- eine weitere VO gibt den MS und Regionen einen Rechtsrahmen für grenzüberschreitende Kooperationen, den Europäischen Verbund für territoriale Zusammenarbeit (EVTZ).[268]

Die Ziele der Förderperiode sind eine fokussierte Ausrichtung auf die strategischen Schwerpunkte der EU (Beschäftigung, Wachstum und Nachhaltigkeit) und die Konzentration auf die am stärksten benachteiligten Regionen und MS. Die Struktur- und Regionalpolitik dient der Erhöhung der Attraktivität von Regionen und Städten, der Ermutigung von Innovation und Unternehmertum, dem Wachstum der wissensbasierten Wirtschaft und der Schaffung von mehr und besseren Arbeitsplätzen.

Im EU-Finanzrahmen 2007–2013 (siehe oben II.D.1.) werden für die Instrumente der Struktur- und Regionalpolitik zu Preisen von 2004 rund € 308 Mrd zur Verfügung gestellt. Dieser Budgetposten stellt knapp hinter der Gemeinsamen Agrarpolitik den zweitgrößten Haushaltsanteil (rund 36 %) dar.[269]

Die EU-Finanzhilfe wird aus den drei Strukturfonds, dem EFRE, dem ESF und dem Kohäsionsfonds, für folgende drei Prioritäten finanziert:

- Konvergenz:[270] Durch Förderung der wachstumssteigernden Bedingungen und Faktoren für die am wenigsten entwickelten MS und Regionen sollen diese tatsächlich eine Annäherung an den EU-Durchschnittswert des BIP[271] erreichen. In der EU betrifft dieses Ziel 84 Regionen in 17 MS mit einer Bevölkerung von 154 Mio Menschen, deren BIP pro Kopf weniger als 75 % des EU-Durchschnitts beträgt. Der im Rahmen des Konvergenzziels verfügbare Betrag beläuft sich auf € 251,2 Mrd (81,5 % des Gesamtvolumens) und teilt sich folgendermaßen auf: € 177,1 Mrd für die Konvergenzregionen, € 12,5 Mrd für die 16 *„Phasing-out-Regionen"* (deren BIP ohne die EU-Erweiterung weiterhin weniger als 75 % des EU-Durchschnitts betragen würde) und € 61,6 Mrd für die Kohäsionsstaaten, deren BIP pro Kopf unter 90 % des EU-Durchschnitts liegt (das sind alle 12 Erweiterungsstaaten, Griechenland und Portugal), sowie Spanien, dessen BIP ohne die EU-Erweiterung weiterhin weniger als 90% des EU-Durchschnitts betragen würde.
- Regionale Wettbewerbsfähigkeit und Beschäftigung:[272] Die Wettbewerbsfähigkeit und Attraktivität von Regionen und damit deren Beschäftigungssituation werden durch einen zweifachen Ansatz verbessert: Entwicklungsprogramme unterstützen die Regionen beim vorausschauenden Erkennen und bei der Förderung von wirtschaftlichen Veränderungen durch Innovation und durch die Förderung der Wissensgesellschaft, der unternehmerischen Initiative und des Umweltschutzes. Die Schaffung von mehr und besseren Arbeitsplätzen wird durch Investitionen in die Humanressourcen unterstützt. In der EU sind insgesamt 168 Regionen mit 314 Mio Einwohnern förderwürdig. Unter diesen finden sich dreizehn *„Phasing-in-Regionen"* mit 19 Mio Einwohnern, die zusätzliche EU-Finanzmittel aufgrund ihres früheren Status als höchstgeförderte Ziel-1-Region erhalten. Der zur Verfügung gestellte Betrag von € 49,1 Mrd – wovon

€ 10,4 Mrd für die Phasing-in-Regionen bestimmt sind – stellt 16 % des Gesamtvolumens dar.

- Europäische territoriale Zusammenarbeit:[273] Ziel ist eine Stärkung der grenzüberschreitenden Zusammenarbeit durch gemeinsame lokale und regionale Initiativen, der transnationalen Zusammenarbeit zur integrierten territorialen Entwicklung und der interregionalen Zusammenarbeit durch Erfahrungsaustausch von Kooperationsnetzen. Die in den Grenzregionen lebende Bevölkerung beläuft sich auf rund 37,5 % der gesamten EU-Bevölkerung, während alle Regionen der EU von einem der 13 transnationalen Kooperationsgebiete abgedeckt werden. € 7,7 Mrd (2,5 % des Gesamtvolumens) der für dieses Ziel verfügbaren Mittel teilen sich wie folgt auf: € 5,6 Mrd für die grenzübergreifende, € 1,6 Mrd für die transnationale und ca € 400 Mio für die interregionale Zusammenarbeit.

Während die Strategischen Kohäsionsleitlinien[274] von der EU festgelegt werden, ist es Aufgabe der MS und Regionen, einzelstaatliche strategische Rahmenpläne und Operationelle Programme zu entwickeln, um an den Finanzmitteln der EU partizipieren zu können.

Im Bereich der Raumordung verfügt die EU über keine ausdrücklichen Kompetenzen, dennoch soll die Kohärenz und die Komplementarität der Raumordnungen der MS sichergestellt werden. Die für Raumentwicklung zuständigen Minister beschlossen daher 1999 bei der Ratssitzung in Potsdam das Europäische Raumentwicklungskonzept (EUREK),[275] als politische Leitlinie für alle MS. Als Folgedokument dazu wurde 2007 in Leipzig die Territoriale Agenda[276] beschlossen. Deren wesentliche Ziele sind die Entwicklung eines ausgewogenen und polyzentrischen Städtesystems[277] und einer neuen Partnerschaft zwischen Stadt und Land, die Bildung innovativer regionaler Cluster, die Sicherung eines gleichwertigen Zugangs zu Infrastruktur und Wissen, die Förderung eines transeuropäischen Risikomanagements, die nachhaltige Entwicklung, ein zukunftsorientiertes Management und der Schutz von Natur und Kulturerbe.

Neben dem wirtschaftlichen und sozialen Zusammenhalt wurde mit dem VvL der territoriale Zusammenhalt als zusätzliches Kohäsionsziel verankert. Die zahlreichen Beiträge einer von der EK durchgeführten Konsultation[278] erhellen eine inhaltliche Dimension sowie eine Governance-Dimension im politischen Ziel „Territorialer Zusammenhalt". Inhaltlich ist territorialer Zusammenhalt als dritter Pfeiler der Kohäsion komplementär zum wirtschaftlichen und sozialen Zusammenhalt zu sehen, ja geht weit darüber hinaus. Demnach müssen die Rücksichtnahme auf die unterschiedlichen territorialen Realitäten, die regionalen raumordnerischen Notwendigkeiten sowie die naturräumlichen und geographischen Gegebenheiten *(geography matters)* einen wesentlichen Maßstab bei wichtigen politischen Entscheidungen bilden. Im Sinne einer horizontalen Schutzklausel wären systematisch alle sektoralen Politiken im Hinblick auf ihre territorialen Auswirkungen, also auf ihre jeweilige konkrete Raumverträglichkeit hin zu bewerten. Zeigt eine Folgenabschätzung Gebiete mit spezifischen Problemsituationen auf, sind Anpassungs- und Ausgleichsmaßnahmen vorzusehen. Territoriale Disparitäten dürften künftig – im großen Rahmen einer kohärenten und solidarischen europäischen Politik – nicht mehr zugunsten eines abstrakten europäischen Vereinheitlichungsziels übergangen werden.

Diese neue inhaltliche politische Zielsetzung verlangt gleichzeitig ein neues Verständnis der „Territorialen Governance". Diese muss auf den Prinzipien der Subsidiarität und einer Multi-level-Governance basieren. Alle Akteure der horizontal und vertikal miteinander zu vernetzenden politischen Ebenen sind dabei partnerschaftlich in die Gestaltung und Umsetzung europäischer Politiken und Maßnahmen einzubeziehen. Gleichzeitig geht es aber auch darum, den Regionen Europas größere regionalspezifische Handlungsspielräume zur autonomen Ausgestaltung zu lassen bzw wieder zu geben.

Die unterschiedlichen territorialen Realitäten und die territoriale Vielfalt, die Europa charakterisieren, können im Sinne einer so verstandenen territorialen Kohäsion und im Zuge einer flexiblen und differenzierten Politik zur Chance für das endogene Potenzial aller Regionen werden. Letztlich geht es also auch darum, größere Vielfalt zuzulassen und diese Vielfalt jeweils spezifisch zu fördern *(dealing better with diversity)*.

Territoriale Kohäsion kann einerseits also die lokale Entwicklung von Mikroregionen bedeuten, andererseits aber auch die grenzüberschreitende Entwicklung von Makroregionen anregen. Makroregionale Strategien verfolgen das Ziel eines thematisch versierten, koordinierten Vorgehens in der Abstimmung verschiedener sektoraler Strategien, Politiken und Finanzierungsinstrumente zur Optimierung einer effizienten Nutzung bereits vorhandener Strukturen und Ressourcen. Zur Erarbeitung und Umsetzung der Strategien sollen alle relevanten Akteure *„bottom-up"* einbezogen werden. Die thematische Ausrichtung der jeweiligen makroregionalen Strategie wird sich an regionsspezifischen Herausforderungen orientieren, um die Wettbewerbsfähigkeit der Region insgesamt zu steigern *(multi-sectoral – multi-instrumental – multi-actor)*. Erfolgsfaktoren sind konkrete Aktivitäten anhand greifbarer, nachhaltiger Projekte, ferner ein flexibler geographischer Rahmen nach jeweiliger thematischer Zielsetzung sowie der effektive Einsatz bestehender Ressourcen, Rechtsgrundlagen und Strukturen.

Neben dem Ausbau der Konzepte der territorialen Kohäsion und der Makroregionen wird die Kohäsionspolitik nach 2013 vor allem der Umsetzung der Strategie für ein intelligentes, nachhaltiges und integratives Wachstum „Europa 2020" dienen müssen. Der Fokus wird auf eine begrenzte Zahl von Prioritäten, wie Klimawandel, Energiesicherheit, Globalisierung, soziale Integration und demographische Entwicklung, gerichtet sein. Insgesamt bedarf es eines integrierten Ansatzes sowie der notwendigen Flexibilität für die Zusammenstellung eines den jeweiligen regionalen Besonderheiten entsprechenden *„Policy-mix"*, um die endogenen Potenziale aller Regionen zu mobilisieren und eine polyzentrische Entwicklung sicherzustellen. Besonderes Augenmerk wird auf die Stärkung (*Mainstreaming*) der städtischen Dimension in der Kohäsionspolitik und die Entwicklung partnerschaftlicher Konzepte zwischen Städten und ihren Umlandregionen gelegt werden. Verstärkt Rechnung zu tragen sein wird dem Ruf nach einer Vereinfachung der Verwaltungs- und Kontrollabläufe. Versuche einer Renationalisierung der Kohäsionspolitik werden zurückgewiesen werden.

E. Die Wirtschafts- und Währungspolitik

Rechtsgrundlage: Art 3, 5, 119 bis 144 AEUV

Weitere Informationen:
www.europa.eu/pol/emu/index_de.htm
(Politikfelder der EU > Wirtschaft und Währung)

Nach den gemeinsamen Zielbestimmungen im EUV errichtet die Union eine Wirtschafts- und Währungsunion (WWU), deren Währung der Euro ist. Die Union wirkt hin auf die nachhaltige Entwicklung Europas auf der Grundlage eines ausgewogenen Wirtschaftswachstums und von Preisstabilität sowie auf eine in hohem Maße wettbewerbsfähige soziale Marktwirtschaft, die auf Vollbeschäftigung und sozialen Fortschritt abzielt, und auf ein hohes Maß an Umweltschutz und Verbesserung der Umweltqualität. Sie fördert den wissenschaftlichen und technischen Fortschritt.

Zu diesem Zwecke koordinieren die MS ihre Wirtschafts- und Beschäftigungspolitik. Auf Empfehlung der Kommission, nach Ausarbeitung eines Entwurfes durch den Rat und nach dessen Erörterung im Europäischen Rat verabschiedet der Rat eine Empfehlung über die Grundzüge der Wirtschaftspolitik der MS und der EU.[279] Damit in Einklang beschließt der Rat auf Vorschlag der Kommission und nach Anhörung des EP, des WSA und des AdR Leitlinien für beschäftigungspolitische Maßnahmen der MS.[280]

Der Rat überwacht anhand von Berichten der Kommission die wirtschaftliche Entwicklung in jedem MS und in der EU sowie die Vereinbarkeit der Wirtschaftspolitik mit den festgelegten Grundzügen und nimmt in regelmäßigen Abständen eine Gesamtbewertung vor. Zum Zwecke dieser multilateralen Überwachung übermitteln die MS der Kommission Angaben zu wichtigen einzelstaatlichen Maßnahmen auf dem Gebiet ihrer Wirtschaftspolitik. Wird festgestellt, dass die Wirtschaftspolitik eines MS nicht mit den festgelegten Grundzügen vereinbar ist oder das ordnungsgemäße Funktionieren der Wirtschafts- und Währungsunion zu gefährden droht, so kann die Kommission eine Verwarnung an den betreffenden MS richten. Der Rat kann auf Empfehlung der Kommission die erforderlichen Empfehlungen an den betreffenden MS richten. Der Rat kann auf Vorschlag der Kommission weiters beschließen, seine Empfehlungen zu veröffentlichen. Der Rat beschließt dabei ohne Berücksichtigung der Stimme des den betreffenden MS vertretenden Mitglieds des Rates.

Als neuer programmatischer Ansatz der EU wurde vom Europäischen Rat im Juni 2010 die Strategie für Beschäftigung und intelligentes, nachhaltiges und integratives Wachstum „Europa 2020"[281] beschlossen. Die Strategie soll die Wettbewerbsfähigkeit, die Produktivität, das Wachstumspotenzial, den sozialen Zusammenhalt und die wirtschaftliche Konvergenz in Europa stimulieren. Die

Strategie bildet somit den Rahmen, der es einerseits der EU erlauben soll, alle ihre Instrumente und Politiken zur Zielerreichung zu mobilisieren, und es andererseits den MS ermöglichen soll, stärker koordinierte Maßnahmen zu ergreifen. Die fünf Kernziele sind:

- Unter den 20- bis 64-jährigen Frauen und Männern wird eine Beschäftigungsquote von 75 % angestrebt, auch durch die vermehrte Einbeziehung von Jugendlichen, älteren Arbeitnehmern und Geringqualifizierten sowie die bessere Eingliederung von legalen Migranten.
- Die Bedingungen für Forschung und Entwicklung sollen verbessert werden – insbesondere mit dem Ziel, ein öffentliches und privates Investitionsvolumen auf diesem Gebiet von insgesamt 3 % des BIP zu erreichen.
- Die Treibhausgasemissionen sollen gegenüber dem Niveau des Jahres 1990 um 20 % verringert werden, der Anteil der erneuerbaren Energien am Gesamtenergieverbrauch soll auf 20 % steigen, und es wird eine Erhöhung der Energieeffizienz in Richtung 20 % angestrebt. Die EU sagt zu, einen Beschluss zu fassen, wonach sie bis 2020 eine Reduktion um 30 % gegenüber dem Niveau von 1990 erreichen will, und zwar als ihr bedingtes Angebot im Hinblick auf eine globale und umfassende Übereinkunft für die Zeit nach 2012, sofern sich die anderen Industrieländer zu vergleichbaren Emissionsreduzierungen verpflichten und die Entwicklungsländer einen ihren Verantwortlichkeiten und jeweiligen Fähigkeiten entsprechenden Beitrag leisten.
- Das Bildungsniveau soll verbessert werden, wobei insbesondere angestrebt wird, die Schulabbrecherquote auf unter 10 % zu senken und den Anteil der 30- bis 34-Jährigen, die ein Hochschulstudium abgeschlossen haben oder über einen gleichwertigen Abschluss verfügen, auf mindestens 40 % zu erhöhen.
- Die soziale Eingliederung soll insbesondere durch die Verminderung der Armut gefördert werden, wobei angestrebt wird, mindestens 20 Mio Menschen vor dem Risiko der Armut oder der Ausgrenzung zu bewahren.

Die Union lanciert zur Erreichung der strategischen Ziele sieben Leitinitiativen:

- Innovationsunion, um die Rahmenbedingungen und den Zugang zu Finanzmitteln für Forschung und Innovation zu verbessern und sicherzustellen, dass innovative Ideen in wachstums- und beschäftigungswirksame Produkte und Dienstleistungen umgesetzt werden können.

- Jugend in Bewegung, um die Bildungssysteme leistungsfähiger zu machen und den Jugendlichen den Eintritt in den Arbeitsmarkt zu erleichtern.
- Digitale Agenda für Europa, um den Ausbau schneller Internet-Zugangsdienste zu beschleunigen und die Vorteile eines digitalen Binnenmarktes für Haushalte und Unternehmen zu nutzen.
- Ressourcenschonendes Europa, um das Wirtschaftswachstum von der Ressourcennutzung abzukoppeln, den Übergang zu einer emissionsarmen Wirtschaft zu unterstützen, die Nutzung erneuerbarer Energieträger und die Energieeffizienz zu fördern sowie das Verkehrwesen zu modernisieren.
- Industriepolitik im Zeitalter der Globalisierung, um die Rahmenbedingungen für Unternehmen, insbesondere für KMU, zu verbessern und eine international wettbewerbsfähige, starke und tragfähige Industriestruktur zu fördern.
- Agenda für neue Kompetenzen und neue Beschäftigungsmöglichkeiten, um die Arbeitsmärkte zu modernisieren, den Menschen durch den lebenslangen Erwerb von Qualifikationen neue Möglichkeiten zu eröffnen sowie Angebot und Nachfrage auf dem Arbeitsmarkt durch Arbeitsmobilität besser aufeinander abzustimmen.
- Europäische Plattform zur Bekämpfung der Armut, um den sozialen und territorialen Zusammenhalt zu gewährleisten, damit die Vorteile von Wachstum und Beschäftigung allen zugute kommen, und Menschen, die unter Armut und sozialer Ausgrenzung leiden, in Würde leben und sich aktiv am gesellschaftlichen Leben beteiligen können.

Die MS müssen diese politischen Prioritäten auf ihrer Ebene umsetzen. Sie legen in engem Dialog mit der Kommission ihre nationalen Ziele fest und erläutern in den nationalen Reformprogrammen zudem, wie sie die gravierendsten Wachstumshemmnisse überwinden wollen. Der Europäische Rat wird jährlich eine Gesamtbewertung der sowohl auf EU-Ebene als auch auf nationaler Ebene erzielten Fortschritte bei der Umsetzung der Strategie vornehmen.

Mit 1. Jänner 1999 wurde die gemeinsame europäische Währung und damit auch der Übergang der geldpolitischen Kompetenzen der am Euro teilnehmenden MS („Euroland“) auf das ESZB Wirklichkeit.

- Der Euro ist das gesetzliche Zahlungsmittel in 17 EU-Staaten (Euro-Gruppe): Belgien, Deutschland, Finnland, Frankreich, Griechenland, Irland, Italien, Luxemburg, Niederlande, Österreich, Portugal und Spanien (seit 2002), Slowenien (seit 2007), Malta und Zypern (seit 2008), Slowakei (seit 2009) und Estland (ab 2011).
- Das Vereinigte Königreich und Dänemark behielten sich das Recht vor, selbst über den Beitritt zur Währungsunion zu entscheiden *(opting-out)*.
- Bulgarien, Lettland, Litauen, Polen, Rumänien, Schweden, Tschechien und Ungarn sind verpflichtet, den Euro einzuführen. Sie müssen sich daher bemühen, folgende sog „Konvergenzkriterien" zu erfüllen: öffentliches Defizit unter 3 % des BIP, öffentlicher Schuldenstand unter 60 % des BIP, Inflation nicht mehr als 1,5 Prozentpunkte über dem Durchschnitt der drei preisstabilsten Staaten, längerfristige Zinssätze nicht mehr als 2 Prozentpunkte über dem Durchschnitt der drei Staaten mit den niedrigsten Zinsen sowie mindestens zweijährige Einhaltung der Bandbreiten des sog Wechselkursmechanismus II. Dazu wird dem Rat in regelmäßigen Abständen Bericht erstattet.[282]
- Außerhalb der EU ist der Euro gesetzliches Zahlungsmittel in Monaco, in San Marino und im Staat Vatikanstadt (aufgrund von Währungsvereinbarungen) sowie in Andorra, Kosovo und Montenegro (als De-facto-Währung, „Euroisierung").

Obwohl erst eine junge Währung, ist der Euro dabei, sich im globalen Währungssystem gut zu etablieren. Der Euro könnte auf längere Sicht den Dollar als Leitwährung verdrängen: Rund 26 % der weltweiten Devisenreserven werden in Euro gehalten. Eine Reihe von Staaten hat die Währung über feste Wechselkurse an den Euro gekoppelt. 40 Staaten in Europa, Afrika und dem Mittelmeerraum richten ihre Währung nach dem Euro aus, beim Dollar liegt die Zahl noch bei 60.

Zur Funktion der EZB als EU-Organ im Rahmen der WWU siehe oben II.C.7.

Die Regelungen des 1997 beschlossenen und 2005 deutlich aufgeweichten, aus drei Rechtsakten bestehenden Stabilitäts- und Wachstumspaktes[283] verpflichten zu strenger Haushaltsdisziplin, dh zu einem annähernd ausgeglichenen Staatshaushalt, vor allem um zu verhindern, dass durch ein übermäßiges Verschuldungsverhalten die Inflation steigt. Für den Fall, dass ein öffentliches Defizit über 3 % des BIP oder ein öffentlicher Staatsschuldenstand von über 60 % des BIP droht bzw eintritt, ist ein reglementierter Berichts-, Anreiz- und Strafmechanismus vorgesehen. Dieses Verfahren umfasst sieben Schritte, beginnend mit der förmlichen Feststellung eines übermäßigen Defizits bis zu finanziellen Sanktionen, um den betreffenden MS dazu zu veranlassen, effektive Abhilfemaßnahmen zur Korrektur der Situation zu ergreifen.

Die globale Wirtschafts- und Finanzkrise mit ihren gravierenden mikro- und makroökonomischen Auswirkungen, die in der Folge notwendig gewordenen europäischen und nationalen Konjunkturprogramme sowie die massiven Interventionen zur Stützung des Euro haben einen klaren Reformbedarf beim Rechtsrahmen der Akteure auf den europäischen Finanzmärkten sowie bei der Überwachung der Haushaltsdisziplin und der Wirtschaftpolitik der MS aufgezeigt. Die wirtschaftspolitische Koordinierung soll letztlich zu einer wirtschaftpolitischen Steuerung *(European economic governance)* ausgebaut werden[284] – eigentlich eine selbstverständliche Notwendigkeit jeder Wirtschafts- und Währungsunion. Die Instrumente dafür bieten Art 121 und 136 AEUV durch die Festlegung strenger Grundzüge der Wirtschaftpolitik – insbesondere, aber nicht nur der Eurostaaten – sowie ein nun wiederum verschärfter Stabilitäts- und Wachstumspakt.

Kernstück der wirtschaftspolitischen Steuerung ist eine verstärkte Überwachung der Budgetpolitik der MS. Ein „Europäisches Semester" verzahnt die wirtschaftspolitischen Steuerungsverfahren der europäischen Ebene mit den nationalen Budgetverfahren und stimmt diese auch zeitlich aufeinander ab. Im „Europäischen Semester", also in der ersten Jahreshälfte eines jeden Jahres, beginnt der Zyklus der Politiküberwachung und Koordinierung Anfang des Jahres mit einer horizontal angelegten Überprüfung, bei der der Europäische Rat auf der Grundlage von Analysen der Kommission die wichtigsten wirtschaftlichen Herausforderungen der EU und des Euro-Raumes beschreibt und strategische Hinweise für die Politik formuliert. Von den MS wird erwartet, dass sie den Leitlinien des Europäischen Rates Rechnung tragen. Jeder MS muss dann nach dem Stabilitäts- und Wachstumspakt sein Stabilitätsprogramm (Euro-Staaten) bzw Konvergenzprogramm (Nicht-Euro-Staaten) und sein Nationales Reformprogramm nach der Strategie Europa 2020 der europäischen Ebene vorlegen, noch bevor endgültige nationale

Haushaltsentscheidungen für das Folgejahr getroffen werden. Auf der Grundlage der Beurteilung der Programme durch die EU erfolgt in der zweiten Hälfte des Jahres die Ausarbeitung der detaillierten nationalen Budgets. So können die MS angehalten werden, ihre makroökonomische Stabilität und solide öffentliche Finanzen wiederherzustellen und gleichzeitig die Europa-2020-Ziele in einem integrierten Ansatz zu verfolgen.

Zur wirtschaftspolitischen Steuerung gehören auch erweiterte Anreiz- und Sanktionsmöglichkeiten, um Fehlentwicklungen verhindern oder rechtzeitig korrigieren zu können. Es sind daher die präventiven und die korrektiven Komponenten des Stabilitäts- und Wachstumspakts zu verbessern. Dabei geht es um ein breites Spektrum von finanziellen und auch nicht-pekuniären Sanktionen, die stufenweise sowie quasi-automatisch zum Tragen kommen.

Schließlich hat die Erfahrung gezeigt, dass europäische Vorgaben mit Mindestanforderungen an die Gestaltung der einzelstaatlichen haushaltsrechtlichen Regelungsrahmen notwendig sind, die auch Verfahrensregeln für Berichterstattungen enthalten, die es ermöglichen, die Einhaltung der EU-Vorgaben zu überprüfen.

Ein sicheres, solides, transparentes und verantwortliches Finanzsystem ist eine weitere Grundvoraussetzung für das Funktionieren moderner Volkswirtschaften. Die Mitteilung der Kommission „Regulierung der Finanzdienstleistungen für nachhaltiges Wachstum"enthält dazu eine umfassende Liste von Initiativen, die kurzfristig umgesetzt wurden.[285] Zur Reform des Europäischen Finanzaufsichtssystems für systemrelevante Finanzinstitute gehören ein Europäischer Ausschuss für Systemrisiken auf Makroebene sowie drei Europäische Aufsichtsbehörden im Banken-, Versicherungs- und Wertpapiersektor auf Mikroebene. Weitere Gesetzesvorschläge betreffen die Eigenkapitalanforderungen gemäß den Basel III-Regeln, die Einlagensicherung, die Derivatmärkte, die Verwalter alternativer Investmentfonds und die Rating-Agenturen.

MS, die aufgrund außergewöhnlicher Ereignisse, die sich ihrer Kontrolle entziehen, von gravierenden wirtschaftlichen oder finanziellen Störungen betroffen oder ernstlich bedroht sind, kann durch den Europäischen Finanzstabilisierungsmechanismus ein finanzieller Beistand in Form eines Darlehens oder einer Kreditlinie gewährt werden.[286] Dies ändert aber nichts am Grundsatz, dass die MS alleine für ihre Verbindlichkeiten haften *(no bail-out)*.

Grundsätzlich politisch konsentiert sind eine Sondersteuer für Finanzinstitute sowie eine Finanztransaktionssteuer *(Tobin Tax)*, wobei hier eine internationale Abstimmung erforderlich sein wird, um Ausweichreaktionen und Wettbewerbsnachteile zu vermeiden.

F. Wettbewerbsregeln

Rechtsgrundlage: Art 3, 101 bis 109 AEUV

Weitere Informationen:
www.europa.eu/pol/comp/index_de.htm
(Politikfelder der EU > Wettbewerb)

Das generell und nicht nur für in den MS angesiedelte Unternehmen geltende Wettbewerbsrecht soll das Funktionieren und die Einheit des Binnenmarktes garantieren, die Monopolisierung bestimmter Märkte unterbinden und Unternehmen daran hindern, den Markt durch Absprachen unter sich aufzuteilen. Auf allen Märkten der MS soll Wettbewerb zu gleichen Bedingungen herrschen. Die Wettbewerbspolitik soll die wirtschaftliche Effizienz fördern und ein günstiges Klima für Innovationen und technischen Fortschritt schaffen. Diesen Zielen dient ein ganzes Bündel von Maßnahmen:

- Verbot von Absprachen und aufeinander abgestimmten Verhaltensweisen (Kartellverbot):[287]

Verboten sind alle Vereinbarungen und aufeinander abgestimmte Verhaltensweisen zwischen Unternehmen, die den Handel zwischen den MS (Zwischenstaatlichkeitsklausel) – spürbar – zu beeinträchtigen geeignet sind und eine Verhinderung, Einschränkung oder Verfälschung des Wettbewerbs bezwecken oder bewirken, wie die unmittelbare oder mittelbare Festsetzung der An- oder Verkaufspreise oder sonstiger Geschäftsbedingungen, die Einschränkung oder Kontrolle der Erzeugung, des Absatzes, der technischen Entwicklung oder der Investitionen, die Aufteilung der Märkte oder Versorgungsquellen, die Anwendung unterschiedlicher Bedingungen bei gleichwertigen Leistungen gegenüber Handelspartnern, die an den Abschluss von Verträgen geknüpfte Bedingung, dass die Vertragspartner zusätzliche Leistungen annehmen, die nicht in Beziehung zum Vertragsgegenstand stehen.

Verbotene Vereinbarungen sind nichtig und können mit Bußgeldern geahndet werden. Unter bestimmten Voraussetzungen können Formen der Zusammenarbeit von Unternehmen, wie Vereinbarungen, die zur Verbesserung der Warenerzeugung oder -verteilung oder zur Förderung des technischen oder wirtschaftlichen Fortschritts beitragen und die Verbraucherschaft angemessen am entstehenden Gewinn beteiligen, vom Kartellverbot freigestellt werden.

► Verbot des Missbrauchs marktbeherrschender Stellungen:[288]
Verboten ist die missbräuchliche Ausnutzung einer beherrschenden Stellung im Binnenmarkt oder auf einem wesentlichen Teil desselben durch ein oder mehrere Unternehmen, soweit dies dazu führen kann, den Handel zwischen MS zu beeinträchtigen.

Eine marktbeherrschende Stellung ist gegeben, wenn ein Unternehmen aufgrund seines wirtschaftlichen Einflusses einen wirksamen Wettbewerb auf dem betreffenden Markt behindern kann und somit die Bedingungen, unter denen sich der Wettbewerb abspielt, nach eigenem Gutdünken beeinflusst.

Dazu gehören beispielsweise die unmittelbare oder mittelbare Erzwingung von unangemessenen Preisen oder sonstigen Geschäftsbedingungen, die Einschränkung der Erzeugung, des Absatzes oder der technischen Entwicklung zum Schaden der Verbraucherschaft, aber auch die Anwendung unterschiedlicher Bedingungen bei gleichwertigen Leistungen gegenüber Handelspartnern sowie die an den Abschluss von Verträgen geknüpfte Bedingung, dass die Vertragspartner zusätzliche Leistungen annehmen, die nicht in Beziehung zum Vertragsgegenstand stehen. Hier sind weder Abweichungen im Einzelfall noch Ausnahmen vorgesehen. Die Kommission kann Zwangsgelder androhen oder verhängen bzw Geldbußen festsetzen.

► Fusionskontrolle:[289]
Unternehmenszusammenschlüsse von unionsweiter Bedeutung, die eine Stellung begründen oder verstärken, durch welche ein wirksamer Wettbewerb im Binnenmarkt oder in einem wesentlichen Teil desselben in erheblichem Ausmaß behindert wird, sind für unvereinbar mit dem Binnenmarkt zu erklären. Nach der FusionskontrollVO[290] als Zusammenschlüsse von gemeinschaftsweiter Bedeutung gelten Fusionen, bei denen alle beteiligten Unternehmen einen weltweiten Gesamtumsatz von mehr als € 5 Mrd und

mindestens zwei beteiligte Unternehmen gemeinschaftsweit einen Gesamtumsatz von jeweils mehr als € 250 Mio aufweisen.

Die Kommission ist befugt, Unternehmenszusammenschlüsse bereits vor ihrem Zustandekommen zu prüfen, um deren Vereinbarkeit mit dem Binnenmarkt festzustellen.

► Verbot staatlicher Beihilfen und Beihilfenkontrolle:
Die Regelung der staatlichen Beihilfen hat zum Ziel, leistungsfähige Unternehmen vor wirtschaftlich nicht zu rechtfertigenden Benachteiligungen zu schützen, indem durch die Gewährung staatlicher Beihilfen etwa Unternehmen künstlich am Leben erhalten werden, die langfristig nicht in der Lage wären, selbstständig im Wettbewerb zu bestehen.

Staatliche oder aus staatlichen Mitteln gewährte Beihilfen gleich welcher Art, die durch die Begünstigung bestimmter Unternehmen oder Produktionszweige den Wettbewerb verfälschen oder zu verfälschen drohen, sind mit dem Binnenmarkt unvereinbar, soweit sie den Handel zwischen den MS beeinträchtigen. Kommission und EuGH legen den Begriff der verbotenen staatlichen Beihilfe sehr weit aus, indem davon alle Maßnahmen erfasst werden, die die normalerweise von Unternehmen zu tragenden Belastungen vermindern. Die Form, der Grund und der Zweck der gewährten Beihilfe sind ohne Bedeutung, entscheidend ist die Auswirkung auf den Wettbewerb.

Vom Beihilfeverbot ausgenommen sind Beihilfen sozialer Art oder Beihilfen zur Beseitigung von Schäden aus Naturkatastrophen.

Die Kommission ist von jeder beabsichtigten Einführung oder Umgestaltung von Beihilfen so rechtzeitig zu unterrichten, dass sie sich dazu äußern kann (Notifizierungspflicht). Ist sie der Auffassung, dass ein derartiges Vorhaben mit dem Binnenmarkt unvereinbar ist, so entscheidet sie, dass der betreffende Staat eine solche Beihilfe aufzuheben oder umzugestalten hat. Nur wenn außergewöhnliche Umstände es rechtfertigen, kann der Rat einstimmig eine gewährte oder geplante Beihilfe in Abweichung der Grundsatzbestimmungen genehmigen.

Die Kommission hat entsprechend einer Ermächtigung des Rates und gemäß dem Aktionsplan Staatliche Beihilfen[291] in einer Allgemeinen Gruppenfreistellungs-VO[292] Gruppen von Beihilfen aus den Bereichen KMU, regionale Investitionsbeihilfen sowie Ausbildung und Beschäftigung für mit dem Binnenmarkt vereinbar erklärt. Damit sind bestimmte Beihilfenmaßnahmen automatisch genehmigt, und für die MS entfällt die Notwendigkeit der vorhergehenden Meldung an die Kommission.

Gemeinschaftsrahmen bzw Leitlinien für staatliche Beihilfen existieren zu den Bereichen Forschung, Entwicklung und Innovation, Beihilfen im Einklang mit den von der Kommission für jeden MS zur Gewährung von Regionalbeihilfen genehmigten Fördergebieten, Umweltschutz, Risikokapital, Großinvestitionen sowie Rettung und Umstrukturierung von Unternehmen. Sektorale Regelungen sind schließlich für bestimmte Industriebranchen, den Verkehrssektor und die Landwirtschaft in Geltung.

Schließlich sind außerhalb bestimmter Sektoren unter einem bestimmten Schwellenwert liegende Beihilfen[293] (*De-minimis-Beihilfen* unter € 200.000 bezogen auf drei Jahre) von der Notifizierungspflicht befreit.

► Liberalisierung des öffentlichen Auftragswesens (siehe oben IV.A.5.c.):
Auch dieses leistet einen wichtigen Beitrag zum freien Wettbewerb.

► Öffentliche Unternehmen:
Die Wettbewerbsvorschriften gelten auch für öffentliche Unternehmen bzw für solche Unternehmen, denen die MS besondere oder ausschließliche Rechte gewähren.[294] Räumt ein MS bestimmten Unternehmen ein ausschließliches Recht (Monopol) zur Erbringung einer bestimmten Dienstleistung ein, dürfen Gewinne nicht zur Finanzierung anderer unternehmerischer Tätigkeiten außerhalb des Monopolbereichs verwendet werden (Verbot der Quersubventionierung) und staatliche Ausgleichszahlungen nicht über das erforderliche Maß hinausgehen (Verbot der Überkompensierung). Zur Verhinderung von Monopolen in Bereichen, in denen die öffentliche Hand die Grundversorgung eines MS ganz oder teilweise gewährleistet, verfolgt die Kommission eine konsequente Liberalisierungspolitik. Dies betrifft insbesondere die Energieversorgung (siehe unten V.L.) mit Strom und Gas, die Postdienste,[295] den Schienenverkehr (siehe unten V.M.) sowie die elektronischen Kommunikationsnetze und -dienste (siehe unten V.O.).

Für Unternehmen, die mit Dienstleistungen von allgemeinem wirtschaftlichem Interesse betraut sind oder den Charakter eines

Finanzmonopols haben, gelten nach Art 106 AEUV die Wettbewerbsregeln, soweit die Anwendung dieser Vorschriften nicht die Erfüllung der ihnen übertragenen besonderen Aufgabe rechtlich oder tatsächlich verhindert.

▶ Dienste von allgemeinem Interesse und Leistungen der Daseinsvorsorge:

Dienste von allgemeinem Interesse stehen im Zentrum der politischen Diskussion. Sie berühren die zentrale Frage, welche Rolle in einer Marktwirtschaft staatlichen Stellen zukommt, die einerseits das reibungslose Funktionieren des Marktes und die Einhaltung der Spielregeln durch alle Akteure sicherstellen und andererseits das öffentliche Interesse gewährleisten sollen, insbesondere die Befriedigung der Grundbedürfnisse der Bürger und die Erhaltung von Kollektivgütern in Fällen, in denen der Markt dazu nicht in der Lage ist. Die Realität ist komplex und in ständiger Entwicklung begriffen. Sie umfasst ein breites Spektrum von Aktivitäten (von den großen netzgebundenen Branchen bis zu den Bereichen Gesundheit, Bildung und Sozialleistungen), Wirkungsfelder von sehr unterschiedlicher Größe (von der lokalen bis zur europäischen oder sogar zur globalen Ebene), Dienstleistungen unterschiedlicher Art (von marktbezogenen bis zu nicht marktbezogenen) sowie stark unterschiedliche gewachsene bzw den besonderen Merkmalen der betreffenden Tätigkeit entsprechende Organisationsformen.

Zu den – auch bereits in Art 36 der GRC (siehe oben IV.D.) angesprochenen – Diensten von allgemeinem wirtschaftlichem Interesse hält Art 14 AEUV fest, dass in Anbetracht des hohen Stellenwerts, den sie innerhalb der gemeinsamen Werte der Union einnehmen sowie ihrer Bedeutung bei der Förderung des sozialen und territorialen Zusammenhalts dafür Sorge zu tragen ist, dass die Grundsätze und Bedingungen für das Funktionieren dieser Dienste so gestaltet sind, dass diese ihren Aufgaben nachkommen können. Die Rahmenbedingungen dafür werden allerdings durch Verordnungen festgelegt, unbeschadet wiederum der Zuständigkeit der MS, diese Dienste im Einklang mit den Verträgen zur Verfügung zu stellen, in Auftrag zu geben und zu finanzieren.

Das dem AEUV angeschlossene Protokoll Nr 26 ergänzt, dass zu den angesprochenen gemeinsamen Werten der Union insbesondere zählen:

- die wichtige Rolle und der weite Ermessensspielraum der nationalen, regionalen und lokalen Behörden in der Frage, wie diese Dienste auf eine den Bedürfnissen der Nutzer so gut wie möglich entsprechende Weise zur Verfügung zu stellen, in Auftrag zu geben und zu organisieren sind;
- die Vielfalt dieser Dienste und die Unterschiede bei den Bedürfnissen und Präferenzen der Nutzer, die aus unterschiedlichen geographischen, sozialen oder kulturellen Gegebenheiten folgen können;
- ein hohes Niveau in Bezug auf Qualität, Sicherheit und Bezahlbarkeit, Gleichbehandlung und Förderung des universellen Zugangs und der Nutzerrechte.

Im Protokoll Nr 26 wird schließlich auch außer Streit gestellt, dass die Bestimmungen der Verträge in keiner Weise die Zuständigkeit der MS berühren, nicht wirtschaftliche Dienste von allgemeinem Interesse zur Verfügung zu stellen, in Auftrag zu geben und zu organisieren.

Offen im Detail ist die Abgrenzungsfrage zwischen wirtschaftlichen und nicht wirtschaftlichen Dienstleistungen von allgemeinem Interesse und damit der Anwendungsumfang des europäischen Wettbewerbsrechts, was ziemlich gegensätzlich zwischen der restriktiv argumentierenden Kommission,[296] dem EuGH[297] und den Kommunen und Regionen diskutiert wird.

Damit im Zusammenhang zu sehen ist auch die inhaltliche Abwendung vom Ziel der reinen Wettbewerbs- und Binnenmarktorientierung. Die entsprechende Regelung im alten EGV wurde gestrichen. Fraglich bleibt, wie deutlich sich diese Abänderung tatsächlich auswirkt, da im Protokoll Nr 27 zum AEUV sowohl auf die Notwendigkeit eines Systems, das den Wettbewerb vor Verfälschungen schützt, als auch auf die Ermächtigung zum Erlass von geeigneten Vorschriften (Art 352 AEUV) ausdrücklich hingewiesen wird.

G. Steuerliche Vorschriften

Rechtsgrundlage: Art 110 bis 113 AEUV

Weitere Informationen:
www.europa.eu/pol/tax/index_de.htm
(Politikfelder der EU > Steuerwesen)

Die Steuerharmonisierung[298] spielt für das Funktionieren des Binnenmarkts, des Wettbewerbs und der WWU eine wichtige Rolle. Sie zielt darauf ab, nach den Zollgrenzen schrittweise auch die Steuergrenzen zwischen den MS zu beseitigen. Zwar ist die Harmonisierung der Umsatzsteuern, Verbrauchsabgaben und sonstigen indirekten Steuern vorgesehen, es gilt dafür aber ein besonderes Gesetzgebungsverfahren mit Einstimmigkeit im Rat. Da Steuerharmonisierungen spürbar nationale Souveränitäten und damit auch „Steuerdumping" einschränken, stoßen sie bei den MS häufig auf Widerstand. Fortschritte gibt es aber bei der Amtshilfe bei der Beitreibung von Forderungen in Bezug auf bestimmte Abgaben, Steuern, Zölle und sonstige Maßnahmen.

Bei den direkten Steuern (Lohn-, Einkommen-, Körperschaft-, Vermögens-, Erbschaftssteuer) ist zumindest eine Kooperation der MS unerlässlich, weil eine fehlende Abstimmung zu Doppelbesteuerungen oder doppelter Nichtbesteuerung führen würde.[299] Jedenfalls gilt jedoch der Grundsatz der Nichtdiskriminierung von Staatsangehörigen anderer MS, wonach diese in gleichen Situationen nicht anders behandelt werden dürfen als die Inländer. Auch dürfen Arbeitnehmer, die in einem MS wohnen, deren Einkünfte aber fast allesamt in einem anderen MS besteuert werden, im Hinblick auf steuerliche Vergünstigungen durch den besteuernden Staat nicht schlechter behandelt werden als die dort ansässigen Arbeitnehmer. Ein Zukunftsprojekt ist die Vereinheitlichung der Körperschaftsteuerbemessungsgrundlage. Mit der Zinsbesteuerungs-RL[300] existiert ein Instrument, um Verzerrungen bei der effektiven Besteuerung von Zinserträgen zu beseitigen. Darin enthalten ist die Einführung eines Informationsaustausches über ausländische Anleger bzw die Einhebung einer Quellensteuer, die großteils an den Herkunftsstaat abgeführt wird. In Österreich und Luxemburg hat die über das Konto verfügungsberechtigten Person (noch) die Möglichkeit, zwischen Quellensteuer und Informationsaustausch zu wählen.

- ► Bei der Mehrwertsteuer, einer indirekten Steuer, muss nach der MehrwertsteuerRL[301] der Normalsatz mindestens 15 % betragen. Den MS ist es aber erlaubt, einen oder zwei ermäßigte Steuersätze anzuwenden, die 5 % nicht unterschreiten und ausschließlich für die Lieferungen von Gegenständen und die Dienstleistungen gelten dürfen, die in einem erschöpfenden Verzeichnis aufgelistet sind. Ferner ist die Anwendung ermäßigter Mehrwertsteuersätze oder aber Steuerbefreiungen in einer begrenzten Zahl bestimmter Fälle aus sozial- oder gesundheitspolitischen Gründen möglich.

Der Geschäftsverkehr zwischen Unternehmen wird zu den im Bestimmungsland geltenden Sätzen besteuert, was Wettbewerbsstörungen aufgrund unterschiedlicher Steuersätze verhindert. Das Bestimmungslandprinzip soll aber auch für den Geschäftsverkehr durch eine endgültige Regelung ersetzt werden, die auf dem Prinzip der ausschließlichen Besteuerung im Ursprungsland beruht, wie es bereits jetzt für private Einkäufe für den persönlichen Gebrauch (mit Ausnahme des Versandhandels und von Neufahrzeugen, zB Kraftfahrzeuge unter 6.000 km Fahrleistung oder unter sechs Monaten Zulassungsdauer sowie Boote) gilt. Gewerbliche Exporte wären danach nicht mehr wie bisher mehrwertsteuerbefreit, sondern würden bereits im Ursprungsland besteuert. Die künftige Mehrwertsteuerstrategie ist allerdings generell in Diskussion.

- Im Bereich der Verbrauchsteuern für Tabakwaren, alkoholische Getränke und Mineralölerzeugnisse sind, abgesehen von Ausnahmen für einzelne MS, Mindestsätze vorgesehen. Alle drei Jahre werden die Mindeststeuersätze im Hinblick auf ihren Realwert und im Hinblick auf das reibungslose Funktionieren des Binnenmarktes vom Rat überprüft. Das neue computerunterstützte System EMCS verbessert die Bekämpfung des Verbrauchsteuerbetrugs und macht die Abwicklung auch für die Unternehmen kostengünstiger.
- Für von Reisenden aus Drittländern in die EU eingeführte Waren sind in einer RL[302] Schwellenwerte und Höchstmengen festgelegt, bis zu denen keine Mehrwertsteuer oder Verbrauchsteuer eingehoben wird.

Das Programm Fiscalis 2013[303] bezweckt hauptsächlich die Betrugsbekämpfung, insbesondere vom „MwSt-Karussellbetrug", durch die Einführung eines EDV-Systems zur Überwachung der Beförderung und zur Kontrolle verbrauchsteuerpflichtiger Waren *(EMCS – Excise Movement Control System)*. Im EUROFISC-Netzwerk arbeiten die nationalen Steuerbehörden bei der Bekämpfung des Mehrwertsteuerbetrugs zusammen.

Das Programm Zoll 2013[304] bekämpft den Zollbetrug und steigert die Wettbewerbsfähigkeit der Unternehmen durch die Beschleunigung der Zollverfahren.[305] Das Programm unterstützt im Rahmen der Initiative „e-Zoll“ den Ausbau und die Verwaltung der transeuropäischen elektronischen Zollsysteme, wie den Integrierten Zolltarif (TARIC) und das New Computerized Transit System (NCTS), ein EDV-unterstütztes Verfahren zur Abwicklung des Versandverfahrens.

H. Industrie und Unternehmen

Rechtsgrundlage: Art 6, 173 AEUV

Weitere Informationen:
www.europa.eu/pol/enter/index_de.htm
(Politikfelder der EU > Unternehmen)
www.ec.europa.eu/small-business/index_de.htm
Europäisches Mittelstandsportal

Die Tätigkeit der EU zielt entsprechend einem System offener und wettbewerbsorientierter Märkte auf Folgendes ab:

- Erleichterung der Anpassung an die strukturellen Veränderungen,
- Förderung eines für die Initiative, Weiterentwicklung und Zusammenarbeit der Unternehmen günstigen Umfelds,
- Förderung einer besseren Nutzung von Innovation, Forschung und technologischer Entwicklung.

Zentraler Bestandteil der Unternehmenspolitik sind die KMU. In der EU gibt es ca 23 Mio KMU, die 98 % des Unternehmensbestandes ausmachen, 50 % des europäischen Einkommens erarbeiten und zwei Drittel der Arbeitnehmer beschäftigen. In der Europäischen Charta für Kleinunternehmen[306] verpflichten sich die MS und die EU daher zu konkreten Maßnahmen zur Verbesserung der Rahmenbedingungen für Kleinunternehmen. Der *„Small Business Act“*[307] stellt zehn Leitsätze auf, die den KMU wirtschaftliche Tätigkeiten im Binnenmarkt erleichtern sollen.

Die Mitteilung der Kommission über die Industriepolitik[308] beinhaltet einen branchenübergreifenden und einen branchenspezifischen Ansatz. Ersterer soll die Kohärenz und Synergien zwischen den verschiedenen strategischen Bereichen gewährleisten, Letzterer die Berücksichtigung der Besonderheiten der einzelnen Branchen.

Mit der Leitinitiative „Industriepolitik im Zeitalter der Globalisierung" zur Strategie „Europa 2020" (siehe oben V.E.) sollen die Rahmenbedingungen für Unternehmen verbessert und eine international wettbewerbsfähige, starke und tragfähige Industriestruktur gefördert werden.

Das Rahmenprogramm für Wettbewerbsfähigkeit und Innovation (2007–2013)[309] ergeht in Umsetzung der unternehmenspolitischen Ziele. Es ist mit einem Betrag von € 3,6 Mrd dotiert und verfolgt folgende Maßnahmen: Förderung der Wettbewerbsfähigkeit der Unternehmen, insbesondere der KMU und aller Formen von Innovationen, einschließlich der Öko-Innovationen; Beschleunigung der Entwicklung einer nachhaltigen, wettbewerbsfähigen und innovativen Informationsgesellschaft; Verbesserung der Energieeffizienz und der Nutzung neuer und erneuerbarer Energiequellen in allen Bereichen einschließlich Verkehr. Drei spezifische Programme konkretisieren das Rahmenprogramm:

- Das Programm für unternehmerische Initiative und Innovation: Ziel des mit € 2,2 Mrd ausgestatteten Programms ist es, Unternehmen bei der Innovation zu unterstützen, indem es Zugang zu Kapital bietet. Risiken und Chancen werden mit Privatinvestoren geteilt und Rück- oder Mitbürgschaften für nationale Bürgschaftsfazilitäten bereitgestellt.
- Das Programm zur Unterstützung der Politik für Informations- und Kommunikationstechnologie: Ziel des mit € 728 Mio ausgestatteten Programms ist es, den zusammenwachsenden Märkten für elektronische Netze, Medieninhalte und digitale Technologien Impulse zu geben, Lösungen für die Engpässe zu prüfen, die eine stärkere Verbreitung elektronischer Dienstleistungen in Europa behindern, sowie die Modernisierung von Dienstleistungen der öffentlichen Hand zu fördern, sodass Produktivität und Qualität steigen.
- Das Programm Intelligente Energie – Europa: Gefördert werden mit € 727 Mio die verstärkte Nutzung von neuen und erneuerbaren Energiequellen sowie die Steigerung der Energieeffizienz. Es ist darauf ausgerichtet, die Umsetzung der EU-Energiepolitik mit ihren Zielen im Bereich nachhaltiger Energieversorgung zu beschleunigen, den Anteil erneuerbarer Energien zu erhöhen und den Energieverbrauch zu senken.

I. Beschäftigung

Rechtsgrundlage: Art 2, 5, 145 bis 150, 162 bis 164 AEUV
Weitere Informationen:
www.europa.eu/pol/socio/index_de.htm
(Politikfelder der EU > Beschäftigung und Sozialpolitik)

Die MS und die EU entwickeln eine koordinierte Europäische Beschäftigungsstrategie (EBS). Die Union fördert dazu die Zusammenarbeit zwischen den MS und unterstützt und ergänzt deren Maßnahmen unter Beachtung ihrer Zuständigkeiten. Um das Ziel einer Vollbeschäftigung bzw eines hohen Beschäftigungsniveaus zu erreichen, werden die Qualifizierung, Ausbildung und Anpassungsfähigkeit der Arbeitnehmer sowie die Fähigkeit der Arbeitsmärkte, auf die Erfordernisse des wirtschaftlichen Wandels zu reagieren, querschnittsmäßig durch alle Politikbereiche gefördert.

Anhand eines gemeinsamen Jahresberichts des Rates und der Kommission prüft der Europäische Rat die Beschäftigungslage in der EU und nimmt hierzu Schlussfolgerungen an. Auf Basis der Schlussfolgerungen beschließt der Rat auf Vorschlag der Kommission und nach Anhörung des EP, des WSA, des AdR und des Beschäftigungsausschusses jährlich beschäftigungspolitische Leitlinien,[310] welche die MS in ihrer Beschäftigungspolitik berücksichtigen. Diese Leitlinien für beschäftigungspolitische Maßnahmen der MS müssen mit der Empfehlung des Rates über die Grundzüge der Wirtschaftspolitik der MS und der Union (siehe oben V.E.) in Einklang stehen. Jeder MS übermittelt jährlich einen Bericht über die wichtigsten Maßnahmen, die er zur Durchführung seiner Beschäftigungspolitik im Lichte der beschäftigungspolitischen Leitlinien getroffen hat. Anhand dieser Berichte unterzieht der Rat die Durchführung der Beschäftigungspolitik der MS jährlich einer Prüfung. Der Rat kann dabei auf Empfehlung der Kommission Empfehlungen an die MS richten. Auf der Grundlage der Ergebnisse der genannten Prüfung erstellen der Rat und die Kommission einen wiederum gemeinsamen Jahresbericht für den Europäischen Rat über die Beschäftigungslage in der Union und über die Umsetzung der beschäftigungspolitischen Leitlinien.

In der Mitteilung „Ein gemeinsames Engagement für Beschäftigung"[311] wiederholt die Kommission, dass die Schaffung von Arbeitsplätzen von aktiven Beschäftigungsstrategien, soliden makroökonomischen Rahmenbedingungen, Investitionen in Qualifizierung, Forschung und Infrastruktur, besserer Rechtsetzung und der Förderung von Unternehmertum und Innovation abhängt. Europa müsse die Rezession nicht nur bewältigen, sondern sie vielmehr in eine Gelegenheit umwandeln, eine produktivere, innovativere und besser qualifizierte wissensbasierte Wirtschaft mit geringem CO_2-Ausstoß zu schaffen, eine Wirtschaft mit offenen und integrativen Arbeitsmärkten, eine Wirtschaft, die größeren Zusammenhalt und eine gerechtere Gesellschaft ermöglicht und Arbeitsplätze bietet, die die Belange der verschiedenen Altersgruppen, die Geschlechtergleichstellung und die Work-Life-Balance berücksichtigt. Die drei Hauptprioritäten, denen zehn konkrete Maßnahmen entsprechen, sind: Erhaltung von Arbeitsplätzen, Schaffung neuer Arbeitsplätze und Förderung der Mobilität; Verbesserung der Kompetenzen und ihre Anpassung an die Nachfrage auf dem Arbeitsmarkt; Erleichterung des Zugangs zur Beschäftigung.

Das 2007–2013 mit € 70 Mrd ausgestattete, wichtigste Finanzinstrument der Beschäftigungspolitik ist der Europäische Sozialfonds (ESF), der dazu beiträgt, die Beschäftigungsmöglichkeiten der Arbeitskräfte zu verbessern und damit das Beschäftigungsniveau zu heben (siehe unten V.J.).

Darüber hinaus werden im Geiste der Leitinitiative „Agenda für neue Kompetenzen und neue Beschäftigungsmöglichkeiten" zur Strategie „Europa 2020" (siehe oben V.E.) nahezu alle Förderprogramme – von den Strukturfonds (siehe oben V.D.) über die Agrarfonds (siehe oben V.C.) bis hin zu den sehr zahlreichen Aktionsprogrammen (siehe bei den jeweiligen Politikbereichen sowie unten V.Z.) – auch für die Erreichung positiver beschäftigungspolitischer Effekte eingesetzt.

Die Flexibilität der Beschäftigten und deren Arbeitsplatzsicherheit sollen mittels der Flexicurity-Strategie[312] in ein ausgewogenes Verhältnis zueinander gebracht werden. Im Mittelpunkt steht die Sicherheit für die Beschäftigten, fortlaufend am Arbeitsmarkt teilnehmen zu können, wenn auch nicht am selben Arbeitsplatz. Dies erfordert insbesondere eine aktive Arbeitsmarktpolitik, sozialen Dialog, flexible Vertragsregelungen und lebenslanges Lernen.

Eine wesentliche Voraussetzung zur Steigerung der bislang geringen Mobilität der ArbeitnehmerInnen sind moderne Systeme der sozialen Sicherheit, insbesondere auch im Bereich der Renten- und

Krankenversicherung. Der konkreten Bürgerinformation dient hier der Leitfaden zur sozialen Sicherheit in Europa auf der Internetplattform „EUlisses“[313] Zur grenzüberschreitenden Arbeitsplatzvermittlung wurde das EURES – European Employment Service[314] als Kooperationsnetz zwischen der Kommission und den öffentlichen Arbeitsverwaltungen der MS eingerichtet. Die EU selbst organisiert ihre Personalaufnahmen über das Amt für Personalauswahl EPSO.[315]

J. Sozialpolitik

Rechtsgrundlage: Art 4, 5, 9, 151 bis 164 AEUV

Weitere Informationen:
www.europa.eu/pol/socio/index_de.htm
(Politikfelder der EU > Beschäftigung und Sozialpolitik)

Bei der Gestaltung der Sozialpolitik verfolgen die EU und die MS – eingedenk der sozialen Grundrechte, wie sie in der am 18. Oktober 1961 in Turin unterzeichneten Europäischen Sozialcharta und in der Gemeinschaftscharta der sozialen Grundrechte der Arbeitnehmer von 1989 festgelegt sind – folgende, durch alle Politikbereiche querschnittsmäßig zu beachtende Ziele:

- Förderung der Beschäftigung,
- Verbesserung der Lebens- und Arbeitsbedingungen,
- angemessener sozialer Schutz,
- sozialer Dialog,
- Entwicklung des Arbeitskräftepotenzials im Hinblick auf ein dauerhaft hohes Beschäftigungsniveau,
- Bekämpfung von Ausgrenzungen.

Die sozialpolitische Tätigkeit der EU kann im Verhältnis zu den MS nur unterstützend und ergänzend sein.

- Der Rat kann im ordentlichen Gesetzgebungsverfahren durch RLen Mindestvorschriften in folgenden Bereichen erlassen: Gesundheit und Sicherheit der Arbeitnehmer, Arbeitsbedingungen, Unterrichtung und Anhörung der Arbeitnehmer, berufliche Eingliederung aus dem Arbeitsmarkt ausgegrenzter Personen, Chancengleichheit von Männern und Frauen auf dem Arbeitsmarkt und Gleichbehandlung am Arbeitsplatz.

- In folgenden Bereichen beschließt der Rat hingegen einstimmig nach Anhörung des EP: Soziale Sicherheit und sozialer Schutz der Arbeitnehmer, Schutz der Arbeitnehmer bei Beendigung des Arbeitsvertrags, Vertretung und kollektive Wahrnehmung der Arbeitnehmer- und Arbeitgeberinteressen sowie Beschäftigungsbedingungen der Staatsangehörigen aus Drittstaaten.
- Das Arbeitsentgelt, Koalitionsrecht, Streikrecht und das Aussperrungsrecht sind jedenfalls aus dem Zuständigkeitsbereich der EU ausgenommen.

Die Sozialagenda[316] soll die EU in die Lage versetzen, mit einer sozialen Wirklichkeit fertig zu werden, in der Globalisierung, technologische Umwälzungen, demographische Veränderungen, Armutsgefährdung, Arbeitslosigkeit, Bildungsmängel, Zuwanderung und Klimawandel einschneidende Spuren hinterlassen. Die drei gleichrangigen Ziele, die nach einem integrierten Ansatz verfolgt werden und auf die Erhaltung und Weiterentwicklung des bewährten Europäischen Sozialmodells abzielen, sind:

- Chancen eröffnen durch mehr und bessere Arbeitsplätze und durch Erleichterung der Mobilität, damit die Menschen ihr Potenzial ausschöpfen können,
- Zugangsmöglichkeiten für die am stärksten benachteiligten Bevölkerungsgruppen zu hochwertiger Bildung, sozialem Schutz und Gesundheitsversorgung sowie entsprechenden Dienstleistungen verbessern und Europas Jugend in die Lage versetzen, Chancen zu nutzen,
- Solidarität beweisen zwischen Generationen, Regionen, Wohlhabenden und weniger Begüterten.

Da die Kernbereiche der Sozialpolitik vor allem Sache der MS sind und um dennoch Einfluss nehmen zu können, spielt die offene Methode der Koordinierung (OMK) gerade für die Implementierung der Sozialagenda eine Schlüsselrolle. Diese Rolle möchte die Kommission unbedingt festigen und ausbauen.[317]

Die EU schafft kein einheitliches Sozialversicherungssystem, sondern enthält Vorschriften zur Koordinierung der mitgliedstaatlichen Systeme sozialer Sicherheit (zur diesbezüglichen VO siehe oben IV.A.3.a.). Die integrationsfreundliche Rechtsprechung des EuGH führte dazu, dass gewisse Leistungen im Bereich der sozialen Sicherheit nicht nur an eigene Staatsbürgerinnen und Staatsbürger, sondern auch an andere Unionsbürgerinnen und Unionsbürger geleistet werden müssen.

Vorrangiges Ziel der Gemeinschaftsstrategie für Gesundheit und Sicherheit am Arbeitsplatz 2007–2012[318] ist eine kontinuierliche Verringerung der Arbeitsunfälle und Berufskrankheiten. Für dieses politische Anliegen ist in Bilbao auch eine spezielle Agentur[319] eingerichtet.

Die effektive Gewährleistung der vollen Gleichstellung von Männern und Frauen ist eine ausdrückliche Aufgabe der Union und in der GRC (siehe oben IV.D.) verankert. Dies betrifft insbesondere Arbeits- und Beschäftigungsfragen, einschließlich des Grundsatzes des gleichen Entgelts bei gleicher oder gleichwertiger Arbeit sowie der sozialen Sicherungssysteme und der Versorgung mit Dienstleistungen. Zum Ausgleich von Benachteiligungen in der beruflichen Laufbahn können die MS auch spezifische Vergünstigungen für das unterrepräsentierte Geschlecht (zB „Frauenquoten") beibehalten oder beschließen. Trotz zahlreicher einschlägiger Rechtsakte bestehen nach wie vor gravierende Defizite bei der Verwirklichung des Grundsatzes der Gleichbehandlung von Männern und Frauen.[320] Die Kommission hat daher eine neue Gleichstellungsstrategie 2010-2015 aufgelegt, die einen koordinierten Rahmen für Maßnahmen in sämtlichen EU-Politikbereichen bilden soll, sowie in einer Frauen-Charta verstärktes Engagement zugesagt.[321] Fachliche Unterstützung bei der Einbeziehung von Genderaspekten in die Politik leistet das Europäische Institut für Gleichstellungsfragen in Vilnius.[322] Zur Verhütung und Bekämpfung von Gewalt va gegen Frauen wurde das spezifische Programm Daphne III[323] aufgelegt, das für 2007–2013 mit € 116,8 Mio dotiert ist.

Das politische Gesamtkonzept für die Bekämpfung aller Formen offener und versteckter Diskriminierungen ist in der Mitteilung „Nichtdiskriminierung und Chancengleichheit: Erneuertes Engagement"[324] dargelegt. Sie zeigt die Schlüsselbereiche auf, in denen die EU bereits tätig geworden ist und wo weitere Fortschritte auf europäischer und nationaler Ebene notwendig sind. Dazu zählen die Bekämpfung von Mehrfachdiskriminierung, verstärkte Sensibilisierung, Mainstreaming der Antidiskriminierungspolitik, positive Maßnahmen und bessere Datenerhebungen.

Im Rahmen der Leitinitiative „Europäische Plattform zur Bekämpfung der Armut" zur Strategie „Europa 2020" (siehe oben V.E.) sollen durch die Förderung des sozialen und territorialen Zusammenhalts die Vorteile von Wachstum und Beschäftigung allen zugänglich gemacht werden, damit Menschen, die unter Armut und sozialer Ausgrenzung leiden, in Würde leben und sich aktiv am gesellschaftlichen Leben beteiligen können.

Das wichtigste finanzielle Instrument der Sozial- und Beschäftigungspolitik ist der ESF,[325] der – in der Finanzperiode 2007–2013 mit rund € 70 Mrd ausgestattet – dazu beiträgt, die Beschäftigungsmöglichkeiten der Arbeitskräfte in der EU zu verbessern und den Wohlstand zu heben. Der Fonds gewährt finanzielle Zuschüsse zur Erleichterung der Anpassung an die industriellen Wandlungsprozesse und an Veränderungen der Produktionssysteme, insbesondere durch berufliche Aus- und Fortbildung, sowie zur Einbeziehung arbeitsmarktferner Menschen.

Während der ESF in sozial- und beschäftigungspolitische Projekte in den MS investiert, konzentriert sich das Programm für Beschäftigung und soziale Solidarität – Progress[326] – auf Tätigkeiten, die eine starke europäische Dimension enthalten. Das Programm gibt seinen Haushalt von rund € 700 Mio für die Analyse, die Netzarbeit und für Informationskampagnen aus, die Beschäftigungs- und Sozialthemen herausarbeiten.

Kleinunternehmen und Menschen, die ihren Arbeitsplatz verloren haben und ihr eigenes Unternehmen gründen wollen, stellt die EU über das Progress-Mikrofinanzierungsinstrument für Beschäftigung und soziale Eingliederung[327] Mikrokredite zur Verfügung.

Aus dem Europäischen Fonds für die Anpassung an die Globalisierung (EGF)[328] werden jährlich bis zu € 500 Mio für die Arbeitnehmerschaft zur Verfügung gestellt, deren Dienstverhältnisse aufgrund von strukturellen Veränderungen im Welthandelsgefüge aufgelöst werden. Diese sind dann gegeben, wenn es zu einem substanziellen Anstieg der Importe in die EU oder zu einem raschen Rückgang des Marktanteils der EU in einem bestimmten Sektor oder zu einer Standortverlagerung in Drittländer kommt.

Die Union anerkennt und fördert die Rolle der Sozialpartner auf Ebene der Union und unterstützt den sozialen Dialog als Charakteristikum der Arbeitsbeziehungen in Europa. Auch der mindestens jährlich auf höchster Ebene (Arbeitnehmer, Arbeitgeber, EU) abgehaltene Dreigliedrige Sozialgipfel[329] trägt wesentlich zu diesem sozialen Dialog bei.

Mit dem branchenübergreifenden zweiseitigen Sozialen Dialog *(Val-Duchesse-Dialog)* verfügen die europäischen Sozialpartner über eine Methode, die es ihnen erlaubt, nicht nur ihr Recht auf Abgabe einer Stellungnahme, sondern auch ihr Recht auf die Aushandlung von Rahmenvereinbarungen wahrzunehmen, deren rechtsbegründende Wirkung sich aus dem Unionsrecht ergibt. Abgeschlossen wurden solche Rahmenvereinbarungen etwa im Bereich des Elternurlaubes,[330] der Teilzeitarbeit und befristeter Arbeitsverhältnisse.

Nach langen ergebnislosen Verhandlungen und einem gescheiterten Vermittlungsverfahren mit dem EP hat die Kommission über die Konsultation der Sozialpartner einen neuerlichen Anlauf für eine Reform der EU-Arbeitszeitrichtlinie aus 2003 in Angriff genommen.

Im Mittelpunkt der Mitteilung „Die Solidarität zwischen den Generationen fördern"[331] stehen Lösungsstrategien, wie eine bessere Vereinbarkeit von Arbeits- und Familienleben erreicht und Familien unterstützt werden können. Die Plattform „Europäische Allianz für Familien" soll für einen intensiven Meinungs- und Informationsaustausch über familienfreundliche Politiken zwischen den MS sorgen.[332]

Mit dem Grünbuch „Angemessene, nachhaltige und sichere europäische Pensions- und Rentensysteme"[333] stößt die Kommission eine umfassende, europaweite öffentliche Diskussion über eine Reform der Pensionssysteme an. Deren Finanzierung wird angesichts der demographischen Entwicklungen immer schwieriger.

Um einen kontinuierlichen und umfassenden Austausch von Informationen über die soziale Sicherheit zu ermöglichen, besteht das System zur gegenseitigen Information über den sozialen Schutz (MISSOC).[334] Es stützt sich auf Informationen, die von den für die soziale Sicherheit zuständigen Behörden zur Verfügung gestellt werden. Veröffentlicht werden etwa Tabellen aus allen Bereichen der sozialen Sicherheit und Informationen zur sozialen Sicherung für Menschen mit Behinderung, zu Gesundheitsversorgung und Alterssicherung.

K. Umwelt

Rechtsgrundlage: Art 3 und 4 EUV, Art 4, 11, 114, 191 bis 193 AEUV

Weitere Informationen:
www.europa.eu/pol/env/index_de.htm
(Politikfelder der EU > Umwelt)

Im Laufe der letzten Jahrzehnte hat sich die Einsicht durchgesetzt, dass sich der Wohlstand nicht auf die Ausbeutung der Naturschätze oder die Schädigung der Umwelt stützen darf. Wirtschaftlicher Wohlstand, soziale Gerechtigkeit und Umweltschutz müssen zu einem Ausgleich gebracht werden. In den Gründungsverträgen der heutigen EU war die Umweltpolitik noch kein Thema. Bereits 1967 wurde jedoch die erste Umwelt-RL beschlossen, die die Einstufung, Verpackung und Kennzeichnung gefährlicher Stoffe regelte.

Mit der Agenda 21 haben anlässlich der Konferenz für Umwelt und Entwicklung der Vereinten Nationen im Jahr 1992 in Rio de Janeiro 180 Staaten ein entwicklungs- und umweltpolitisches Aktionsprogramm für das 21. Jahrhundert beschlossen. Dieses basiert auf dem Bericht einer UN-Sachverständigenkommission (*Brundtland*-Report), in dem erstmals das Leitbild einer nachhaltigen Entwicklung definiert wurde: Durch eine angepasste Wirtschafts-, Umwelt- und Entwicklungspolitik sollen die Bedürfnisse der heutigen Generation befriedigt werden, ohne die Chancen künftiger Generationen zu beeinträchtigen.

Im gleichen Jahr wurde die Umweltpolitik als eigenständiger Politikbereich im EU-Recht verankert. Gemäß Art 3 EUV wirkt die EU auf die nachhaltige Entwicklung Europas auf der Grundlage eines ausgewogenen Wirtschaftswachstums und von Preisstabilität, auf eine in hohem Maße wettbewerbsfähige soziale Marktwirtschaft, die auf Vollbeschäftigung und sozialen Fortschritt abzielt, sowie auf ein hohes Maß an Umweltschutz und Verbesserung der Umweltqualität hin. Gemäß der Querschnittsklausel nach Art 11 AEUV müssen die Erfordernisse des Umweltschutzes bei der Festlegung und Durchführung der Unionspolitiken und -maßnahmen insbesondere zur Förderung einer nachhaltigen Entwicklung einbezogen werden. Kommission, EP und Rat sind angehalten, bei der Angleichung der Rechtsvorschriften von einem hohen Schutzniveau auszugehen und insbesondere alle auf wissenschaftliche Ergebnisse gestützten neuen Entwicklungen zu berücksichtigen.

Ziele der Umweltpolitik sind Erhaltung und Schutz der Umwelt auf einem hohen Niveau sowie Verbesserung ihrer Qualität, Schutz der menschlichen Gesundheit, umsichtige und rationelle Verwendung der natürlichen Ressourcen sowie Maßnahmen auf internationaler Ebene zur Bewältigung regionaler oder globaler Umweltprobleme und insbesondere zur Bekämpfung des Klimawandels.

Die Handlungsgrundsätze der EU-Umweltpolitik sind:

- Vorsorgeprinzip: Durch vorausschauende Handlungsweisen soll Umweltbeeinträchtigungen entgegengewirkt werden,
- Vorbeugeprinzip: Der Umweltbelastung ist mit präventiven Maßnahmen zu begegnen,
- Ursprungsprinzip: Die Umweltbeeinträchtigung soll bereits an der Stelle bekämpft werden, an der sie auftritt,
- Verursacherprinzip: Wer für die Entstehung von Umweltbeeinträchtigung verantwortlich ist, hat auch die Kosten für deren Vermeidung oder Beseitigung zu übernehmen,
- Entkoppelung von Umweltbelastungen und Wirtschaftswachstum.

In der Regel kommt das ordentliche Gesetzgebungsverfahren zur Anwendung. Ein besonderes Gesetzgebungsverfahren mit Einstimmigkeit im Rat und Anhörung des EP gilt grundsätzlich für Vorschriften überwiegend steuerlicher Art und Maßnahmen, welche die Raumordnung, die mengenmäßige Bewirtschaftung der Wasserressourcen oder die Verfügbarkeit dieser Ressourcen betreffen bzw die Bodennutzung mit Ausnahme der Abfallbewirtschaftung berühren, sowie Maßnahmen, welche die Wahl eines MS zwischen verschiedenen Energiequellen und die allgemeine Struktur seiner Energieversorgung erheblich berühren.

2006 beschloss der Europäische Rat eine (gegenüber der sog Göteborg-Strategie aus 2001) überarbeitete Strategie der EU für nachhaltige Entwicklung (SDS).[335] Diese ergänzt die dominanten Ziele von Wachstum und Beschäftigung. Konsequenter Umweltschutz schafft nämlich auch Arbeitsplätze: Der Weltmarkt für ökologische Waren und Dienstleistungen wird auf über 500 Mrd Euro geschätzt und ist somit mit dem Markt der Raumfahrt- oder der Pharmaindustrie vergleichbar.

Im Rahmen der Leitinitiative „Ressourcenschonendes Europa“ zur Strategie „Europa 2020“ (siehe oben V.E.) soll über gezielte Maßnahmen das Wirtschaftswachstum von der Ressourcennutzung abgekoppelt und der Übergang zu einer emissionsarmen Wirtschaft unterstützt werden.

Der Schutz der biologischen Vielfalt – der Ökosysteme, Arten und Gene – ist ein wesentliches Element der nachhaltigen Entwicklung. Der Verlust an biologischer Vielfalt stellt neben dem Klimawandel die größte globale Umweltgefährdung dar und führt zu beträchtlichen Wirtschafts- und Wohlfahrtsverlusten. Die EU hat sich daher einem ehrgeizigen Biodiversitätsziel bis 2020 sowie einem langfristigen Biodiversitätskonzept bis 2050 verpflichtet,[336] das sich auf die internationalen Debatten über ein globales Biodiversitätskonzept und das Übereinkommen der Vereinten Nationen über die biologische Vielfalt stützt.

Die inhaltliche Konkretisierung der Umweltpolitik der EU erfolgt in Umweltaktionsprogrammen. Im laufenden sechsten Umweltaktionsprogramm[337] werden in Form von thematischen Strategien Maßnahmenbündel für folgende Umweltschutzbereiche konzipiert: Luftreinhaltung, Abfallvermeidung und -recycling, Erhaltung der Meeresumwelt, Bodenschutz, nachhaltige Verwendung von Pestiziden, nachhaltige Nutzung natürlicher Ressourcen sowie die städtische Umwelt.

Die Umweltpolitik stellt damit heute eines der aktivsten Felder der Rechtsetzungstätigkeit der EU dar. Auch in den Beschwerde- und Vertragsverletzungsverfahren der Kommission ist Umwelt das Hauptthema, schon jedes fünfte laufende Verfahren weist einen umweltrechtlichen Bezug auf. Maßnahmen, die von der EU getroffen werden, hindern die einzelnen MS nicht daran, verstärkte Schutzmaßnahmen beizubehalten oder zu ergreifen, wenn dies keine willkürliche Diskriminierung und keine verschleierte Beschränkung des Handels zwischen den MS darstellt.

Zur Reduktion der Umweltbelastungen wurden und werden zahlreiche Rechtsakte auf den Gebieten der Abfallwirtschaft, des Gewässerschutzes, der Meeresumwelt und des Küstenzonenmanagements, der Kontrolle der Luftverschmutzung, der Lärmbekämpfung, der Erhaltung der biologischen Vielfalt, der Ökosysteme, der Ökosystemgüter und -leistungen, des Schutzes vor radioaktiven, chemischen und biotechnologischen Gefährdungen sowie zur Verschärfung der Emissionsgrenzwerte von Kraftfahrzeugen erlassen.

- Im Hinblick auf die Erhaltung der natürlichen Ressourcen in der EU wurden Rechtsakte gesetzt, die insbesondere den Schutz wild lebender Tiere und Pflanzen sowie der natürlichen Lebensräume zum Gegenstand haben. Hervorzuheben sind hier die derzeit etwa 25.000 Natura-2000-Gebiete (ca 20 % der Gesamtfläche der EU),[338] ein Schutzsystem für Gebiete von gemeinschaftlicher Bedeutung nach der Fauna-Flora-Habitat-RL[339] und für Besondere Schutzgebiete nach der Vogelschutz-RL.[340]
- Die Wasserrahmen-RL[341] zielt insbesondere auf den Schutz der Gewässer vor negativen Immissionen ab, sie dient aber auch der

Verbesserung des Zustands der direkt von den Gewässern abhängenden Landökosysteme und Feuchtgebiete im Hinblick auf deren Wasserhaushalt. Ein besonders virulentes Problem ist Wasserknappheit und Dürre in vielen Teilen Europas, da die Diskrepanz zwischen Wasserentnahmen und vorhandenen Ressourcen zunimmt. Da das Wassereinsparpotenzial in der EU auf ca 40 % geschätzt wird, sind verbindliche Regeln für wassereinsparende Technologien in Diskussion.

- Mit der REACH-VO[342] wurden 40 Rechtstexte zum Chemikalienrecht zusammengefasst, der Einsatz gefährlicher Chemikalien wird besser kontrolliert, und gefährliche Stoffe werden durch Austauschstoffe ersetzt.
- Mit der Abfall-RL[343] werden die Behandlungsoptionen für Abfälle gewichtet, um die Auswirkungen der Abfallbewirtschaftung für die Umwelt zu minimieren und den Ressourceneinsatz zu verringern. Grundlage der Abfallpolitik ist folgende Prinzipienhierarchie: Vermeidung und Verringerung, Wiederverwendung, Recycling, sonstige Verwertungsverfahren und letztlich unbedenkliche und umweltschonende Abfallbeseitigung. Die MS haben der Kommission regelmäßig über die Durchführung dieser RL sowie der zusätzlich erlassenen Deponie-RL[344] und der Abfallverbringungs-VO[345] zu berichten.
- Die Kommission ist auch im Bereich des Bodenschutzes mit einem RL-Vorschlag zur Schaffung eines Ordnungsrahmens für den Bodenschutz[346] aktiv geworden, gegen den allerdings von mehreren Seiten kompetenzrechtliche und subsidiaritätspolitische Bedenken geäußert werden.
- Mit der RL über Luftqualität und saubere Luft für Europa[347] wurden die bestehenden RL auf diesem Gebiet grundlegend geändert und zu einer Richtlinie zusammengefasst. Neben der Festlegung von Luftqualitätszielen wurden vor allem Maßnahmen zur einheitlichen Beurteilung der Luftqualität, Gewinnung von Informationen, Gewährleistung des Zugangs der Öffentlichkeit zu derartigen Informationen sowie zur Erhaltung der Luftqualität festgelegt. Enthalten ist weiters die Pflicht der MS zur Aufstellung eines Aktionsplanes, welche von den einzelnen Bürgern erwirkt werden können. Auch die viel diskutierte Feinstaubproblematik (PM 10) soll mit dieser RL angegangen werden.
- Von besonderer Bedeutung ist die Umweltverträglichkeitsprüfungs-RL (UVP-RL).[348] Damit werden die direkten und indirek-

ten Auswirkungen von größeren Bauprojekten auf die Faktoren Mensch, Flora und Fauna, Boden, Wasser, Luft, Klima, Landschaft, Sachgüter und kulturelles Erbe sowie die Wechselwirkung zwischen diesen verschiedenen Faktoren bestimmt. Ergänzend dazu sind aber auch bereits im Vorhinein die Umweltauswirkungen von staatlichen Plänen und Programmen zu prüfen („Strategische Umweltprüfung") und bei deren Ausarbeitung die Öffentlichkeit (im Sinne der Aarhus-Konvention) zu beteiligen.

- Die Umwelthaftungs-RL[349] bestimmt, dass Umweltschäden vermieden oder behoben und die Verursacher zur Verantwortung gezogen werden. Als Umweltschäden gelten negative Auswirkungen auf Wasserressourcen, natürliche Lebensräume, die Tier- und Pflanzenwelt sowie die Verunreinigung von Böden, die zu gesundheitlichen Schäden beim Menschen führen.
- Mit der RL über den strafrechtlichen Schutz der Umwelt[350] werden die MS verpflichtet, bestimmte Handlungen, die die Umwelt schädigen, mit angemessenen und abschreckenden strafrechtlichen Sanktionen zu belegen.
- Die UIP-RL[351] sichert der Öffentlichkeit den Zugang zu Umweltinformationen.
- Die VO über die Regelung für das EU-Umweltzeichen[352] hat ein nachhaltiges Herstellungs- und Konsumverhalten zum Ziel. Eine freiwillige und unabhängige Prüfung setzt Zielmarken für hohe Umweltverträglichkeit von Erzeugnissen und Dienstleistungen.
- Mit der VO über die freiwillige Teilnahme von Organisationen an einem Gemeinschaftssystem für das Umweltmanagement und die Umweltbetriebsprüfung (EMAS)[353] wird eine kontinuierliche Verbesserung des betrieblichen Umweltschutzes angestrebt. Mithilfe von EMAS können ökologische und ökonomische Schwachstellen beseitigt, Material, Energie und somit auch Kosten eingespart werden. Das freiwillige Zertifizierungssystem berechtigt zur Führung des EMAS-Logos.
- Die neu gefasste IVVU/IPPC-RL über die integrierte Vermeidung und Verminderung der Umweltverschmutzung aus Industrieemissionen schafft eine einheitliche Rechtsvorschrift zur besseren Implementierung der besten verfügbaren Techniken mit verbindlichen Auflagen und erhöhter Transparenz zu Emissionsdaten.[354] Die „Seveso-II-RL" zielt speziell auf die Verhütung schwerer Unfälle in Industrieanlagen mit besonders gefährlichen Stoffen und die Begrenzung der Unfallfolgen für Mensch und Umwelt ab.[355]

Mit dem Grünbuch „Marktwirtschaftliche Instrumente für umweltpolitische und damit verbundene politische Ziele“[356] wurde eine Diskussion zum Einsatz marktbasierter Instrumente, wie Steuern, Subventionen und handelbare Emissionsrechte, als Bestandteil der umweltpolitischen Strategie angestoßen. Im Kern geht es darum, zB über Ökosteuern eine Verlagerung der Abgabenlast von den Rohstoffen zur Besteuerung umweltschädigenden Verhaltens durchzuführen.

In der Mitteilung der Kommission „Stimulation von Technologien für nachhaltige Entwicklung: Ein Aktionsplan für Umwelttechnologie in der Europäischen Union“ (ETAP)[357] wird das Ziel normiert, Öko-Innovationen und die umfassende Einführung von Umwelttechnologien zu fördern. Damit wird einerseits der Umweltsituation und dem Klimawandel Rechnung getragen, andererseits die Schaffung von Arbeitsplätzen in der weltweit führenden europäischen Umweltindustrie unterstützt. Diskutiert wird in diesem Zusammenhang die Einführung dynamischer Umweltstandards, der sog Top-Runner-Ansatz, der das beste am Markt befindliche Produkt zum Standard erhebt und dadurch die raschere Durchdringung des Marktes mit der umweltverträglichsten Technologie fördert.

Ein neuerer umweltpolitischer Ansatz ist die „Nachhaltige Materialwirtschaft“ mit der Orientierung an einem Lebenszykluskonzept und einer Lebenszyklusanalyse. Dabei wird eine breite Palette von Einflüssen während der Lebensdauer eines Produkts analysiert – angefangen von den notwendigen natürlichen Ressourcen über die Herstellung, die Verteilung und die Verwendung bis hin zum Recycling und zur Entsorgung des Restabfalls.

Das Programm LIFE+[358] bietet spezielle Finanzmittel für umweltpolitische Maßnahmen. Es ist für den Zeitraum 2007–2013 mit einem Betrag von € 2,1 Mrd dotiert. Das Programm gliedert sich in drei Teilbereiche:

- ▶ Natur und biologische Vielfalt: Der Schwerpunkt besteht in der Umsetzung von RLen zur Erhaltung der natürlichen Umwelt und der wild lebenden Vogelarten sowie in der Erweiterung der Kenntnisse, die für die Entwicklung, Bewertung, Überwachung und Evaluierung von Aktionsplänen und Rechtsvorschriften in Bezug auf Natur und biologische Vielfalt erforderlich sind.
- ▶ Umweltpolitik und Verwaltungspraxis: Es werden insbesondere die Prioritäten des sechsten Umweltaktionsprogrammes sowie

strategische Konzepte für die Ausarbeitung, Um- und Durchsetzung von Maßnahmen abgedeckt.
- Information und Kommunikation in Umweltfragen.

Die Europäische Umweltagentur (EUA),[359] an der auch Island, Liechtenstein, Norwegen, die Schweiz und die Türkei beteiligt sind, wurde zur Sammlung und Verbreitung vergleichbarer Umweltdaten ins Leben gerufen. Sie hat nur beratende Funktion, doch spielen ihre Arbeiten eine immer größere Rolle bei der Ausarbeitung neuer Rechtsvorschriften und bei der Bewertung der Auswirkungen bisheriger Rechtsvorschriften.

Für die Festlegung und Umsetzung der Umweltpolitik ist eine verlässliche Datenlage erforderlich. Das gemeinsame Umweltinformationssystem (SEIS)[360] bringt eine Modernisierung und Vereinfachung der Erhebung, des Austauschs und der Verwendung von Umweltdaten. Für umweltpolitische Zwecke, aber darüber hinaus auch für andere Unionspolitiken wurde die gemeinsame Geodateninfrastruktur INSPIRE[361] geschaffen. Das Europäische Schadstofffreisetzungs- und Schadstoffverbringungsregister E-PRTR ist eine Datenbank über die Schadstoffemissionen, die durch registrierte Anlagen in die Luft, in Gewässer und den Boden abgegeben werden.[362]

Die Alpenkonvention[363] ist ein völkerrechtlicher Vertrag zwischen Österreich, der Schweiz, Deutschland, Frankreich, Liechtenstein, Italien, Monaco, Slowenien und der Europäischen Union und umfasst den gesamten Alpenraum mit über 190.000 Quadratkilometern und ca 14 Mio Einwohnern. Sie besteht aus einer Rahmenkonvention, in der allgemeine Ziele für den Schutz und die Entwicklung des Alpengebietes formuliert werden und die im Jahr 1995 in Kraft trat, und aus acht thematischen Protokollen, in denen die Konkretisierung der allgemeinen Ziele erfolgt (Raumplanung und nachhaltige Entwicklung, Berglandwirtschaft, Naturschutz und Landschaftspflege, Bergwald, Tourismus, Bodenschutz, Energie, Verkehr). Die Alpenkonvention mit ihrem ganzheitlichen Ansatz, der die ökologische, die wirtschaftliche und die gesellschaftliche Dimension einbezieht, strebt eine integrierte, nachhaltige Entwicklung des Alpenraums an.

Der Klimawandel stellt eine der größten globalen umweltpolitischen Herausforderungen dar. Das 1992 verabschiedete und 1994 in Kraft getretene Rahmenübereinkommen der Vereinten Nationen über Klimaänderungen *(United Nations Framework Convention on Climate Change, UNFCCC)*, das vom Rat[364] angenommen wurde, hat zum Ziel, die Konzentration von Treibhausgasen in der Atmosphäre auf einem Niveau zu stabilisieren, auf dem eine gefährliche anthropogene Beeinträchtigung des Klimasystems verhindert wird. Damit dieses Ziel erreicht werden kann, darf die globale Oberflächentemperatur im Jahresmittel insgesamt höchstens um 2 °C gegenüber dem vorindustriellen Niveau ansteigen, was bedeutet, dass bis 2050 die Treibhausgasemissionen weltweit um mindestens 50 % gegenüber dem Niveau von 1990 reduziert werden müssen.

Die Vertragsparteien treffen sich jährlich zur UN-Klimakonferenz (COP-Conference of the Parties, „Weltklimagipfel"). Die bekannteste dieser Konferenzen erarbeitete 1997 das Kyoto-Protokoll,[365] ein 2005 in Kraft getretenes Zusatzprotokoll zur Ausgestaltung des UNFCCC. Oberste Priorität hat die Entwicklung eines Nachfolgeregimes für das 2012 auslaufende Kyoto-Protokoll, welches das bislang einzige völkerrechtlich verbindliche Instrument der Klimaschutzpolitik ist. Im Kyoto-Protokoll selber sind nur vergleichsweise geringe Verpflichtungen der Industrieländer zur Reduktion ihres Ausstoßes an Treibhausgasen festgeschrieben. Zur Eindämmung der globalen Erwärmung ist eine wirksame, verbindliche und globale Post-Kyoto-Regelung dringend nötig.

Die EU[366] setzt als Vertragspartner konsequent die bisher eingegangenen politischen, rechtlichen und finanziellen Verpflichtungen um und arbeitet aktiv mit an der künftigen weiteren Ausgestaltung des völkerrechtlichen Rechtsrahmens.

Der Europäische Rat normierte bereits 2007[367] und bekräftigte 2010 mit der Strategie „Europa 2020" (siehe oben V.E.) das Ziel der Verringerung der Treibhausgasemissionen in der EU bis zum Jahr 2020 um mindestens 20 %, ausgehend vom Niveau des Jahres 1990. Sofern sich die anderen Industriestaaten der Welt im Rahmen der UN-Klimakonferenz zu vergleichbaren Emissionsreduzierungen verpflichten, ist die EU zu einer Reduktion um 30 % bereit.

Bei der Absenkung der Treibhausgasemissionen setzt die EU auf das Emissionshandelssystem *(EU ETS European Union Emission Trading System)*. Dieses System, das wirtschaftliche Anreize zur Entkoppelung von Wirtschaftswachstum und Treibhausgasemissionen bietet, wurde schrittweise verbessert und ausgeweitet, etwa durch die Einbeziehung von Stromerzeugern, der Stahlindustrie und des Luftverkehrs. In der dritten Handelsphase (2013–2020) gibt es keine nationalen Allokationspläne mehr. Stattdessen gibt die Kommission jährlich reduzierte Gesamtobergrenzen für CO_2-Emissionszertifikate *(caps)* vor.[368] Auch werden weitere klimaschädliche Substanzen und 95 % der europäischen Industrie in das Emissionshandelssystem miteinbezogen. Während in der ersten und zweiten Phase die Emissionszertifikate großteils gratis verteilt wurden, werden diese Schritt für Schritt zu 70 % (2020) und schließlich zu 100 % (2025) versteigert. Darüber hinaus kommt es zu einer Neuregelung der Vergabe von Gratiszertifikaten. Jene Zertifikate, die weiterhin kostenfrei bleiben, werden in Zukunft nicht mehr nach historischen Emissionsdaten der Anlage vergeben, sondern nach dem Prinzip der besten verfügbaren Technologie *(BAT – best available technology)*. Energieintensive Betriebe, die zu den umweltfreundlichsten 10 % ihrer Branche zählen, werden mit Gratisemissionszertifikaten belohnt.[369]

Der Klimawandel verursacht einen Anstieg der Land- und Meerestemperaturen und nimmt Einfluss auf Niederschlagsmengen und Niederschlagsmuster. Die Folgen sind ein Anstieg des globalen durchschnittlichen Meeresspiegels, eine Beschleunigung der Küstenerosion und zunehmend schwere wetterbedingte Naturkatastrophen. Die sich verändernden Wasserspiegel, -temperaturen und -strömungen wiederum nehmen Einfluss auf die Nahrungsmittelproduktion, die Gesundheit, Industrie und Verkehr und gefährden die Unversehrtheit des Ökosystems. Der Klimawandel wird spürbare wirtschaftliche und soziale Auswirkungen zeitigen. Im Weißbuch „Anpassung an den Klimawandel: Ein europäischer Aktionsrahmen"[370] zeigt die Kommission Handlungsfelder auf, um die unvermeidbaren Folgen des Klimawandels zu bewältigen.

L. Energiepolitik

Rechtsgrundlage: Art 4, 122, 170, 192, 194 AEUV; EAGV

Weitere Informationen:
www.europa.eu/pol/ener/index_de.htm
(Politikfelder der EU > Energie)
www.sustenergy.org (Kampagne der EU für nachhaltige Energie)

Die europäische Integration hatte stets eine starke energiepolitische Komponente, was sich in zweien der drei Gründungsverträge ausdrückt – durch den 2002 außer Kraft getretenen EGKSV und den weiterhin geltenden EAGV. Heute gehört dieser Politikbereich zu den brisantesten in der EU und in der Welt. Angesichts des Mangels an fossilen Energieträgern, der immer deutlicher zutage tretenden Abhängigkeit von Öl- und Gasimporten und des Klimawandels ist es notwendig, dass die EU konkrete Antworten auf die vielfältigen Herausforderungen gibt und die Energiefrage zu einem zentralen Bestandteil der außenpolitischen Beziehungen macht.

Die Energiepolitik der Union verfolgt im Geiste der Solidarität zwischen den MS im Rahmen des Binnenmarkts und unter Berücksichtigung der Notwendigkeit der Erhaltung und Verbesserung der Umwelt folgende Ziele:

- Sicherstellung des Funktionierens des Energiemarkts,
- Gewährleistung der Energieversorgungssicherheit,
- Förderung der Energieeffizienz und von Energieeinsparungen sowie Entwicklung neuer und erneuerbarer Energiequellen,
- Förderung der Interkonnektion der Energienetze.

Dieser Politikbereich fällt unter die geteilte Zuständigkeit, und es gilt grundsätzlich das ordentliche Gesetzgebungsverfahren. Der Erlass von Maßnahmen berührt jedenfalls nicht das Recht eines MS, die Bedingungen für die Nutzung seiner Energieressourcen, seine Wahl zwischen verschiedenen Energiequellen und die allgemeine Struktur seiner Energieversorgung zu bestimmen. Für Maßnahmen, die die Wahl eines MS zwischen verschiedenen Energiequellen und die allgemeine Struktur seiner Energieversorgung erheblich berühren, sowie für Maßnahmen überwiegend steuerlicher Art ist Einstimmigkeit im Rat erforderlich. Falls gravierende Schwierigkeiten in der Energieversorgung auftreten, kann der Rat im Geiste der Solidarität zwischen den MS der Wirtschaftslage angemessene Maßnahmen beschließen.

Die Energiepolitik bewegt sich innerhalb der drei Parameter Wettbewerb – Nachhaltigkeit – Versorgungssicherheit.

Mehr Wettbewerb im Energiebinnenmarkt wurde mit der vollständigen Liberalisierung der Gas- und Elektrizitätsmärkte durch das dritte Energiebinnenmarktpaket[371] erreicht. Die Regelungen zielen im Kern auf die Erleichterung der grenzüberschreitenden Dienstleistungserbringung und die weitgehende Abschaffung von Monopolen ab, um Konsumenten und Unternehmen bestmögliche Preise und Konditionen zu bieten. Heftig umstritten war die Trennung *(unbundling)* des Betriebs der Strom- und Gasnetze von der Versorgungs- und

Erzeugertätigkeit. Die MS können zwischen drei Optionen wählen. Zum einen können sie die eigentumsrechtliche Entflechtung vorsehen, mit der Folge, dass Energiekonzerne ihre Strom- und Gasübertragungsnetze vollständig an unabhängige Betreiber veräußern müssen. Zum anderen besteht die Variante, dass Energieversorger das Eigentum an ihren Netzen behalten, aber den Netzbetrieb von einer separaten unabhängigen Gesellschaft, dem „unabhängigen Netzbetreiber" *(ISO – Independent System Operator)* durchführen lassen. Dritte Alternative ist der „unabhängige Übertragungsnetzbetreiber" *(ITO – Independent Transmission Operator)*; hier bleibt die integrierte Konzernstruktur von Netz, Erzeugung und Versorgung zwar bewahrt, das Unternehmen muss aber verschiedene Regeln einhalten, die die Unabhängigkeit beider Unternehmensteile garantieren.

Die Agentur für die Zusammenarbeit der Energieregulierungsbehörden (ACER[372]) mit Sitz in Ljubljana hat die Aufgabe, in Bezug auf die Strom- und Gasmärkte die Arbeit der nationalen Regulierungsbehörden zu ergänzen und zu koordinieren, bei der Erstellung europäischer Netzvorschriften mitzuwirken sowie die Entwicklungen auf den Energiemärkten zu beobachten.

Als technische Infrastruktur zur Erreichung von mehr Versorgungssicherheit und zur Verwirklichung des Energiebinnenmarktes sind im Bereich der Elektrizitätsnetze und Gasnetze fünfzehn Achsen für Vorhaben und Standorte von europäischem Interesse als vorrangig eingestuft,[373] die mit finanziellen Zuschüssen der Union (2007–2013: € 155 Mio) realisiert werden sollen.

Unter dem Aspekt der Nachhaltigkeit, insbesondere des Klimaschutzes, sind die großen Eckpunkte der Energiepolitik:

- Der Anteil an erneuerbarer Energie am Gesamtenergieverbrauch wird bis zum Jahr 2020 auf 20 % erhöht, wobei der Anteil von Biokraftstoffen am gesamten verkehrsbedingten Benzin- und Dieselverbrauch bis zum Jahr 2020 auf 10 % gesteigert werden soll.
- Durch Energieeffizienzmaßnahmen werden 20 % des Energieverbrauchs, gemessen an den Prognosen für 2020, eingespart.
- Der Treibhausgasausstoß wird ausgehend vom Niveau des Jahres 1990 bis zum Jahr 2020 um mindestens 20 % gedrosselt.
- Forschung und Investitionen in erneuerbare Energieformen, wie Biomasse, Wasserkraft, Erdwärme, Wasserstoff-, Wind- und Sonnenenergie, sind zu fördern, um die Abhängigkeit von fossi-

len Energieträgern zu minimieren. Im Verkehrsbereich müssen saubere, energiesparende Fahrzeuge bei der Herstellung und der Verwendung steuerlich begünstigt werden. Forschung und Entwicklung alternativer Kraftstoffe sind zu fördern, und die Bewusstseinsbildung zum Energiesparen muss massiv verstärkt werden. Im Gebäude- und Industriesektor wird die Entwicklung energiesparender Technologien vorangetrieben.

In umfangreichen Konsultationen wurde die Europäische Energiestrategie für 2011–2020 entwickelt.[374] Übergeordnetes Ziel ist eine Energiepolitik, die sicherstellt, dass Verbraucher und Unternehmen sichere, nachhaltige und kohlenstoffarme Energie zu günstigen Preisen erhalten. Darauf baut ein Aktionsplan auf, der Projekte in Städten und Regionen sowie auf einzelstaatlicher und EU-Ebene umfasst. Die Kommission hat schließlich auch einen Energiefahrplan für die Zeit bis 2050 angekündigt. Zur Erhöhung der Versorgungssicherheit wird eine europäische Stelle zur Beobachtung der Energieversorgung errichtet, deren Hauptaufgabe es ist, potenzielle Versorgungsengpässe rechtzeitig aufzuzeigen.

Der Europäische Strategieplan für Energietechnologie (SET-Plan)[375] geht von der Erkenntnis aus, dass Grundvoraussetzung für die Verwirklichung der ehrgeizigen energie- und klimapolitischen Ziele der EU die zügige Entwicklung und umfassende Anwendung sauberer, nachhaltiger und effizienter Energietechnologien ist. Es gilt, Europas Know-how auf dem Gebiet der Energietechnologien sowie die Strategien für ihre Markteinführung zu vervollkommnen, zu mehren und anzuwenden. Alle Sektoren, die Produkte und Dienstleistungen in den Bereichen Energieerzeugung und Energieeinsparung sowie energiebetriebene Geräte anbieten, müssen mit Anreizen dazu angehalten werden, sauberere und effizientere Energietechnologien zu entwickeln und anzuwenden.

Beispiele für konkrete Maßnahmen zur Steigerung der Energieeffizienz durch Technologieeinsatz sind die RL über Endenergieeffizienz und Energiedienstleistungen,[376] die RL über die Gesamtenergieeffizienz von Gebäuden,[377] die RL zur Schaffung eines Rahmens für die Festlegung von Anforderungen an die umweltgerechte Gestaltung energieverbrauchsrelevanter Produkte („Ökodesign-RL“)[378] und die RL über die Angabe des Verbrauchs an Energie und anderen Ressourcen durch energieverbrauchsrelevante Produkte mittels einheitlicher Etiketten und Produktinformationen.[379]

Das spezifische Programm Intelligente Energie – Europa[380] des Rahmenprogramms für Wettbewerbsfähigkeit und Innovation (2007–2013) flankiert die politischen und rechtlichen Maßnahmen, indem es insbesondere Projekte zur Marktdurchdringung von Technologien im Bereich erneuerbare Energien und Energieeffizienz fördert. Durch dieses Programm wird zudem die Einrichtung neuer regionaler oder lokaler Energieagenturen unterstützt.

Energiefragen sind zu einem zentralen Bestandteil der Außenbeziehungen der EU geworden. Eine kohärente Energieaußenpolitik sowie der Dialog mit den Erzeugerländern werden stark intensiviert. Insbesondere strebt die EU den Aufbau und die Festigung von langfristigen Energiekooperationen mit der russischen Föderation, den Mittelmeeranrainerstaaten und den vorderasiatischen Staaten an.

Die gemeinsame Politik im Bereich der Atomenergie fällt in die Zuständigkeit der EAG,[381] die 1957 auf der Grundlage eines separaten Vertrages gegründet wurde. Die EAG ist formal neben der EU eine eigenständige supranationale internationale Organisation, teilt mit ihr jedoch sämtliche Organe (siehe oben II.A.1.). Zu den primären Aufgaben der EAG gehören heute Fragen der nuklearen Sicherheit anhand einheitlicher Sicherheitsnormen, Forschung und Entwicklung im Bereich der friedlichen Nutzung der Atomenergie und die Schaffung eines gemeinsamen Marktes für dafür verwendete Stoffe und Ausrüstungen. Weiters ist zu gewährleisten, dass das Kernmaterial nicht zu unerlaubten Zwecken, etwa zur Herstellung von Atomwaffen, verwendet wird. Die Atomenergie bleibt wichtiger Bestandteil des europäischen Energiekonzepts, wenngleich die Nationalstaaten weiterhin autonom über die Nutzung der Atomenergie entscheiden.

M. Verkehr

Rechtsgrundlage: Art 4, 90 bis 100, 170 bis 178 AEUV

Weitere Informationen:
www.europa.eu/pol/trans/index_de.htm
(Politikfelder der EU > Verkehr)

Die Fähigkeit, Personen und Güter rasch, effizient, sicher und kostengünstig per Eisenbahn, Kraftfahrzeug, Flugzeug oder Schiff zu transportieren, ist – neben der Förderung der Mobilität der Unionsbürgerinnen und Unionsbürger – eines der zentralen Ziele der EU, um eine dynamische Wirtschaft und einen dauerhaften gesellschaftlichen Zusammenhalt zu entwickeln. Der Verkehrssektor erwirtschaftet rund 10 % des BIP der MS, etwa eine Billion Euro pro Jahr. Mehr als 10 Mio Arbeitsplätze hängen von diesem Sektor ab.

Zwischen 2000 und 2020 erwartet die Kommission eine Zunahme des Güterverkehrs in der EU um 55 %, im internationalen Verkehr ist sogar ein doppelt so hohes Wachstum möglich. Angesichts dieser Entwicklung setzt die EU auf eine Verkehrspolitik, die neben der Liberalisierung auch der Nachhaltigkeit verpflichtet ist, hat doch zB der Güterverkehr allein etwa ein Drittel der verkehrsbedingten CO_2-Emissionen zu verantworten.

Die aktuellen strategischen Positionen im verkehrspolitischen Bereich hat die Kommission in der Mitteilung „Eine nachhaltige Zukunft für den Verkehr: Wege zu einem integrierten, technologieorientierten und nutzerfreundlichen System“[382] dargestellt. Demnach steht der EU zwar ein durchaus effizientes Mobilitätssystem zur Verfügung, es gilt nun aber, die Zukunftsfähigkeit dieser Mobilität zu gewährleisten. Die wesentlichen Trends, denen sich unsere Gesellschaft gegenübersieht und die unser Mobilitätssystem vor neue Herausforderungen stellen, sind nach Einschätzung der Kommission ökologische Nachhaltigkeit, Alterung, Zuwanderung, Verknappung fossiler Brennstoffe, Verstädterung und Globalisierung. Für die Bewältigung dieser Herausforderungen sind die beschleunigte Einführung innovativer Technologien und die vollständige Integration der verschiedenen Verkehrsträger von entscheidender Bedeutung. Zudem ist die Außendimension der europäischen Verkehrspolitik auszubauen, um die weitere Integration mit den Nachbarstaaten und die Wahrung der ökonomischen und ökologischen Interessen Europas im globalen Umfeld zu gewährleisten. Auf der Basis dieses Diskussionspapiers hat die Kommission ein Weißbuch veröffentlicht, in dem die im Zeitraum bis 2020 zu treffenden verkehrspolitischen Maßnahmen ausgeführt werden.

Zur Steigerung der Effizienz, Integration und Nachhaltigkeit des Güterverkehrs in Europa spielen Innovationen eine zentrale Rolle, da sie ein Mehr an Sicherheit, Funktionalität, Umweltfreundlichkeit und nahtlose Anbindung bringen können. Dabei wird es besonders auf die Anwendung von Informations- und Kommunikationstechnologien, also von intelligenten Verkehrssystemen (IVS),[383] ankommen. Ziel der RL ist es daher, einen Rahmen festzulegen, der es ermöglicht, die Einführung und Nutzung der IVS für den Straßenverkehr, einschließlich Schnittstellen zu anderen Verkehrsträgern, zu beschleunigen.

Ein weiteres Beispiel für die Nutzung neuester Technologien im Verkehrsbereich ist die Entwicklung besonders sauberer Fahrzeuge[384] („Ökofahrzeuge", wie zB Elektroautos).

Eine zusätzliche Voraussetzung für die Vereinbarkeit der wirtschaftlichen Leistungsfähigkeit des Verkehrs mit den Erfordernissen des Umweltschutzes ist die Realisierung leistungsfähiger Logistikketten. Der Verkehr auf Schienen-, See- und Binnenschifffahrtswegen ist unter dem Aspekt der Komodalität[385] attraktiver und wettbewerbsfähiger zu gestalten. Die effektive Nutzung der einzelnen Verkehrsträger und deren Kombination sind geeignet, eine optimale Ressourcenverwendung zu erreichen. Das geht hin bis zu sog Grünen Korridoren, wo verschiedene Verkehrsträger miteinander so optimal kombiniert werden, dass eine umweltfreundliche Güterbeförderung von Tür zu Tür gewährleistet wird.

Im Mittelpunkt der mit den MS geteilten Zuständigkeiten der EU steht die Liberalisierung des Personen- und Güterverkehrs. Mehr Wettbewerb bringt die Vorteile des Binnenmarktes stärker zur Geltung. Dazu gibt es zahlreiche Rechtsakte, im Straßenverkehr etwa zur Erbringung von Dienstleistungen durch einen Verkehrsunternehmer in einem MS, in dem er nicht niedergelassen ist (Kabotage),[386] zu einheitlichen technischen Vorschriften für Nutzfahrzeuge oder zu Ruhezeiten des Fahrpersonals.

Im Bereich des Schienenverkehrs[387] sind die traditionellen staatlichen Monopole trotz dreier sog Eisenbahnpakete[388] und Vorschriften zu Zugänglichkeit und Interoperabilität[389] der Netze faktisch noch ziemlich stark ausgeprägt und ein europäischer Eisenbahnraum noch nicht Realität. Die Öffnung des Schienengüterverkehrsmarkts hat zwar den Eintritt neuer Betreiber ins Schienennetz ermöglicht, aber die Marktmechanismen reichen bislang nicht aus, um den Unternehmen eine wirklich effiziente Güterverkehrsinfrastruktur zur Verfügung zu stellen. Ein wettbewerbsfähiger Güterverkehr bedarf klarer Bedingungen der Infrastrukturnutzung durch die Einrichtung grenzübergreifender Güterverkehrskorridore für ein europäisches Schienennetz, das einen effizienten Güterzugbetrieb mit reibungslosen Übergängen zwischen den nationalen

Netzen ermöglicht. Eine entsprechende Verordnung enthält Vorschriften für die Einrichtung, die Organisation sowie das Kapazitäts- und Verkehrsmanagement dieser Güterverkehrskorridore. Die Förderung der Integration der europäischen Eisenbahnsysteme und die Gewährleistung nahtloser Grenzüberquerungen sind auch die Hauptaufgaben der Europäischen Eisenbahnagentur.[390]

Demgegenüber ist der Luftverkehr[391] weitgehend liberalisiert und dem Wettbewerb geöffnet worden. Auch die Verwirklichung eines Einheitlichen Europäischen Luftraums *(single european sky)* schreitet durch eine Verbesserung des europäischen Flugverkehrsmanagements unter der technischen Federführung der Eurocontrol[392] (Europäische Organisation zur Sicherung der Luftfahrt) voran. Die VO zur Festlegung gemeinsamer Regeln für die Verkehrsflussregelung im Flugverkehr schreibt bereits ein Verfahren für die Flugplanung und die Nutzung der vorhandenen Luftraumkapazitäten während aller Flugphasen verbindlich vor. Durch die Einrichtung eines EU-Netzmanagements könnten mehr Sicherheit, eine Kapazitätssteigerung, verbesserte Kosteneffizienz und auch weniger Umweltbelastung im gesamten Luftverkehrsnetz erreicht werden. Mit den Fragen der höchstmöglichen gemeinsamen Sicherheits- und Umweltstandards in der Zivilluftfahrt befasst sich die Europäische Agentur für Flugsicherheit (EASA).[393] Sie wirkt auch an der regelmäßigen Überarbeitung der Liste der Luftfahrtunternehmen mit, denen in der EU der Betrieb untersagt ist.[394]

Die EU ist auch bestrebt, das Potenzial der Schifffahrt[395] als sehr umweltfreundliche Form des Transports verstärkt zu nutzen. Über 9.000 Handelsschiffe bilden das Transportmittel für 90 % des europäischen Außenhandels und 40 % des gesamten EU-Binnenhandels. Im Gebiet der EU gibt es rund 1.200 Handelshäfen, und die Schifffahrt zählt zu den größten Industrien Europas. Nach dem Aktionsplan zur Errichtung eines europäischen Seeverkehrsraums ohne Grenzen[396] sollen vor allem immer noch bestehende administrative Beschwernisse beseitigt werden. Der Sicherheit des Seeverkehrs widmet sich eine spezielle Agentur.[397]

Ein gerechteres System für die Erhebung von Gebühren für die Nutzung der Straßeninfrastruktur[398] auf der Grundlage, dass die Kosten vom Nutzer getragen werden und dass das Verursacherprinzip *(polluter pays)* angewandt werden kann, beispielsweise durch differenzierte Gebühren zur Berücksichtigung der Umwelteigenschaften von Fahrzeugen, ist von grundlegender Bedeutung für die

Gewährleistung einer nachhaltigen Verkehrsabwicklung. Mit der 2006 novellierten Wegekosten-RL[399] wird einer umweltorientierten Verkehrspolitik erstmals teilweise Rechnung getragen. Diese sieht ansatzweise die Möglichkeit der Internalisierung externer Kosten und der Querfinanzierung in sensiblen Gebieten vor. Die festzulegenden Mautgebühren beruhen auf dem Grundsatz der ausschließlichen Anlastung von Infrastrukturkosten. Die durchschnittlichen Mautgebühren dürfen sich an den Baukosten und den Kosten für Betrieb, Instandhaltung und Ausbau des betreffenden Verkehrswegenetzes orientieren. Für bestimmte Zwecke, wie die Bekämpfung von Umweltschäden, die Verringerung der Verkehrsüberlastung, die Minimierung von Infrastrukturschäden, die Optimierung der Nutzung der betreffenden Verkehrswege oder die Förderung der Verkehrssicherheit, können aber die MS die Mautgebührensätze differenziert festsetzen. In Ausnahmefällen kann bei Verkehrswegen in Berggebieten ein Mautaufschlag für bestimmte Straßenabschnitte erhoben werden. Die dadurch erzielten Einnahmen müssen in vorrangige Vorhaben von europäischem Interesse investiert werden. Der Mautaufschlag darf 15 % bzw in Berggebieten 25 % des Basiswertes nicht überschreiten.

Der Vorschlag der Kommission zur neuerlichen Änderung der Wegekosten-RL[400] verfolgt die Strategie der Kostenwahrheit weiter,[401] damit letztlich die Kosten für die Nutzung von Verkehrsmitteln die Gesichtspunkte Umweltverschmutzung, Infrastrukturbelastung und Klimawandel durch den Verkehr besser widerspiegeln.

2006 hat die EU das Verkehrsprotokoll der Alpenkonvention[402] unterzeichnet. Dieses ist bislang in Deutschland, Frankreich, Liechtenstein, Österreich und Slowenien in Kraft getreten. Die Alpenkonvention verhindert den Bau neuer alpenquerender Straßen, forciert umweltverträgliche Verkehrsmittel und verpflichtet die Vertragsparteien zur Internalisierung der externen Kosten des Schwerverkehrs.

Im Aktionsprogramm für die Straßenverkehrssicherheit 2011–2020[403] sind politische Leitlinien beschrieben, um die Zahl der Verkehrstoten und schwer Verletzten zu reduzieren. Verkehrsunfälle stellen den Hauptgrund für Todesfälle und Krankenhausaufenthalte europäischer Bürger bis 45 Jahre dar. Das Aktionsprogramm legt sieben strategische Ziele fest, deren Schwerpunkt auf Verbesserungen von Fahrzeugen, Infrastrukturen und des Verhaltens der Verkehrsteilnehmer liegt. In einem besonders kritischen Sektor soll dies auch mithilfe der RL über die Beförderung gefährlicher Güter im Binnenmarkt erreicht werden.[404]

Um den Bürgern, den Wirtschaftsbeteiligten sowie den regionalen und lokalen Gebietskörperschaften die Vorteile des Binnenmarktes in vollem Umfang zugute kommen zu lassen und die Kohäsion zu stärken, trägt die Union zum Auf- und Ausbau transeuropäischer Netze (TEN)[405] in den Bereichen Verkehr (TEN-V), Telekommunikation (eTEN) und Energie (TEN-E) bei. Für jeden dieser Bereiche werden Leitlinien geschaffen, in denen die Ziele, die Prioritäten und die Grundzüge der in Betracht gezogenen Aktionen erfasst und Vorhaben von gemeinsamem Interesse ausgewiesen werden. Ferner führt sie Aktionen durch, um die Interoperabilität der Netze zu gewährleisten, insbesondere im Bereich der Harmonisierung der technischen Normen. Schließlich kann die EU von den MS unterstützte Vorhaben von gemeinsamem Interesse, die im Rahmen der Leitlinien ausgewiesen sind, finanziell unterstützen.

Die Grundregeln für die Gewährung von Zuschüssen für transeuropäische Netze sind in einer VO niedergelegt.[406] Das TEN-V-Budget der EU für den Zeitraum 2007–2013 beträgt € 8,1 Mrd. Aufgrund des enormen Finanzierungsbedarfs (€ 600 Mrd allein für TEN-V bis 2020) sollten neben nationalen und gemeinschaftlichen Geldquellen auch private Investoren beteiligt und Partnerschaften zwischen dem öffentlichen und privaten Sektor angestrebt werden.

Im Bereich TEN-V werden 30 vorrangige Vorhaben determiniert.[407] Die 2.200 km lange vorrangige Achse Nr 1: Eisenbahnachse Berlin–Verona/Mailand–Bologna–Neapel–Messina–Palermo soll eine Beschleunigung im Personen- und Güterverkehr zwischen Nordeuropa und Italien bewirken. Die Errichtung des 55 km langen Brenner-Basistunnels ist das Kernstück dieser für die gesamte europäische Wirtschaft wichtigen Verkehrsverbindung.

Führerscheine[408] werden vom Wohnsitzstaat ausgestellt, aber innerhalb der EU gegenseitig anerkannt. Bei Verlegung des Wohnsitzes in einen anderen MS ist daher ein Umtausch nicht erforderlich. Die MS können jedoch dieselbe Gültigkeitsdauer und dieselbe Häufigkeit der ärztlichen Untersuchungen wie für Inhaber ihrer eigenen Führerscheine auf die Inhaber von in anderen MS ausgestellten Führerscheinen anwenden, wenn diese ihren ordentlichen Wohnsitz bei ihnen begründet haben. Der MS des ordentlichen Wohnsitzes ist auch berechtigt, seine straf- und verwaltungsrechtlichen Vorschriften auf den Führerscheininhaber anzuwenden, unabhängig davon, ob das Wohnsitzland oder ein anderer MS den Führerschein ausgestellt hat. Im Fall einer Entziehung der Fahrerlaubnis durch das Wohnsitzland gelten die gleichen Auswirkungen wie bei Inhabern inländischer Führerscheine. Der Führerschein bleibt entzogen, beziehungsweise wird eine Einschränkung darauf eingetragen. Wenn der Führerschein aber in einem anderen Land als dem Wohnsitzland entzogen wird, findet die Entscheidung des MS nur auf seinem Hoheitsgebiet Anwendung. Verlässt der Bürger das Land, das die Entziehung angeordnet hat, müssen die zuständigen Behörden den Führerschein zurückstellen.

N. Forschung, technologische Entwicklung und Raumfahrt

Rechtsgrundlage: Art 4, 179 bis 190 AEUV

Weitere Informationen:
www.europa.eu/pol/rd/index_de.htm
(Politikfelder der EU > Forschung und Innovation)

In den Bereichen Forschung, technologische Entwicklung und Raumfahrt erstreckt sich die Zuständigkeit der EU darauf, Maßnahmen und Programme zu erstellen und durchzuführen, ohne dass die Ausübung dieser Zuständigkeit die MS hindert, ihre Zuständigkeit auszuüben. Die wissenschaftlichen und technologischen Grundlagen der Union sollen dadurch gestärkt werden, dass ein europäischer Raum der Forschung geschaffen wird, in dem Freizügigkeit für Forscher herrscht, wissenschaftliche Erkenntnisse und Technologien frei ausgetauscht werden sowie die Entwicklung der Wettbewerbsfähigkeit und gemeinsame Forschungsmaßnahmen unterstützt werden. In diesem Sinne unterstützt die Union auch Unternehmen, Forschungszentren und Hochschulen bei ihren Bemühungen auf dem Gebiet der Forschung und technologischen Entwicklung von hoher Qualität; sie fördert deren ungehinderte Zusammenarbeit über die Grenzen hinweg.

Mit dem Konzept des Europäischen Forschungsraums (EFR)[409] wird ein „Binnenmarkt“ für die Forschung „als 5. Freiheit“ angestrebt, in dem Forschende, Technologie und Wissen ungehindert Grenzen passieren und einzelstaatliche und regionale Forschungstätigkeiten, -programme und -strategien effektiv koordiniert werden. Zu den konkreten Herausforderungen des EFR gehören:

- der Austausch kompetenter Forschungskräfte[410] mit einem hohen Grad an Mobilität zwischen Einrichtungen, Fachrichtungen, Sektoren und Staaten,
- Forschungsinfrastrukturen von Weltniveau, die für alle zugänglich sind, sowie Spitzenforschungseinrichtungen, die sich an öffentlich-privaten Kooperationen beteiligen,
- der effektive Wissensaustausch zwischen der Forschung der öffentlichen Hand und der Industrie,
- gut koordinierte Forschungsprogramme und -schwerpunkte,
- die Öffnung des EFR gegenüber den Nachbarstaaten der EU und Partnern in der ganzen Welt.

Das wichtigste finanzielle Förderinstrument ist das Siebte Forschungsrahmenprogramm (2007–2013),[411] das mit € 54 Mrd dotiert ist. Das Programm ist hauptsächlich auf die Stärkung der Beschäftigungssituation und der Wettbewerbsfähigkeit Europas durch vermehrte Investitionen in die Forschung ausgerichtet. Erstmals wird auch die Grundlagenforschung (Programm Ideen) unterstützt, während bislang die Forschungspolitik in Richtung unmittelbare Umsetzbarkeit und wirtschaftliche Verwertbarkeit der Forschungsergebnisse zielte. Neu sind auch die Europäischen Technologieplattformen, um die Beteiligung und Rückmeldungen der Industrie zu stärken. Die Finanzmittel sind nicht als generelle Fördermittel für Forschungseinrichtungen vorgesehen, sondern als Mittel für spezifische Arbeits- und Forschungsprojekte, deren Projektpartner aus verschiedenen MS stammen.

Die Durchführung erfolgt durch vier spezifische Programme:

- Zusammenarbeit (€ 32 Mrd): Unterstützung von Forschungsmaßnahmen in grenzüberschreitender Zusammenarbeit, zB in den Bereichen Gesundheit, IKT, Werkstoffe und neue Produktionstechnologien, Verkehr, Sozial-, Wirtschafts- und Geisteswissenschaften, Weltraum und Sicherheit,
- Ideen (€ 7,5 Mrd): Unterstützung für Forschungsarbeiten, die von einzelnen nationalen oder internationalen Teams durchgeführt werden (Pionierforschung),
- Menschen (€ 5 Mrd): Aus- und Weiterbildung und Laufbahnentwicklung von Forschenden sowie verstärkte Zusammenarbeit von Industrie und Hochschulen.

- Kapazitäten (€ 4,2 Mrd): Ausgleich struktureller Defizite, Förderungen für KMU und für „wissensorientierte Regionen".

Im Forschungsrahmenprogramm gilt für die Forschung unter Verwendung von menschlichen Stammzellen, dass Forschungstätigkeiten zum Zweck des Klonens von Menschen, zur Herstellung menschlicher Embryonen und mit dem Ziel vererbbarer Veränderungen des menschlichen Genoms nicht finanziell gefördert werden. Forschung unter Verwendung menschlicher Stammzellen darf jedoch nach Maßgabe der rechtlichen Rahmenbedingungen des betreffenden MS gefördert werden. Ein großes Zukunftsthema sind Biowissenschaften und Biotechnologie.[412] Hauptmaßnahmen sind hier:

- Förderung von Forschung und Markterschließung für biotechnische Produkte,
- Einsatz neuer Technologien und Schaffung neuen Wissens durch Erleichterung des Wissenstransfers und der Umsetzung von Forschungsergebnissen in marktfähige Produkte,
- Anregung einer fundierten gesellschaftlichen Debatte über Nutzen und Risiken von Biowissenschaften und Biotechnologie,
- Förderung eines nachhaltigen Einsatzes der Biotechnologie in der Landwirtschaft und Nutzung der Pflanzenwissenschaften für die Energieerzeugung und den Umweltschutz,
- Rechtsvollzug und Vereinfachung des Rechts mit dem Ziel der Steigerung der Wettbewerbsfähigkeit.

Neben dem Forschungsrahmenprogramm bestehen weitere forschungspolitische Instrumente:

- Das Europäische Technologieinstitut (ETI)[413] in Budapest ist bemüht, Spitzenforschung in Europa in sog Wissens- und Innovationsgemeinschaften zu vernetzen. Der Europäische Forschungsrat (ERC)[414] unterstützt die als Pionierforschung oder Frontier Research bezeichnete grundlagenorientierte Forschung von Exzellenzzentren.
- Die Gemeinsame Forschungsstelle (GFS)[415] betreibt eigenständige wissenschaftliche Forschung und steht den EU-Organen bei der Ausarbeitung und Umsetzung ihrer Politik mit unabhängiger wissenschaftlicher Beratung und technischer Unterstützung zur Seite.
- Die Europäische Zusammenarbeit auf dem Gebiet der wissenschaftlichen und technischen Forschung (COST)[416] bezieht 36

Staaten ein und nimmt eine Vorreiterrolle bei Themen ein, deren Koordination auf EU-Ebene noch nicht hinreichend etabliert ist oder für die in den notwendigerweise thematisch eng gefassten EU-Programmen kein Raum ist.

- Die Europäische Forschungsinitiative EUREKA[417] ist ein Netzwerk für marktorientierte, anwendungsnahe zivile Forschung. Zum Netzwerk gehören 39 Staaten und die Kommission. EUREKA bietet Serviceleistungen in Form von Kooperationsrahmen, Informationsnetzwerken und Projektpartnervermittlungen.

Unter dem besonderen Aspekt der Förderung des wissenschaftlichen und technischen Fortschritts und der Wettbewerbsfähigkeit der Industrie entwickelt die Union eine europäische Raumfahrtpolitik. Sie kann zu diesem Zweck gemeinsame Initiativen fördern, die Forschung und technologische Entwicklung unterstützen und die Anstrengungen zur Erforschung und Nutzung des Weltraums koordinieren. Im ordentlichen Gesetzgebungsverfahren münden die notwendigen Maßnahmen in ein Europäisches Raumfahrtprogramm. Dabei sind die zweckdienlichen Verbindungen zur Europäischen Weltraumorganisation ESA[418] herzustellen.

Auf der Basis von vorausgehenden Mitteilungen der Kommission[419] fasste der Rat Entschließungen zur Europäischen Raumfahrtpolitik und deren Weiterentwicklung.[420]

Eine eigenständige europäische Raumfahrtpolitik ist für die globale Unabhängigkeit, für die Sicherheit und für einen nachhaltigen Wohlstand Europas in einer wissensbasierten Gesellschaft von grundsätzlicher strategischer Bedeutung. Wenngleich ursprünglich Raumfahrtprojekte eine stark militärische Ausrichtung hatten oder rein wissenschaftliche Zwecke verfolgten, stellt die Raumfahrtindustrie inzwischen auch eine wichtige kommerzielle Infrastruktur dar, auf die große Teile der Wirtschaft angewiesen sind und die im Alltagsleben der Bürger eine Rolle spielen.

Die Raumfahrt bietet ein weites Feld für Hochtechnologie-Innovationen und ermöglicht die Entstehung von Leitmärkten. Die speziellen Anforderungen im Raumfahrtsektor, wie die hohe Kultur der Risikobewertung aufgrund der äußerst geringen Möglichkeit zur Fehlerkorrektur, bringen Wissen, Ideen und Talente in anderen Sektoren hervor. Das europäische Raumfahrtprogramm bietet also die Chance für die Entwicklung neuer, hochinnovativer nachgelagerter Dienste und Märkte.

Weltraumressourcen sind schließlich notwendig, damit sich die Tätigkeit der EU auf unabhängige, verlässliche und vollständige Informationen zu zentralen Herausforderungen stützen kann. So liefern sie wichtige Beiträge etwa beim Umweltschutz, zum Klimawandel, im Verkehrsbereich, beim Katastrophenschutz, aber auch in sicherheitsrelevanten Bereichen, wie Konfliktverhütung, Schutz kritischer Infrastrukturen und der Grenzen, Überwachung der Verbreitung von Massenvernichtungswaffen, Schmuggel und Überprüfung internationaler Verträge.

Um den größtmöglichen Nutzen aus den hohen Investitionen in Raumfahrttechnologien zu ziehen, müssen Raumfahrtanwendungen entwickelt werden, die den Zielsetzungen der EU-Politik und den Bedürfnissen der europäischen Unternehmen und Bürger gerecht werden. Die sich verändernden Notwendigkeiten der Nutzer erfordern insbesondere die innovative Verknüpfung der satellitengestützten Kommunikations-, Navigations- und Erdbeobachtungssysteme mit den terrestrischen Infrastrukturen.

Schlüsselfaktoren des Regulierungsrahmens für den Raumfahrtssektor sind klare Normen als Grundlage für Entscheidungen über Investitionen und künftige Märkte, vollkommene Interoperabilität zwischen nationalen und europäischen weltraumgestützten und terrestrischen Systemen, Kontrolle der Verbreitung sensibler Daten über festgestellte Protokolle, Bestimmungen über Ausfuhr- und Einfuhrkontrollen hinsichtlich sensibler Güter sowie Fragen des Immaterialgüter- und Wettbewerbsrechts.

Eine wesentliche finanzielle Grundlage der Aktivitäten in der Raumfahrt findet sich im Siebten Forschungsrahmenprogramm mit insgesamt € 1,43 Mrd. Zusätzlich stehen Mittel aus nationalen Programmen, ESA-Programmen und der Europäischen Investitionsbank (EIB) zur Verfügung. Für die Programme Egnos und Galileo speziell wurden weitere € 3,4 Mrd (2007–2013) bereitgestellt.

- Mit Egnos und Galileo[421] soll bis 2013 ein eigenständiges europäisches ziviles Satellitennavigationssystem zur weltweiten Nutzung einsatzbereit sein.
- Durch den autonomen Zugang zu Überwachungs- und Bewertungskapazitäten in den Bereichen Umwelt, Klimawandel und Sicherheit über GMES (Global Monitoring for Environment and Security)[422] können politische Entscheidungen leichter und verlässlicher getroffen werden.

- EUMETSAT, die zwischenstaatliche Europäische Organisation für die Nutzung von Meteorologischen Satelliten,[423] liefert Satellitenbilder als Grundlage für die moderne Wetterbeobachtung und Wettervorhersage.
- Der notwendige eigenständige Zugang zum Weltraum wird über den Europäischen Weltraumbahnhof in Kourou (Französisch-Guayana) und das europäische Trägerraketenprogramm Ariane sichergestellt.
- Durch die Beteiligung an der Internationalen Raumstation ISS sichert sich Europa Kapazitäten für die Grundlagenforschung und angewandte Forschung unter Weltraumbedingungen und in der bemannten Raumfahrt. Die ESA entwickelt im Rahmen ihres Wissenschaftsprogramms auch Satelliten und Instrumente zur Erforschung anderer Planeten.

Angesichts des forschungs- und technologiepolitischen Rückstands vor allem gegenüber den USA und Japan sowie konfrontiert mit Herausforderungen wie globalem Wettbewerb und Umweltproblemen sind Kreativität und Innovationskraft sowie erhebliche finanzielle und organisatorische Anstrengungen der EU gefragt, um Wohlstand und soziale Sicherheit auch für die Zukunft zu gewährleisten. Im Rahmen der Leitinitiative „Innovationsunion" zur Strategie „Europa 2020" (siehe oben V.E.) soll der Zugang zu Finanzmitteln für Forschung und Innovation daher verbessert und damit sichergestellt werden, dass innovative Ideen in wachstums- und beschäftigungswirksame Produkte und Dienstleistungen umgesetzt werden.

O. Informationsgesellschaft und Digitale Agenda

Rechtsgrundlage: Art 4, 6, 167, 170, 173 AEUV

Weitere Informationen:
www.europa.eu/pol/infso/index_de
(Politikfelder der EU > Informationsgesellschaft)

Die Industriegesellschaft ist vom quantitativ und qualitativ sprunghaften Anstieg des Einsatzes von Informations- und Kommunikationstechnologien (IKT) für die Gewinnung, Speicherung, Verarbeitung, Vermittlung, Verbreitung und Nutzung von Informationen gekennzeichnet. Der Begriff IKT umfasst dabei Geräte und Dienstleistungen sowohl der Informationstechnologie als auch der Telekommunikation. Technologiebereiche, zwischen denen früher Welten lagen, wie Computer-, Telekommunikations- und Satellitentechnik, haben sich in einem Maße angenähert, dass Festnetz-, Mobilfunk-, Internet- sowie Rundfunk- und Fernsehnetze zunehmend zu einer gemeinsamen Kommunikations- und Dienste-Infrastruktur zusammenwachsen. Insgesamt verändern diese Entwicklungen die Art und Weise, in der Menschen in Beziehung zueinander treten, Unternehmen ihre Geschäfte tätigen und Gesellschaften ihre politische, wirtschaftliche und gesellschaftliche Entwicklung planen.

Die allgemeine Verbreitung des elektronischen Informationsaustauschs, die Umstellung auf digitale Technologien, das explosive Wachstum des Internets und die Liberalisierung der elektronischen Kommunikationsnetze und -dienste sind sichtbare Zeichen dieses Wandels. Der IKT-Sektor erwirtschaftet mit einem jährlichen Marktvolumen von rund € 660 Mrd unmittelbar 5 % des europäischen Bruttoinlandsprodukts, leistet aber einen weitaus größeren Beitrag zur gesamten Produktivitätssteigerung (20 % direkt aus dem IKT-Sektor und 30 % durch IKT-Investitionen). Die IKT bildet damit eine wesentliche Grundlage der modernen Gesellschaft. Um nicht vom wachsenden globalen Informationsmarkt verdrängt zu werden, hat für die EU die Schaffung der notwendigen technischen und rechtlichen Voraussetzungen hohe Priorität.

Die Informationsgesellschaft eröffnet – neben dem Mehrwert aus der Schaffung von neuen Arbeitsplätzen und Märkten – in vielen Bereichen des täglichen Lebens völlig neue Perspektiven, insbesondere auf dem Gebiet des Zugangs zu Bildung und Wissen (E-Learning), bei der Arbeitsorganisation (Telearbeit), im Gesundheitssektor (E-Health) und in der Freizeit. Sie schafft ferner neue Möglichkeiten für das Mitspracherecht der Bürger (E-Democracy) und für die Kontakte zwischen den staatlichen Institutionen untereinander und mit den BürgerInnen (E-Government, E-Justice, E-Customs etc). Die rasante Entwicklung birgt aber auch Risken, wie unterschiedliche Partizipationschancen bzw die Marginalisierung bestimmter Bevölkerungsgruppen aufgrund sozioökonomischer und soziokultureller Barrieren *(digital gap)*, neue kriminelle Verhaltensweisen (Cyber-Kriminalität, Piraterie von geistigem Eigentum) und Missbrauch personenbezogener Daten. Im Hinblick auf dieses Potenzial und diese Gefahren hat die EU die Informationsgesellschaft zum Kern ihrer Strategie für das 21. Jahrhundert erklärt.

Die mit der Informationsgesellschaft zusammenhängenden Themenfelder stellen eine Querschnittsmaterie dar, die horizontale Lösungsstrategien erfordern. Obgleich sich die Verträge diesem Politikbereich nicht explizit näher widmen, stehen der EU hier wesentliche Kompetenzen zu. Art 170 AEUV legt nur fest, dass die Union einen Beitrag zum Auf- und Ausbau der transeuropäischen Telekommunikationsnetze leistet. Allerdings kann die EU Maßnahmen im Rahmen der verschiedensten sektorspezifischen und horizontalen Politiken auf internationaler, EU-, Mitgliedstaats- und regionaler Ebene setzen, wie zB im Rahmen der Wettbewerbspolitik, der Handelspolitik, der Forschung und technologischen Entwicklung und der Angleichung der Rechtsvorschriften. Ebenso ist das Binnenmarktregime der Niederlassungs- und Dienstleistungsfreiheit sowie des freien Warenverkehrs anzuwenden. Damit hat sich ein umfangreicher Rechtsstand im IKT-Bereich etabliert.

Bereits in den 90er-Jahren des letzten Jahrhunderts wurde schrittweise der vollständige Wettbewerb auf den Märkten für elektronische Kommunikationsnetze und -dienste realisiert.[424]

Die wichtigsten Vorschriften für elektronische Kommunikationsinfrastrukturen und zugehörige Dienste sind in fünf RL zusammengefasst, einer Rahmenrichtlinie und vier spezielle Bereiche regelnde Einzelrichtlinien, die im Wesentlichen als Paket 2002[425] erlassen und 2009[426] reformiert wurden. Die Rahmenrichtlinie determiniert harmonisierte Grundsätze für die Regulierung von elektronischen Kommunikationsnetzen und -diensten sowie für bestimmte Aspekte der Endeinrichtungen zur Erleichterung des Zugangs behinderter Nutzer. Weiters legt sie die Aufgaben der nationalen Regulierungsbehörden sowie eine Reihe von Verfahren fest, die die unionsweit harmonisierte Anwendung des Rechtsrahmens gewährleisten. Die Verfahren zur Genehmigung der Erbringung von Kommunikationsdiensten und der Bereitstellung von Kommunikationsnetzen werden durch die Genehmigungsrichtlinie harmonisiert. Die Zugangsrichtlinie beinhaltet harmonisierte Vorschriften über die Bereitstellung von Einrichtungen und/oder Diensten für ein anderes Unternehmen und für die Zusammenschaltung von Kommunikationsnetzen. Ziel der Universaldienstrichtlinie ist es, die Verfügbarkeit hochwertiger, öffentlich zugänglicher Dienste durch wirksamen Wettbewerb und Angebotsvielfalt zu gewährleisten und die Fälle zu regeln, in denen die Bedürfnisse der Endnutzer durch den Markt nicht ausreichend befriedigt werden können. Die Datenschutzrichtlinie für elektronische Kommunikation ergänzt die allgemeinen Datenschutzbestimmungen in Bezug auf die Verarbeitung personenbezogener Daten und den Schutz der Privatsphäre bzw der Vertraulichkeit in der elektronischen Kommunikation.

Die Markt- und Regulierungsentwicklungen im Bereich der elektronischen Kommunikation haben für die Bürger Vorteile in Form innovativer und erschwinglicher elektronischer Kommunikationsdienste gebracht, allerdings bestehen immer noch Hindernisse. Ein mit dem Reformpaket von 2009 geschaffener Zusammenschluss der nationalen Regulierungsbehörden (Gremium Europäischer Regulierungsstellen für elektronische Kommunikation – GEREK) soll hier weitere Fortschritte bei der Umsetzung und Weiterentwicklung des erneuerten Rechtsrahmens auf europäischer und mitgliedstaatlicher Ebene bringen.

Flankierende Regelungen dazu betreffen die europäische Internet-Domäne oberster Stufe (eu-TLD), die strategische Planung der Funkfrequenznutzung (Rechtsrahmen für die Frequenzpolitik), die Nutzung der durch die Digitalisierung des Fernsehens und Rundfunks frei werdenden Frequenzen (digitale Dividende), die Preisobergrenzen für Sprach- und Datenroaming und SMS, die einheitliche europäische Notrufnummer „112", die mit „116" beginnenden Nummernbereiche für einheitliche Rufnummern für Dienste von sozialem Wert, die Europäische Agentur für Netz- und Informationssicherheit (ENISA) sowie das Programm zum Schutz der Kinder bei der Nutzung des Internets und anderer Kommunikationstechnologien (Sicheres Internet).

Nach Artikel 167 AEUV fördert die Union die Zusammenarbeit zwischen den MS und unterstützt und ergänzt erforderlichenfalls deren Tätigkeit im künstlerischen und literarischen Schaffen, einschließlich des audiovisuellen Bereichs. Das den Verträgen beigefügte Protokoll Nr. 29 über den öffentlich-rechtlichen Rundfunk in den MS bestätigt darüber hinaus die Bedeutung der Rolle des öffentlich-rechtlichen Rundfunks, die mit den demokratischen, sozialen und kulturellen Bedürfnissen jeder Gesellschaft sowie mit dem Erfordernis verknüpft ist, den Pluralismus in den Medien zu wahren. Dies impliziert die Befugnis der MS, den öffentlich-rechtlichen Rundfunk zu finanzieren, sofern dies dem öffentlich-rechtlichen Auftrag dient und die Handels- und Wettbewerbsbedingungen nicht in einem Ausmaß beeinträchtigt, das dem gemeinsamen Interesse zuwiderläuft, wobei den Erfordernissen der Erfüllung des öffentlich-rechtlichen Auftrags Rechnung zu tragen ist.

Audiovisuelle Mediendienste sind gleichermaßen Kultur- und Wirtschaftsdienste. Ihre immer größere Bedeutung für die Gesellschaften, die Demokratie – vor allem zur Sicherung der Informationsfreiheit, der Meinungsvielfalt und des Medienpluralismus –, die Bildung und die Kultur rechtfertigt die Anwendung besonderer Vorschriften auf diese Dienste. Die RL über audiovisuelle Mediendienste[427] dient der Schaffung gemeinsamer europäischer Mindeststandards für alle linearen und nicht linearen audiovisuellen Mediendienste, dh alle Fernsehdienste und auf Abruf bereitgestellte, fernsehähnliche Mediendienste. Strengere Vorschriften einzelner MS und somit ein höheres Schutzniveau zugunsten von Verbrauchern bleiben in den einzelnen MS aber möglich. Kernbestandteil der RL ist das Herkunftslandprinzip, wonach ein Fernsehveranstalter lediglich der Gesetzgebung des MS unterliegt, in dem er ansässig ist. Zudem sind die MS untereinander verpflichtet, den gegenseitigen grenzüberschreitenden Empfang von Programmen nicht zu behindern. Geregelt werden außerdem das Recht auf Kurzberichterstattung auch bei Exklusivrechten an Fernsehsendungen von hohem Interesse und das Recht auf Gegendarstellung. Weiters finden sich in der RL detaillierte Vorschriften zum Jugendschutz, gegen Aufstachelung zum Hass, zur Medienerziehung, zu Werbung, Teleshopping und Sponsoring sowie zur Zusammenarbeit der unabhängigen Regulierungsstellen der MS.

Im Rahmen der Strategie „Europa 2020“ (siehe oben V.E.) beschloss die Kommission als eine der Leitinitiativen die „Digitale Agenda für Europa“.[428] Diese sieht eine Reihe strategischer Maßnahmen vor, die insgesamt das Ziel verfolgen, aus einem digitalen Binnenmarkt, der auf einem schnellen bis extrem schnellen Internet und interoperablen Anwendungen beruht, einen nachhaltigen wirtschaftlichen und sozialen Nutzen zu ziehen. Die Agenda nennt sieben vorrangige Aktionsbereiche: Schaffung eines einfacher funktionierenden digitalen Binnenmarkts, größere Interoperabilität durch verbesserte IKT-Normung, Steigerung von Vertrauen und Sicherheit im Internet, schnellere Internetverbindungen, mehr Investitionen in die Forschung und Entwicklung, Verbesserung der digitalen Kompetenzen und Integration sowie Einsatz der IKT zur Bewältigung gesellschaftlicher Herausforderungen wie Klimawandel und Bevölkerungsalterung. In diesen sieben Bereichen sind etwa 100 Folgemaßnahmen, darunter 31 Legislativvorschläge in Ausarbeitung.

Parallel zur Regelung des rechtlichen Umfeldes setzt die EU zahlreiche Maßnahmen zur Förderung der Informationsgesellschaft.

Das Förderprogramm für den europäischen audiovisuellen Sektor (MEDIA 2007)[429] soll die kulturelle und sprachliche Vielfalt und das europäische kinematographische und audiovisuelle Erbe stärken, der Öffentlichkeit den Zugang zu diesem Erbe gewährleisten und den Dialog zwischen den Kulturen fördern. Die Verbreitung europäischer audiovisueller Werke und das Abnehmerpotenzial sollen erhöht sowie die Wettbewerbsfähigkeit der audiovisuellen Branche im Rahmen eines offenen und beschäftigungsfördernden Marktes gestärkt werden. Für den Zeitraum 2007–2013 ist dieses Förderprogramm mit € 755 Mio dotiert.

Im Siebten Forschungsrahmenprogramm (siehe oben V.N.) wurde der IKT erhebliche inhaltliche und mit € 9 Mrd auch finanzielle Aufmerksamkeit zuteil. Damit sollen Europas wissenschaftliche und technologische Grundlagen auf dem Gebiet der IKT gestärkt, durch die Nutzung der IKT die Innovation angeregt und insgesamt sichergestellt werden, dass sich Fortschritte der IKT rasch verbreiten.

Eines der drei spezifischen Unterprogramme des Rahmenprogramms für Wettbewerbsfähigkeit und Innovation CIP (siehe oben V.H.) ist das Programm zur Unterstützung der IKT-Politik. Mit € 728 Mio an Fördergeldern sollen den zusammenwachsenden Märkten für elektronische Netze, Medieninhalte und digitale Technologien Impulse zur Beseitigung von Engpässen gegeben werden, die eine stärkere Verbreitung elektronischer Dienstleistungen in Europa behindern.

P. Bildung

Rechtsgrundlage: Art 6, 9, 165 bis 166 AEUV

Weitere Informationen:
www.europa.eu/pol/educ/index_de.htm
(Politikfelder der EU > Bildung, Ausbildung, Jugend)

Die EU trägt zur Entwicklung einer qualitativ hochstehenden allgemeinen und beruflichen Bildung dadurch bei, dass sie die Zusammenarbeit zwischen den MS fördert und die Tätigkeit der MS – unter strikter Beachtung der Verantwortung der MS für die Lehrinhalte und die Gestaltung des Bildungssystems sowie der Vielfalt ihrer Kulturen und Sprachen – erforderlichenfalls unterstützt und ergänzt. Die Tätigkeit hat folgende Ziele:

- Entwicklung der europäischen Dimension im Bildungswesen,
- Förderung der Mobilität von Lernenden und Lehrenden,
- Förderung der Zusammenarbeit zwischen den Bildungseinrichtungen,
- Förderung der Entwicklung der Fernlehre.

Die Ziele speziell im Bereich berufliche Bildung sind: Erleichterung der Anpassung an die industriellen Wandlungsprozesse, insbesondere durch berufliche Bildung und Umschulung; Verbesserung der beruflichen Erstausbildung und Weiterbildung zur Erleichterung der beruflichen Eingliederung und Wiedereingliederung; Erleichterung der Aufnahme einer beruflichen Bildung sowie Förderung der Mobilität der Ausbilder und der in beruflicher Bildung befindlichen Personen; Förderung der Zusammenarbeit in Fragen der beruflichen Bildung zwischen Unterrichtsanstalten und Unternehmen; Ausbau des Informations- und Erfahrungsaustauschs über gemeinsame Probleme im Rahmen der Berufsbildungssysteme; Zusammenarbeit mit Drittstaaten und Internationalen Organisationen.

Als Beitrag zur Verwirklichung dieser Ziele können EP und Rat im ordentlichen Gesetzgebungsverfahren Fördermaßnahmen erlassen und der Rat auf Vorschlag der Kommission Empfehlungen abgeben. Die Bildungspolitik gehört jedenfalls wie die Kulturpolitik zum Kernbestand der mitgliedstaatlichen Kompetenzen. Die Harmonisierung nationaler Rechts- und Verwaltungsvorschriften ist ausgeschlossen. Durch die sehr integrationsfreudige Rechtsprechung des EuGH wird jedoch immer stärker in die mitgliedstaatlichen Kompetenzen der Bildungspolitik eingegriffen (siehe zB das Urteil zum Hochschulzugang in Österreich oben II.C.6. und IV.B.).

Im „Strategischen Rahmen für die europäische Zusammenarbeit in der allgemeinen und beruflichen Bildung (ET 2020)“[430] werden folgende Ziele näher ausgeführt:

- Verwirklichung lebenslangen Lernens und grenzüberschreitender Mobilität,
- Steigerung der Qualität und Effizienz der allgemeinen und beruflichen Bildung,

- Eintritt für Gerechtigkeit und sozialen Zusammenhalt sowie aktiven Bürgersinn,
- Förderung der Innovationsfähigkeit und Kreativität auf allen Stufen der allgemeinen und beruflichen Bildung.

Weitere strategische Festlegungen und Bezugnahmen auf bildungspolitische Referenzdokumente enthalten die Schlussfolgerungen des Rates vom 11. Mai 2010.[431]

Durch den Bologna-Prozess[432] wird ein gemeinsamer Hochschulraum etabliert, der zu einer besseren Nutzung des vorhandenen Wissenspotenzials führt. Die Ziele des Bologna-Prozesses lassen sich unter drei große Themen subsumieren: die Förderung von Mobilität, internationaler Wettbewerbsfähigkeit und Beschäftigungsfähigkeit. Dies umfasst als Unterziele:
- Schaffung eines dreistufigen Systems von Studienabschlüssen (Bachelor, Master, Doktorat),
- Einführung eines Europäischen Systems zur Übertragung und Akkumulierung von Studienleistungen *(European Credit Transfer System – ECTS)*[433] basierend auf dem durchschnittlich notwendigen Aufwand für die Absolvierung einer Lehrveranstaltung sowie einer Modularisierung der Lehrveranstaltungen,
- Förderung der Mobilität durch Anerkennung von Studienabschlüssen und Teilleistungen,
- Qualitätsentwicklung der Hochschulausbildung durch Akkreditierung der Studiengänge und Förderung der europäischen Zusammenarbeit,
- Verzahnung des europäischen Hochschulraumes mit dem europäischen Forschungsraum,
- Förderung der Employability-Kompetenzen, wie Selbstmanagement, Teamfähigkeit, Arbeitsorganisation.

Ein Jahrzehnt nach dem Start des Bologna-Prozesses haben die Minister der zwischenzeitlich 47 beteiligten Staaten Defizite bei der Umsetzung festgestellt. Von der Strategie „Europa 2020“ erwartet man sich daher neue Anstöße, insbesondere Maßnahmen, mit denen der Anteil der Graduierten von weniger als einem Drittel auf mindestens 40 % der Bevölkerung ansteigen und der Anteil der Hochschulabgänger, die einen Studien- oder Arbeitsaufenthalt im Ausland absolviert haben, bei 20 % liegen soll.

Der Kopenhagen-Prozess[434] zur verstärkten Zusammenarbeit im Bereich der beruflichen Bildung[435] verfolgt folgende Prioritäten:

- Verbesserung der Attraktivität und Qualität der beruflichen Bildung,
- Einbeziehung aller Stakeholder im Bildungsbereich,
- Entwicklung und Implementierung gemeinsamer Instrumente für die berufliche Bildung,
- Einrichtung eines Europäischen Leistungspunktesystems für die Berufsbildung *(European Credit System for Vocational Education and Training – ECVET)*[436] zur Anerkennung von in einem anderen Land erworbenen Kenntnissen und Fähigkeiten.

Der Europäische Qualifikationsrahmen für lebenslanges Lernen (EQR)[437] schafft einen gemeinsamen Referenzrahmen als Übersetzungsinstrument zwischen verschiedenen Qualifikationssystemen und deren Niveaus, und zwar sowohl für die allgemeine und die Hochschulbildung als auch für die berufliche Bildung. Dies führt zu einer besseren Transparenz, Vergleichbarkeit und Übertragbarkeit der Qualifikationsbescheinigungen, die den Bürgern in den verschiedenen MS ausgestellt werden. Jedes Qualifikationsniveau sollte grundsätzlich auf verschiedenen Bildungs- und Karrierewegen erreichbar sein. Der EQR leistet damit einen Beitrag zu den allgemeinen Zielen der Förderung des lebenslangen Lernens und der Erhöhung der Beschäftigungsfähigkeit, Mobilität und sozialen Integration von Arbeitskräften und Lernenden. Der Europass hilft Arbeitssuchenden, die im In- oder Ausland eine Stelle finden möchten, ihre Qualifikationen und Fertigkeiten so darzustellen, dass Arbeitgeber diese verstehen und richtig einschätzen können.[438]

Das Aktionsprogramm im Bereich des lebenslangen Lernens[439] ist für die laufende Förderperiode mit € 6,9 Mrd dotiert. Das Programm trägt zu einer qualitativ hochwertigen allgemeinen und beruflichen Bildung bei, um dadurch auch die globale Wettbewerbsfähigkeit der EU zu erhöhen. Es umfasst sechs sektorale Einzelprogramme:

- Das Programm Comenius (€ 1 Mrd) zielt auf die Lehr- und Lernbedürfnisse der Vorschul- und Schulbildung bis zum Ende des Sekundarbereichs II sowie auf die Einrichtungen und Organisationen, die entsprechende Bildungsgänge anbieten, ab.
- Das Programm Erasmus (€ 3,1 Mrd) ist ausgerichtet auf die Lehr- und Lernbedürfnisse der formalen Hochschulbildung und der

beruflichen Bildung der Tertiärstufe – unabhängig von der Länge des Bildungsgangs oder der Qualifikation, einschließlich Promotionsstudien – sowie auf die Einrichtungen und Organisationen, die entsprechende allgemeine oder berufliche Bildungsgänge anbieten oder fördern. Bis 2013 werden rund drei Mio Studierende in einem der 31 beteiligten Staaten dieses Programm genutzt haben.

- Das Programm Leonardo da Vinci (€ 1,7 Mrd) hat als Fokus die Lehr- und Lernbedürfnisse der beruflichen Bildung – ausgenommen die berufliche Bildung der Tertiärstufe – sowie auf die Einrichtungen und Organisationen, die entsprechende Bildungsgänge anbieten oder fördern.
- Das Programm Grundtvig (€ 358 Mio) dient der Verbesserung der Qualität der Erwachsenenbildung.
- Das Querschnittsprogramm umfasst vier Schwerpunktaktivitäten: Politische Zusammenarbeit und Innovation in Bezug auf lebenslanges Lernen, Förderung des Sprachenlernens, Entwicklung von innovativen, IKT-gestützten Inhalten, Diensten, pädagogischen Ansätzen und Verfahren für das lebenslange Lernen sowie Verbreitung und Nutzung der Ergebnisse von geförderten Maßnahmen.
- Mit dem Programm Jean Monnet werden Einrichtungen und Aktivitäten gefördert, die sich mit Fragen der europäischen Integration befassen.

Das Programm TEMPUS fördert die Modernisierung des Hochschulwesens in 28 Partnerländern aus dem westlichen Balkan, Osteuropa, Zentralasien, Nordafrika und dem Nahen Osten. Ein weiteres Programm zur Zusammenarbeit mit Drittstaaten im Bildungsbereich ist ERASMUS MUNDUS, das Studierenden aus Drittstaaten das Studium an einer Hochschule in Europa ermöglicht.

Informationen und Analysen zu europäischen Bildungssystemen und -politiken sammelt und veröffentlicht das Eurydice-Netz.[440]

Zur Bildungspolitik im weiteren Sinn zählen auch Maßnahmen zur gegenseitigen Anerkennung von Berufsqualifikationen im Zusammenhang mit dem Zugang zu einem reglementierten Beruf oder wenn dessen Ausübung an den Besitz bestimmter Berufsqualifikationen geknüpft ist (siehe oben IV.A.5.b.). Bei der Anerkennung akademischer Grade sind die Hochschulen und Universitäten in ihrer Entscheidung jedoch frei. Am Studentenaustausch beteiligte Bildungsinstitutionen und die Informationsstellen der Ministerien für Anerkennungsfragen sind im ENIC-NARIC-Netzwerk[441] zusammengeschlossen. Die Anerkennung der unterschiedlichen Reifezeugnisse für die Zulassung zum Studium richtet sich wiederum nach den jeweiligen nationalstaatlichen Verfahren bzw nach der Europäischen Konvention über die Gleichwertigkeit der Reifezeugnisse vom 11.12.1953, der alle EU-Staaten beigetreten sind.[442]

Q. Verbraucherschutz

Rechtsgrundlage: Art 4, 12, 169 AEUV

Weitere Informationen:
www.europa.eu/pol/cons/index_de.htm
(Politikfelder der EU > Verbraucher)

Zur Förderung der Interessen der Verbraucher und zur Gewährleistung eines hohen Verbraucherschutzniveaus leistet die EU im Rahmen der geteilten Zuständigkeit einen Beitrag zum Schutz der Gesundheit, der Sicherheit und der wirtschaftlichen Interessen der Verbraucher sowie zur Förderung ihres Rechtes auf Information, Erziehung und Bildung von Vereinigungen zur Wahrung ihrer Interessen. Die Maßnahmen der Union hindern die einzelnen MS nicht daran, mit den Verträgen vereinbare strengere Schutzmaßnahmen beizubehalten oder zu ergreifen. Die gemeinsamen Ziele sollen erreicht werden durch:

- Verfolgung eines hohen Schutzniveaus bei der Angleichung der Binnenmarktvorschriften, gestützt auf neue Entwicklungen und wissenschaftliche Erkenntnisse,
- Unterstützung, Ergänzung und Überwachung der Politik der MS,
- Achtung der Erfordernisse des Verbraucherschutzes als Querschnittsmaterie bei der Festlegung und Durchführung aller anderen Unionspolitiken und -maßnahmen.

Die Verbraucherpolitische Strategie der EU (2007–2013)[443] definiert folgende fünf Prioritäten:

- moderne Rechtsregeln für grenzüberschreitendes Einkaufen,
- solide Systeme für den Rechtsschutz,
- Produktsicherheit,
- Verbraucherschutz als Richtschnur der Binnenmarktpolitik,

- effiziente Konsumenteninformation.

Die Rechtsakte ergingen und ergehen insbesondere in folgenden Bereichen: Produktsicherheit, Produkthaftung, Gewährleistung, Passagierrechte im Flug-, Bus-, Bahn- und Schiffverkehr, Handytarife im Ausland, Lebensmittelsicherheit, -hygiene und -kennzeichnung im Allgemeinen und biologischer bzw ökologischer Erzeugnisse im Besonderen, Schutz von Ursprungsbezeichnungen, geographischen Angaben und traditionellen Lebensmittelspezialitäten, Rechtsdurchsetzung im grenzüberschreitenden Waren- und Dienstleistungsverkehr, Mindeststandards zu Fragen der Etikettierung, der Werbung und des Marketing, grenzüberschreitender Zahlungsverkehr, Verbraucherkredite und andere Finanzdienstleistungen, unlautere Geschäftspraktiken, Haustürgeschäfte, Timesharing, Fernverkauf.

Jede RL befasst sich mit einem Einzelbereich, wobei Zusammenhänge zwischen den jeweiligen Rechtsgebieten oft fehlen. Gemeinsame Grundstrukturen der verschiedenen RL werden daher nur in begrenztem Maße deutlich. Dabei geben sie meist einen Mindeststandard für das zu erreichende Schutz- oder Regelungsniveau vor. Den MS bleibt es aber unbenommen, strengere Schutzmaßnahmen beizubehalten oder zu ergreifen. Eine Überprüfung des Rechtsbesitzstandes im Verbraucherschutz[444] ergab, dass in einigen Bereichen Zusammenführungen, Systematisierungen, Beseitigung von Unstimmigkeiten und Regelungslücken, Vereinfachungen und Aktualisierungen angezeigt sind.[445]

- Produktsicherheit wird gewährleistet durch verschärfte Vorschriften über das CE-Siegel.[446] Dieses ist zwar kein Qualitätszeichen im engeren Sinn, aber ein Nachweis, dass das Produkt alle einschlägigen EU-Standards vor allem in Bezug auf Sicherheit und Gesundheit erfüllt.
- Mit der VO über die ökologische/biologische Produktion und die Kennzeichnung von ökologischen/biologischen Erzeugnissen[447] werden Ziele, Grundsätze und Regeln auf diesem Gebiet vorgegeben. Dies soll mehr Transparenz gewährleisten und das Verbrauchervertrauen in die Produkte stärken. Das Logo zeigt 12 weiße Sterne in Form eines Blattes auf grünem Hintergrund.
- Die VO über nährwert- und gesundheitsbezogene Angaben über Lebensmittel *(health claim)*[448] soll sicherstellen, dass bei nährwert- und gesundheitsbezogenen Angaben auf Lebensmitteln (zB zu-

ckerfrei, fettarm oder light) eine zuverlässige wissenschaftliche Grundlage dafür gegeben ist.

- Die Zulässigkeit von Lebensmittelzusatzstoffen, Aromen und Enzymen ist in einem Verordnungspaket neu geregelt worden.[449] Geprüft durch die Europäische Behörde für Lebensmittelsicherheit (EFSA),[450] ein wissenschaftliches und lebensmitteltechnisches Beratungsgremium mit Sitz in Parma, werden diese in eine Positivliste aufgenommen. Jene, die den gesundheitlichen Anforderungen nicht gerecht werden, werden verboten und aus dem Handel genommen.
- Neuartige Lebensmittel *(novel foods)*[451] dürfen nur mit einer Zulassung auf den Markt gebracht werden. Für diese Lebensmittel gelten auch spezielle Etikettierungsvorschriften, zB wenn ein Lebensmittel Zutaten enthält, welche die Gesundheit der Menschen durch ein allergenes Potenzial beeinflussen können oder gegen das ethische oder religiöse Bedenken bestehen. Ebenso sind Lebensmittel zu kennzeichnen, die sich von vergleichbaren traditionellen Lebensmitteln unterscheiden, und zwar in der Zusammensetzung, im Nährwert, in der nutritiven Wirkung oder im Gebrauch.
- Die RL über die absichtliche Freisetzung genetisch veränderter Organismen[452] schreibt eine strenge Risikokontrolle vor, bevor entsprechende Nahrungsmittel und Kulturpflanzen verkauft, vermarktet und angepflanzt werden dürfen. Die VO über genetisch veränderte Lebens- und Futtermittel[453] führt ein zentralisiertes Zulassungsverfahren für genetisch veränderte Organismen in Lebens- und Futtermitteln ein. Die VO über die Rückverfolgbarkeit und Kennzeichnung von genetisch veränderten Organismen und über die Rückverfolgbarkeit von aus genetisch veränderten Organismen hergestellten Lebensmitteln und Futtermitteln[454] schreibt die Kennzeichnung von allen Lebensmitteln vor, die mit genetisch veränderten Organismen erzeugt wurden.

Das Aktionsprogramm im Bereich Verbraucherpolitik (2007–2013),[455] das mit € 156,8 Mio dotiert ist, setzt sich das Ziel, zum Schutz der Gesundheit, Sicherheit und der wirtschaftlichen und rechtlichen Interessen der Verbraucherschaft sowie zur Förderung ihrer Rechte auf Information, Bildung und Selbstorganisation beizutragen.

Zur professionellen Konsumenteninformation wurde ein Netz von Europäischen Verbraucherzentren[456] eingerichtet, die sich der

Information der Verbraucherschaft sowie der Durchsetzung deren Interessen vor allem in grenzüberschreitenden Fragen widmen.

Wichtig ist die effektive Zusammenarbeit der für die Durchsetzung der Verbraucherschutzgesetze zuständigen nationalen Behörden. Die Frühwarnzentrale RAPEX[457] veröffentlicht Daten von Alltagsgegenständen, bei denen Behörden, Hersteller oder Importeure ein gesundheitliches Risiko vermuten. Der Online-Verbraucherratgeber „eYouGuide" informiert Verbraucher über die EU-Gesetzgebung und das jeweilige nationalen Recht, über den Schutz persönlicher und die Sicherheit finanzieller Daten sowie über Regeln der Online-Werbung und das Online-Urheberrecht.[458]

Verbraucherausgaben machen ca 58 % des BIP der EU aus, und der Verbraucherschutz betrifft die Bürgerinnen und Bürger besonders hautnah. Er ist daher sehr geeignet, den Mehrwert des europäischen Integrationsprojektes aufzuzeigen. Grundvoraussetzung ist jedoch eine effektive Politikgestaltung zum Nutzen der Bürger. Gerade deshalb wäre es wichtig, dass die EU sich laufend den neuen Herausforderungen des Konsumentenschutzes stellt.

R. Gesundheitswesen

Rechtsgrundlage: Art 6, 9, 168 AEUV

Weitere Informationen:
www.europa.eu/pol/health/index_de.htm
(Politikfelder der EU > Gesundheitswesen)
www.europa.eu/health-eu (Gesundheitsportal der EU)

Die EU ist für die Durchführung von Maßnahmen zur Unterstützung, Koordinierung oder Ergänzung der Maßnahmen der MS im Bereich Schutz und Verbesserung der menschlichen Gesundheit zuständig. Den Erfordernissen eines hohen Gesundheitsschutzniveaus wird als Querschnittsmaterie insgesamt bei der Festlegung und Durchführung der Unionspolitiken und -maßnahmen Rechnung getragen.

Die Tätigkeit der Union ergänzt die Politik der MS und ist auf die Verbesserung der Gesundheit der Bevölkerung, die Verhütung von Humankrankheiten und die Beseitigung von Ursachen für die Gefährdung der körperlichen und geistigen Gesundheit gerichtet. Sie umfasst die Bekämpfung der weit verbreiteten schweren Krankheiten, wobei die Erforschung der Ursachen, der Übertragung und der Verhütung dieser Krankheiten sowie Gesundheitsinformation und -erziehung gefördert werden; außerdem umfasst sie die Beobachtung, frühzeitige Meldung und Bekämpfung schwerwiegender grenzüberschreitender Gesundheitsgefahren. Die Union ergänzt die Maßnahmen der MS zur Verringerung drogenkonsumbedingter Gesundheitsschäden einschließlich der Informations- und Vorbeugungsmaßnahmen. Die Union fördert die Zusammenarbeit zwischen den MS, die darauf abzielt, die Komplementarität ihrer Gesundheitsdienste in den Grenzgebieten zu verbessern. Schließlich wird auch eine Zusammenarbeit mit Drittstaaten und den für das Gesundheitswesen zuständigen Internationalen Organisationen angestrebt.

Die Gesundheitspolitische Strategie 2008–2013[459] legt einen weit gefassten sektorübergreifenden Rahmen fest, der umfassend und kohärent auf eine Vielzahl von Herausforderungen eingeht. Er sieht konkrete Maßnahmen vor, die unter anderem darauf abzielen, die Abwehr von Gesundheitsgefahren zu stärken, die Prävention zu erhöhen und die Bürger zu befähigen, aufgeklärte Entscheidungen über ihre Gesundheit treffen zu können. Insgesamt soll die Strategie dazu beitragen, die Gesundheit in einem alternden Europa zu fördern, die Bürger vor Gesundheitsgefahren zu schützen und dynamische Gesundheitssysteme zu unterstützen.

Mit dem Aktionsplan für einen europäischen Raum der elektronischen Gesundheitsdienste[460] sollen die Vorteile der Informationsgesellschaft auch im Gesundheitsbereich allgemein zugänglich gemacht werden. Ein Produkt der E-Health-Strategie ist die Europäische Krankenversicherungskarte[461] sowie die elektronische Gesundheitskarte.

Ein weiteres Ziel ist, dass alle Bürger gleichermaßen die Chance auf einen hohen Gesundheitsstandard haben, und zwar unabhängig von ihrem Wohnort oder ihrem sozialen und ethnischen Hintergrund. Die Gründe für gesundheitliche Ungleichheiten sind komplex und werden von zahlreichen Faktoren wie Einkommen, Bildung, Lebens- und Arbeitsbedingungen, gesundheitlichem Verhalten und Zugang zur Gesundheitsversorgung bestimmt.[462]

Um die Ziele zu erreichen, wurden unter anderem Rechtsakte in folgenden Bereichen erlassen: Herstellung, Aufmachung und Verkauf von Tabakerzeugnissen, Verbot der Werbung und des Sponsorings zugunsten von Tabakerzeugnissen, Vorschriften für Medikamente aus Blut oder Blutplasma, Bestimmungen über die Qualität und die Sicherheit von Blut und Blutbestandteilen, Qualitäts- und Sicherheitsstandards für zur Transplantation bestimmte menschliche Organe sowie Qualitäts- und Sicherheitsstandards für menschliche Gewebe und Zellen.

Im Zuge der Verhandlungen über die Dienstleistungs-RL (siehe oben IV.A.5.a.) wurden die Gesundheitsdienstleistungen aus dieser RL ausgenommen. Eine spezielle RL über die Ausübung der Patientenrechte in der grenzüberschreitenden Gesundheitsversorgung ist im Gesetzgebungsprozess nun nach langwierigen Verhandlungen über die Auswirkungen auf die Finanzierung der Gesundheitssysteme sehr weit gediehen.[463]

Das Aktionsprogramm im Bereich der Gesundheit[464] ist mit € 321,5 Mio dotiert und beinhaltet drei Zielvorgaben:

- Gesundheitsschutz: Maßnahmen auf den Gebieten Patientensicherheit, Vermeidung von Verletzungen und Unfällen sowie Vorschriften in Bezug auf Blut, Gewebe und Zellmaterial,
- Gesundheitsförderung: Zusammenarbeit zwischen den nationalen Gesundheitsbehörden zu grenzüberschreitenden Themen, wie Mobilität von Kranken und Fachkräften,
- Schaffung und Verbreitung von Wissen zu Gesundheitsfragen: Aufklärung der Bevölkerung über gesundheitliche Fragen.

Die Europäische Arzneimittelagentur (EMEA)[465] mit Sitz in London ist für die laufende Bewertung und Überwachung aller Human- und Tierarzneimittel zuständig. Bei ihrer Arbeit bedient sie sich der wissenschaftlichen Ressourcen aus den MS über ein Netzwerk nationaler Behörden. Darüber hinaus kooperiert die EMEA eng mit internationalen Stellen. Die EMEA spielt eine wesentliche Rolle im Arzneimittelzulassungssystem auf europäischer Ebene. Auf der Basis ihrer Bewertung entscheidet die Kommission über die von Arzneimittelherstellern mittels des zentralen Verfahrens gestellten Zulassungsanträge. Sie fungiert in den dezentral geführten Antragsverfahren als Schlichtungsstelle, wenn sich bestimmte Behörden der MS nicht einig in der Bewertung eines Arzneimittels sind, dessen Zulassung beantragt wurde.

S. Katastrophenschutz

Rechtsgrundlage: Art 6, 196 AEUV

Weitere Informationen:
www.ec.europa.eu/echo/civil_protection/civil
(Kommission > Zivilschutz)

Die EU ist für die Durchführung von Maßnahmen zur Unterstützung, Koordinierung oder Ergänzung der Maßnahmen der MS im Bereich des Katastrophenschutzes zuständig. Die Union fördert dabei die Zusammenarbeit zwischen den MS, um die Systeme zur Verhütung von Naturkatastrophen oder von vom Menschen verursachten Katastrophen und zum Schutz vor solchen Katastrophen wirksamer zu gestalten. Die Tätigkeit der EU hat folgende Ziele:

- Unterstützung und Ergänzung der Tätigkeit der MS auf nationaler, regionaler und kommunaler Ebene im Hinblick auf die Risikoprävention, auf die Ausbildung der in den MS am Katastrophenschutz Beteiligten und auf Einsätze im Falle von Naturkatastrophen oder von vom Menschen verursachten Katastrophen,
- Förderung einer schnellen und effizienten Zusammenarbeit zwischen den einzelstaatlichen Katastrophenschutzstellen,
- Verbesserung der Kohärenz der Katastrophenschutzmaßnahmen auf internationaler Ebene.

Die Mitteilung „Stärkung der Katastrophenabwehrkapazitäten der EU"[466] enthält einen Aktionsplan mit notwendigen Maßnahmen zur Verbesserung des Katastrophenschutzes:

- Verstärkung der interinstitutionellen Zusammenarbeit bei speziellen Katastrophenfällen, die den Rückgriff auf verschiedene Instrumente erfordern, auch durch Bildung gemeinsamer Planungs- und Einsatzteams,
- Verbesserung der Katastrophenschutzvorsorge und der Frühwarnsysteme,
- Ausbau des Gemeinschaftsverfahrens für den Katastrophenschutz (Beobachtungs- und Informationszentrum-BIZ) zu einem Einsatzzentrum, dem im Ernstfall Notfallreserven zur Verfügung stehen,
- Aufbau eines europäischen Ausbildungsnetzes für Katastrophenschutz,
- Intensivierung der humanitären Hilfe durch Schließung von Versorgungslücken.

Das Gemeinschaftskonzept zur Verhütung von Naturkatastrophen und von Menschen verursachten Katastrophen[467] beschreibt Maßnahmen, in denen ein gemeinsames Vorgehen wirksamer ist als Einzelmaßnahmen der MS. Hierzu gehören der Aufbau von Wissen, die Abstimmung von Akteuren und Strategien sowie Verbesserungen bestehender gemeinsamer Instrumente für die Katastrophenverhütung, etwa durch den Aufbau eines Dateninventars, die Festlegung von Leitlinien für die Gefahren- bzw Risikokartierung und die Förderung von Forschungsarbeiten.

Was speziell das Hochwasserrisiko anbelangt, werden die MS mit der RL über die Bewertung und das Management von Hochwasserrisiken[468] verpflichtet, das Hochwasserrisiko ihrer Flussgebietseinheiten und Küstengebiete vorausschauend zu bewerten. Darauf aufbauend haben die MS Hochwasserrisikokarten und Hochwassermanagementpläne zu erstellen.

Mit der Ratsentscheidung über das Gemeinschaftsverfahren für den Katastrophenschutz[469] wird ein Verfahren der Zusammenarbeit eingeführt, um die Koordination des Einsatzes der Katastrophenschutzdienste in einem schweren Notfall (Naturkatastrophe, technische Havarie, Strahlenunfall, Umweltkatastrophe, Terroranschlag) innerhalb oder außerhalb der Union zu verbessern. Es erleichtert die Mobilisierung von Einsatzteams, Experten und sonstigen Ressourcen über eine verstärkte gemeinsame Infrastruktur für den Katastrophenschutz, die ein Beobachtungs- und Informationszentrum (MIC) und ein gemeinsames Kommunikations- und Informationssystem für Notfälle (CECIS) umfasst. Weiters bietet es die Möglichkeit, gesicherte Daten über Katastrophen zu sammeln, diese an die MS weiterzugeben und die bei den Einsätzen gesammelten Erfahrungen auszutauschen.

Das „Finanzierungsinstrument für den Katastrophenschutz[470] ermöglicht finanzielle Unterstützung bei Katastrophenschutzeinsätzen, aber auch zur Weiterentwicklung von Präventiv- und Vorsorgemaßnahmen. Der finanzielle Rahmen beträgt für die Finanzperiode 2007–2013 € 189,8 Mio.

Bei Naturkatastrophen größeren Ausmaßes, die gravierende Folgen für die Lebensbedingungen, die Umwelt oder die Wirtschaft einer oder mehrerer Regionen eines MS haben, kann Unterstützung aus dem Solidaritätsfonds der Europäischen Union[471] gewährt werden. Die Gelder dienen der Behebung von grundsätzlich nicht versicherbaren Schäden und betreffen den kurzfristigen Wiederaufbau zerstörter Infrastrukturen und Ausrüstungen in den Bereichen Energieversorgung, Wasser, Abwasser, Telekommunikation, Verkehr, Gesundheit und Bildung, die Bereitstellung von Notunterkünften und die Mobilisierung von Hilfsdiensten, die unverzügliche Sicherung der Schutzeinrichtungen und Maßnahmen zum Schutz des Kulturerbes sowie die Säuberung der von der Katastrophe betroffenen Gebiete.

Maßnahmen zur Verhinderung und Bewältigung von Katastrophen können auch in anderen Förderschienen (Regional-, Umwelt-, Forschungsförderung, Ländlicher Raum, IKT etc) vorgesehen werden.

T. Kultur

Rechtsgrundlage: Art 3, 6, 167 AEUV

Weitere Informationen:
www.europa.eu/pol/cult/index_de.htm
(Politikfelder der EU > Kultur)
www.ec.europa.eu/culture (Kulturportal der EU)

Europa definiert sich ganz wesentlich über die Kultur. Die unterschiedlichen künstlerischen, wissenschaftlichen und philosophischen Strömungen in Europa haben sich im Laufe der Jahrhunderte gegenseitig beeinflusst und befruchtet. So haben sie das gemeinsame Erbe geschaffen, auf das sich die verschiedenen europäischen Kulturen heute beziehen. Die Kultur- und Kreativwirtschaft bietet aber auch rund 5 Mio Menschen einen Arbeitsplatz. Die EU sieht sich dabei nicht nur als Instrument zur Finanzierung und Förderung des kulturellen Sektors, sondern auch als Träger eines gemeinsamen europäischen Bewusstseins, welches das Zusammengehörigkeitsgefühl der Menschen in Europa stärkt.

Die EU hat den Auftrag, den Reichtum ihrer kulturellen und sprachlichen Vielfalt zu wahren und für den Schutz und die Entwicklung des kulturellen Erbes Europas zu sorgen. Eine rechtliche Zuständigkeit besitzt sie lediglich zur Unterstützung, Koordinierung oder Ergänzung von Maßnahmen der MS. Sie leistet einen Beitrag zur Entfaltung der Kulturen der MS unter Wahrung ihrer nationalen und regionalen Vielfalt sowie zur Hervorhebung des gemeinsamen kulturellen Erbes. Bei ihrer Tätigkeit aufgrund anderer Bestimmungen der Verträge trägt die Union den kulturellen Aspekten als Querschnittsmaterie Rechnung, insbesondere zur Wahrung und Förderung der Vielfalt ihrer Kulturen.

Die Union fördert die Zusammenarbeit zwischen den MS und unterstützt und ergänzt deren Tätigkeit in folgenden Bereichen:

- Verbesserung der Kenntnis und Verbreitung der Kultur und Geschichte der europäischen Völker,
- Erhaltung und Schutz des kulturellen Erbes von europäischer Bedeutung,
- nicht kommerzieller Kulturaustausch,
- künstlerisches und literarisches Schaffen, einschließlich im audiovisuellen Bereich.

Die EU und die MS fördern die kulturelle Zusammenarbeit mit Drittstaaten und Internationalen Organisationen.

Die vom Kulturministerrat beschlossene „Europäische Kulturagenda“[472] stellt den strategischen Rahmen für die Zusammenarbeit im Kulturbereich dar, wobei folgende drei Ziele – mit jeweils mehreren spezifischen Teilzielen – im Vordergrund stehen: Förderung der kulturellen Vielfalt und des interkulturellen Dialogs, Förderung der Kultur als Katalysator für Kreativität und Kultur als wichtiger Bestandteil der internationalen Beziehungen. Die Umsetzung der Agenda erfolgt mittels dreijähriger Arbeitspläne, die von mehreren Arbeitsgruppen umgesetzt werden. Dabei wird der Einbindung der Zivilgesellschaft großes Augenmerk geschenkt.

Das Grünbuch „Erschließung des Potenzials der Kultur- und Kreativindustrie“[473] weist darauf hin, dass dieser Sektor nicht nur für die kulturelle Diversität Europas wertvoll ist, sondern auch eine der dynamischsten Wachstumsbranchen ist. Die Kultur- und Kreativwirtschaft trägt 2,6 % zum BIP der EU bei, also mehr als viele verarbeitende Industrien. Digitalisierung und Globalisierung eröffnen neue Marktchancen, vor allem für Kleinunternehmen.

Das mit € 400 Mio dotierte Programm Kultur (2007–2013)[474] ist neben Finanzflüssen aus anderen Töpfen, wie etwa auch aus der Regional- und Strukturpolitik,[475] ein maßgebliches Instrument bei der Umsetzung der Kulturpolitik. Das Hauptziel besteht darin, zur Förderung des Kulturraumes, den die Europäer miteinander teilen und der auf einem gemeinsamen kulturellen Erbe gründet, beizutragen. Die Umsetzung dieses Ziels wird durch den Ausbau der kulturellen

Zusammenarbeit zwischen Kulturschaffenden, Kulturakteuren und kulturellen Einrichtungen erreicht. Folgende zwei spezifische Ziele werden angestrebt:

- Unterstützung der grenzüberschreitenden Mobilität von Kulturakteuren und der grenzüberschreitenden Verbreitung von kulturellen und künstlerischen Werken,
- Förderung des interkulturellen Dialogs.

Etwa ein Drittel des Gesamtbudgets fließt in mehrjährige Projekte, die von Organisationen aus mindestens sechs MS gestaltet werden. Ein Drittel ist für Kooperationsmaßnahmen vorgesehen, die nur ein oder zwei Jahre dauern, dafür aber besonders innovativ sind und von Organisationen aus mindestens drei MS getragen werden.

Ziel der Aktion Kulturhauptstadt Europas[476] ist es, den Reichtum, die Vielfalt und die Gemeinsamkeiten des kulturellen Erbes aufzuzeigen und so einen Beitrag zum besseren Verständnis der Bürgerinnen und Bürger Europas füreinander zu leisten. Aus allen MS werden jedes Jahr zwei europäische Kulturhauptstädte ausgewählt. Dadurch wird nicht nur das jeweilige kulturelle Angebot der Stadt gefördert, sondern auch der Austausch und das Knüpfen von dauerhaften Beziehungen zwischen diesen Städten.

In der Europäischen Digitalen Bibliothek *Europeana* werden Millionen Bücher, Filme, Photos und Manuskripte im Internet zugänglich gemacht.[477]

Das Programm Europa für Bürgerinnen und Bürger (2007–2013)[478] ist mit € 215 Mio dotiert. Es wird damit die Möglichkeit der Interaktion und Partizipation an einem immer enger zusammenwachsenden, demokratischen und weltoffenen Europa gegeben. Die geförderten Aktionen umfassen:

- Aktive Bürgerinnen und Bürger für Europa, insbesondere Städtepartnerschaften und Bürgerprojekte,
- Aktive Zivilgesellschaft in Europa, insbesondere Thinktanks und Organisationen der Zivilgesellschaft auf europäischer Ebene,
- Gemeinsam für Europa, insbesondere Veranstaltungen mit großer europäischer Öffentlichkeitswirkung,
- Aktive europäische Erinnerung, insbesondere die Erhaltung der wichtigsten mit Deportationen in Verbindung stehenden Stätten.

U. Jugend

Rechtsgrundlage: Art 6, 165 bis 166 AEUV
Weitere Informationen:
www.europa.eu/youth (Jugendportal der EU)

Die EU ist lediglich für die Durchführung von Maßnahmen zur Unterstützung, Koordinierung oder Ergänzung der Maßnahmen der MS im Bereich Jugend zuständig. Ziele sind der Ausbau des Jugendaustauschs und des Austauschs sozialpädagogischer Betreuer und eine verstärkte Beteiligung der Jugendlichen am demokratischen Leben in Europa. Im Bereich der Jugendpolitik ist jedoch keinerlei Harmonisierung der Rechtsvorschriften der MS vorgesehen, sondern der Rat erlässt hier – außer in Bezug auf Jugendprogramme und Jugendorganisationen – zumeist Empfehlungen.

Auf der Basis der Mitteilung „Eine EU-Strategie für die Jugend – Investitionen und Empowerment“[479] fasste der Rat eine Entschließung über einen Rahmen für die jugendpolitische Zusammenarbeit 2010–2018.[480] Darin stellt der Rat fest, dass den rund 75 Millionen jungen Menschen im Alter zwischen 15 und 25 Jahren bei der Bewältigung der zahlreichen gesellschaftlichen, wirtschaftlichen, demographischen, kulturellen, ökologischen und technologischen Herausforderungen eine entscheidende Rolle zukommt. Angesichts dieser Ausgangssituation wird sich das Verhältnis zwischen den Generationen qualitativ wie quantitativ verändern und muss die EU stärker auf die Erwartungen der jungen Menschen eingehen und diese anspornen, ihre Ideen zum Ausdruck zu bringen und sich aktiv in die Gesellschaft einzubringen. In der Zeit bis 2018 soll die jugendpolitische Zusammenarbeit daher auf folgende Ziele ausgerichtet sein: mehr Möglichkeiten und mehr Chancengleichheit für alle jungen Menschen im Bildungswesen und auf dem Arbeitsmarkt sowie Förderung des gesellschaftlichen Engagements, der sozialen Eingliederung und der Solidarität aller jungen Menschen.

Im Rahmen der Leitinitiative „Jugend in Bewegung“ zur Strategie „Europa 2020“ (siehe oben V.E.) sollen die Bildungssysteme leistungsfähiger gemacht und den Jugendlichen der Eintritt in den Arbeitsmarkt erleichtert werden.

Für das Programm Jugend in Aktion im Zeitraum 2007–2013[481] stehen Mittel in der Höhe von € 885 Mio zur Verfügung. Es richtet sich an junge Menschen im Alter von 13 bis 30 Jahren und sieht fünf Aktionen vor:

- Jugend für Europa: Unterstützung der Mobilität und von Initiativen zur Beteiligung am demokratischen Leben,
- Europäischer Freiwilligendienst: Beteiligung an verschiedenen Arten von Freiwilligentätigkeiten,
- Jugend für die Welt: Entwicklung des gegenseitigen Verständnisses und einer aktiven Bürgerschaft im Geiste der Öffnung gegenüber der Welt,
- Betreuende im Bereich Sozialpädagogik und Unterstützungssysteme: Jugendeinrichtungen auf europäischer Ebene,
- Förderung der politischen Zusammenarbeit: Organisation des Dialogs zwischen den Akteuren des Jugendbereiches.

Dass viele EU-Entscheidungen direkten oder indirekten Einfluss auf das Leben auch junger Menschen unter 18 Jahren haben, zeigt die Kommission in ihrer Mitteilung[482] im Hinblick auf eine umfassende Kinderrechtsstrategie auf. Damit sollen die Maßnahmen zum effektiven Schutz und zur Förderung von Kinderrechten koordiniert und Kinderrechte stärker in die interne und externe Politikgestaltung integriert werden. Die Schwerpunkte liegen in der Behandlung von Problemen wie Kinderhandel, sexuelle Ausbeutung, Gewalt gegen Kinder, Diskriminierung, Kinderarmut, soziale Ausgrenzung, Kinderarbeit, Gesundheit und Bildung. Kinderrechte müssen vor allem beim Internationalen Menschenrechtsschutz, in internationalen Handelsverträgen, im Zivil- und Strafrecht und bei der Entwicklungszusammenarbeit regelmäßig mitbeachtet werden. Außerdem sollen die diesbezüglichen Anstrengungen der MS unterstützt werden.

Für den Zeitraum 2011–2014 erfolgte nach umfangreichen Konsultationen eine Fortschreibung der EU-Kinderrechtsstrategie, wobei als neue Aspekte die Teilhabe von Kindern an der Entwicklung von Maßnahmen, die Auswirkungen auf sie haben, sowie rechtspolitische Maßnahmen zur Gewährleistung von Kinderrechten in der Justiz und im Rahmen der Familienmediation eingebracht wurden.

V. Sport

Rechtsgrundlage: Art 6, 165 AEUV
Weitere Informationen:
www.ec.europa.eu/sport
(Kommission > Sport)

Die EU ist für die Durchführung von Maßnahmen zur Unterstützung, Koordinierung oder Ergänzung der Maßnahmen der MS im Bereich des Sports zuständig. Sie trägt zur Förderung der europäischen Dimension des Sports bei und berücksichtigt dabei dessen besondere Merkmale, dessen auf freiwilligem Engagement basierende Strukturen sowie dessen soziale und pädagogische Funktion.

Ziel ist die Entwicklung der europäischen Dimension des Sports durch Förderung der Fairness und der Offenheit von Sportwettkämpfen und der Zusammenarbeit zwischen den für den Sport verantwortlichen Organisationen sowie durch den Schutz der körperlichen und seelischen Unversehrtheit der Sportler, insbesondere der jüngeren Sportler. Dabei fördern die EU und die MS auch die Zusammenarbeit mit Drittstaaten und Internationalen Organisationen. Als Beitrag zur Verwirklichung dieser Ziele kann die EU – unter Ausschluss jeglicher Harmonisierung der Rechts- und Verwaltungsvorschriften der MS – im ordentlichen Gesetzgebungsverfahren Fördermaßnahmen erlassen und durch den Rat Empfehlungen abgeben.

Der Sport spielt in der europäischen Gesellschaft eine wichtige und immer größer werdende Rolle. 38 % der Europäer betreiben mindestens einmal in der Woche Sport. Sport trägt zur Persönlichkeitsentwicklung und -entfaltung bei und fördert wichtige Werte, wie Teamgeist, Toleranz, Fairplay und Solidarität. Zudem kann der Sport eine wesentliche Rolle spielen, Europa den Bürgern näherzubringen. Nicht zu übersehen ist, dass Sport einen großen Wirtschaftsfaktor darstellt: Unter Berücksichtigung der multiplikativen Wertschöpfungskette erzielt die europäische Sportwirtschaft im weitesten Sinn eine jährliche Wertschöpfung von rund € 400 Mrd und beschäftigt rund 15 Mio Menschen, das sind 5,4 % der Erwerbsbevölkerung.

Sport ist aber auch mit schwierigen Herausforderungen konfrontiert, wie wirtschaftlichen Zwänge, Ausbeutung junger Menschen, Doping, Rassismus, Gewalt und Korruption. Schließlich wirft die

Organisation des Sports auch rechtlich zu fassende Fragestellungen auf: Freizügigkeit und Staatsangehörigkeit, Transfers, Spieleragenten, Schutz von Minderjährigen, Finanzkriminalität, Lizenzvergabesysteme, Medienrechte etc.

Es gibt also zahlreiche Berührungspunkte zwischen der europäischen Sportlandschaft und den EU-Politikbereichen. Es handelt sich damit um eine typische Querschnittsaufgabe. Jegliche sportpolitische Initiative muss daher auf einem ganzheitlichen und integrierten Politikansatz beruhen. Basierend auf dem Weißbuch Sport[483] und dem folgenden umfassenden Konsultationsprozess hat die Kommission eine EU-Agenda zur Politikgestaltung und Kooperation im Sport erarbeitet. Folgende grundlegende Fragestellungen wurden in diesem Zusammenhang insbesondere angesprochen und weiterentwickelt: soziale Eingliederung im und durch Sport, gesundheitsfördernde körperliche Betätigung, allgemeine und berufliche Bildung sowie Qualifizierung im Sport, Ehrenamt im Sport, nachhaltige Finanzierung des Sports, Förderung von europäischen Werten im Sport, Kampf gegen Diskriminierung und Gewalt, Kampf gegen Doping, Schutz von Minderjährigen, Förderung guter Organisationsformen im Sport und Stärkung des Dialogs im Sport auf EU-Ebene.

Als Folgemaßnahme zur Judikatur des EuGH[484] hat die UEFA die „Home Grown Players Rule“ eingeführt, wonach Vereinskadern eine Mindestanzahl von „lokal ausgebildeten Spielern“ vorgeschrieben wird. Dies ist der Fall, wenn der Spieler unabhängig von seiner Staatsangehörigkeit und seinem Alter mindestens drei Jahre lang im Alter von 15 bis 21 Jahren von diesem Verein oder einem vom jeweiligen nationalen Verband anerkannten Verein ausgebildet worden ist. Mit dieser Regelung sind die Freizügigkeit der Arbeitnehmer und die Förderung der Ausbildung junger europäischer Spieler gleichermaßen gewährt. Die UEFA-Regelung beugt dem Risiko vor, dass die Profifußballclubs ihre Ausbildungsstrukturen aufgeben. Die schrittweise Umsetzung der Regelung führte dazu, dass nun acht von 25 Spielern auf Liste A lokal ausgebildet sein müssen.

Projekte aus dem Bereich Sport mit einem deutlichen europäischen Mehrwert können künftig auch EU-Sportförderungen erhalten. Schwerpunkte einer europäischen Kofinanzierung können sein: soziale Eingliederung im und durch Sport, gesundheitsfördernde körperliche Betätigung, allgemeine und berufliche Bildung im Sport, Anti-Doping-Maßnahmen sowie vorbildliche Organisationsformen, einschließlich Ehrenamt im Sport, strukturierter Dialog mit der Sportbewegung, Sportökonomie und -statistiken.

W. Tourismus

Rechtsgrundlage: Art 6, 195 AEUV

Weitere Informationen:
www.ec.europa.eu/enterprise/sectors/tourism
(Kommission > Unternehmen >Tourismus)

Der Tourismus ist für die MS der EU von großer wirtschaftlicher Bedeutung und gehört zu den Wirtschaftssektoren mit den besten Zukunftsperspektiven. Aufgrund der landschaftlichen Vielfalt, des bedeutenden kulturellen Erbes und der hohen Qualität der touristischen Dienstleistungen ist Europa mit 40 % aller international Reisenden die meistbesuchte Tourismusregion der Welt. Etwa zwei Millionen Fremdenverkehrsbetriebe beschäftigen rund 5 % aller Arbeitskräfte, was ca 8 Mio Arbeitsplätzen entspricht. Der Tourismus schafft nicht nur viele Arbeitsplätze, er trägt auch wesentlich zur Entwicklung von ganzen Regionen bei. Der Tourismus wirkt sich nämlich sektorübergreifend auf zahlreiche andere Wirtschaftszweige wie Bau, Einzelhandel und Verkehr sowie auf die zahlreichen Branchen aus, die Urlaubsprodukte oder mit Urlaubs- oder Geschäftsreisen zusammenhängende Dienstleistungen anbieten. Trotz einiger internationaler Großkonzerne überwiegen die KMU in diesem Sektor. Berücksichtigt man die Verknüpfungen mit anderen Sektoren, trägt der Tourismus schätzungsweise zu 11 % zum BIP bei und beschäftigt mehr als 24 Mio Menschen, das sind 12 % der Arbeitskräfte insgesamt.

Die EU ist für die Durchführung von Maßnahmen zur Unterstützung, Koordinierung oder Ergänzung der Maßnahmen der MS im Bereich Tourismus zuständig. Die EU verfolgt mit ihrer Tätigkeit das Ziel, die Schaffung eines günstigen Umfelds für die Entwicklung der Unternehmen in diesem Sektor zu fördern und die Zusammenarbeit zwischen den MS insbesondere durch den Austausch bewährter Praktiken zu unterstützen. Das EP und der Rat erlassen unter Ausschluss jeglicher Harmonisierung der Rechtsvorschriften der MS gemäß dem ordentlichen Gesetzgebungsverfahren die spezifischen Maßnahmen zur Ergänzung jener Maßnahmen, die die MS durchführen.

In der Mitteilung zum Rahmen für den europäischen Tourismus[485] entwickelt die Kommission einen 21 Maßnahmen umfassenden Aktionsrahmen in vier Schwerpunktbereichen, die in enger Absprache mit den MS und den Hauptakteuren der Tourismuswirtschaft umgesetzt werden sollen:

- Steigerung der Wettbewerbsfähigkeit des Tourismus:
  Die Innovationstätigkeit muss angekurbelt werden und der Wirtschaftszweig sich neuen Trends im Verbraucherverhalten anpassen. Die Tourismussaison sollte durch Spezialprogramme für Jugendliche, Senioren, einkommensschwache Familien und Menschen mit Behinderungen für Reisen in der Nebensaison verlängert werden. Ein Informationsaustausch auf europäischer Ebene kann zu einer besseren Koordinierung der Schulferien zwischen den MS beitragen. Eine stabilere sozioökonomische Wissensgrundlage soll die Forschungsaktivitäten besser koordinieren. Eine virtuelle Europäische Beobachtungsstelle für den Tourismus könnte ein Netz zur Koordinierung der Tourismusforschung entstehen lassen.
- Förderung der Bemühungen um einen nachhaltigen, verantwortungsvollen Qualitätstourismus:
  Entwicklung eines Gütesiegels für „Qualitätstourismus“, mit dem verbesserte Dienstleistungen europäischer Unternehmen und Reiseziele ausgezeichnet werden. Entwicklung eines Gütezeichens auf der Grundlage nachhaltiger Managementindikatoren zur Förderung von Reisezielen, die umweltbezogene, soziale und wirtschaftliche Kriterien erfüllen. Austausch bewährter Verfahren zwischen Netzen nachhaltiger Reiseziele, wie beispielsweise www.europeandestinationsofexcellence.com. Vorschlag einer Charta zu Kriterien für einen nachhaltigen und verantwortungsvollen Tourismus, auf deren Grundlage Unternehmen und Reisezielen ein europäischer Preis verliehen werden kann.
- Konsolidierung des Images Europas als ein aus nachhaltigen Qualitätsreisezielen bestehendes Ganzes:
  Die Schaffung und Werbung für eine Marke „Europa“ in enger Zusammenarbeit mit den MS trägt zu einer besseren Abgrenzung gegenüber anderen internationalen Reisezielen bei. Die Zusammenarbeit mit nationalen Organisationen und der europäischen Tourismusindustrie für Angebote des europäischen Tourismus über das Portal www.visiteurope.com sollte verbessert werden.

- Nutzung des Potenzials der politischen Maßnahmen und der Finanzinstrumente der EU zur Entwicklung des Tourismus: Integration und Koordination zwischen dem Tourismus und anderen Politikfeldern, die sich auf den Tourismus auswirken.

X. Gemeinsame Handelspolitik

Rechtsgrundlage: Art 3, 206 bis 207AEUV

Weitere Informationen:
www.europa.eu/pol/comm/index_de.htm
(Politikfelder der EU > Außenhandel)

Bei der gemeinsamen Handelspolitik wird zwischen der autonomen (einseitigen) und der vertraglichen (bi- oder multilateralen) Handelspolitik unterschieden. Im Bereich der gemeinsamen Handelspolitik verfügt die EU über eine ausschließliche Zuständigkeit. Die EU trägt im gemeinsamen Interesse zur harmonischen Entwicklung des Welthandels, zur schrittweisen Beseitigung der Beschränkungen im internationalen Handelsverkehr und bei den ausländischen Direktinvestitionen sowie zum Abbau der Zollschranken und anderer nicht tarifärer Schranken bei.

Die gemeinsame Handelspolitik wird – im Rahmen der Grundsätze und Ziele des auswärtigen Handelns der Union – nach einheitlichen Grundsätzen gestaltet. Dies gilt insbesondere für die Änderung von Zollsätzen, für den Abschluss von Zoll- und Handelsabkommen, die den Handel mit Waren und Dienstleistungen betreffen, und für die Handelsaspekte des geistigen Eigentums, die ausländischen Direktinvestitionen, die Vereinheitlichung der Liberalisierungsmaßnahmen, die Ausfuhrpolitik sowie die handelspolitischen Schutzmaßnahmen, zum Beispiel im Fall von Dumping[486] und Subventionen.

Das EP und der Rat erlassen durch VO gemäß dem ordentlichen Gesetzgebungsverfahren die Maßnahmen, mit denen der Rahmen für die Umsetzung der autonomen Handelspolitik bestimmt wird. Sind mit einem oder mehreren Drittländern oder Internationalen Organisationen Abkommen auszuhandeln und zu schließen (vertragliche Handelspolitik), so findet ein besonderes Verfahren zwischen Kommission, Rat und EP Anwendung.

Die EU ist vor China und den USA die größte Handelsmacht der Welt. Die EU wickelt rund 20 % der Warenimporte und -exporte (vor allem Industrieerzeugnisse) sowie mehr als ein Drittel des Dienstleistungshandels (vor allem unternehmensbezogene Dienstleistungen) weltweit ab. Im globalen Wettbewerb sind neben den USA und Japan aber Brasilien, Russland, Indien und China *(BRIC-Staaten)* stark aufstrebende Konkurrenten.

Zu berücksichtigen ist, dass die Mehrzahl der Außenhandelsbeziehungen der EU den im Rahmen der WTO ausgehandelten multilateralen Abkommen unterliegt. Die WTO[487] wurde 1995 durch das Übereinkommen von Marrakesch gegründet. Als Internationale Organisation stellt sie den rechtlichen Rahmen für die Verhandlungen über den Handel mit Waren (GATT-Abkommen), mit Dienstleistungen (GATS-Übereinkommen) und mit dem geistigem Eigentum (TRIPS-Übereinkommen) dar, mit dem insbesondere der Welthandel liberalisiert und eine Gleichbehandlung der Handelspartner gewährleistet werden soll. Wenngleich das System verbesserungsfähig ist, bietet es für die Abwicklung des internationalen Handelsverkehrs doch ein gewisses Maß an Rechtssicherheit und Transparenz.

Die EU setzte sich erfolgreich für erhebliche Importzollreduzierungen, die Einbeziehung des Dienstleistungshandels in die internationale Handelsordnung, Mindestnormen zum Schutz des geistigen Eigentums sowie ein reformiertes Schlichtungsverfahren bei Handelsstreitigkeiten ein. Konzessionen machen musste sie vor allem im Bereich der Agrarpolitik mit einer erheblichen Reduzierung der Exporterstattungen, der subventionierten Exportmengen und des inländischen Stützungsniveaus. Im Rahmen der noch laufenden Verhandlungen, der sog Doha-Runde, strebt die EU neben einer weiteren Liberalisierung auch Fortschritte bei den sog „Singapur-Themen" an, das sind Regelungen im Bereich des Investitionsschutzes, der Wettbewerbspolitik, der Transparenz im öffentlichen Beschaffungswesen und der Handelserleichterungen. In der Mitteilung der Kommission „Ein wettbewerbsfähiges Europa in einer globalen Welt – Ein Beitrag zur EU-Strategie für Wachstum und Beschäftigung"[488] verspricht die Kommission, sich für einen erfolgreichen Abschluss der Verhandlungen der Doha-Runde einzusetzen, gleichzeitig möchte sie aber auch bilaterale Abkommen als Bestandteil der europäischen Handelsstrategie forcieren.

Die EU geht insgesamt von der Annahme aus, dass zunehmender Handelsverkehr die Weltwirtschaft zum Nutzen aller ankurbelt. Sie ist der Auffassung, dass die Globalisierung für alle, auch für die Entwicklungsländer, wirtschaftliche Vorteile bringen kann, sofern insbesondere auf multilateraler Ebene geeignete Regeln aufgestellt werden, die den Globalisierungsprozess politisch gerecht gestalten.

Nach einem öffentlichen Konsultationsverfahren ist ein Vorschlag der Kommission zur künftigen Ausgestaltung der EU-Handelspolitik in Diskussion.

Y. Entwicklungszusammenarbeit und humanitäre Hilfe

Rechtsgrundlage: Art 4, 208 bis 214, 217 AEUV

Weitere Informationen:
www.europa.eu/pol/dev/index_de.htm
(Politikfelder der EU > Entwicklung)
www.europa.eu/pol/hum/index_de.htm
(Politikfelder der EU > Humanitäre Hilfe)

In den Bereichen Entwicklungszusammenarbeit und humanitäre Hilfe erstreckt sich die Zuständigkeit der EU darauf, Maßnahmen zu treffen und eine gemeinsame Politik zu verfolgen, ohne dass die Ausübung dieser Kompetenz die MS hindert, ihre Zuständigkeit auszuüben.

Die Politik der EU auf dem Gebiet der Entwicklungszusammen arbeit wird im Rahmen der Grundsätze und Ziele des auswärtigen Handelns der EU durchgeführt. Die Politik der EU und die Politik der MS ergänzen und verstärken sich gegenseitig. Hauptziel der Unionspolitik in diesem Bereich ist die Bekämpfung und auf längere Sicht die Beseitigung der Armut. Auch bei der Durchführung politischer Maßnahmen, die sich auf die Entwicklungsländer auswirken können, trägt die Union querschnittsmäßig den Zielen der Entwicklungszusammenarbeit Rechnung. Die Union und die MS kommen den im Rahmen der Vereinten Nationen und anderer zuständiger Internationaler Organisationen gegebenen Zusagen nach und berücksichtigen die gebilligten Zielsetzungen.

Das EP und der Rat erlassen gemäß dem ordentlichen Gesetzgebungsverfahren die erforderlichen Maßnahmen. Diese können Mehrjahresprogramme für die Zusammenarbeit mit Entwicklungsländern oder thematische Programme betreffen. Die EU kann mit

Drittländern und Internationalen Organisationen Übereinkünfte schließen, die zur Verwirklichung der Ziele beitragen.

Die Union und die MS koordinieren ihre Politik auf dem Gebiet der Entwicklungszusammenarbeit und stimmen ihre Hilfsprogramme aufeinander ab, auch in internationalen Organisationen und auf internationalen Konferenzen, damit ihre Maßnahmen einander besser ergänzen und wirksamer sind. Sie können gemeinsame Maßnahmen ergreifen. Die MS und die Europäische Investitionsbank tragen erforderlichenfalls zur Durchführung der Hilfsprogramme der Union bei.

Die EU ist einer der Hauptakteure der globalen Entwicklungszusammenarbeit. Aktuell werden rund 55 % der weltweiten öffentlichen Entwicklungshilfeausgaben von der EU (30 %) und den MS (25 %) zur Verfügung gestellt. Indem die EU die wirtschaftliche und politische Stabilität weltweit fördert, wird auch die Stabilität an den Außengrenzen und der EU insgesamt erheblich erhöht.

Ziel der Entwicklungszusammenarbeit ist es, eine nachhaltige Entwicklung zu fördern, die auf eine Beseitigung der Armut in den Entwicklungsländern und deren Integration in die Weltwirtschaft angelegt ist. Dies ist mit Maßnahmen zu erreichen, die die Festigung der Demokratie, eine rechtstaatliche Grundordnung, verantwortungsvolle Staatsführung *(good governance)* und die Wahrung der Menschenrechte fördern. Alle Handels- und Kooperationsabkommen mit Drittländern enthalten eine Menschenrechtsklausel. Der Verstoß gegen diese Klausel zieht Sanktionen in Form des Verlusts von Marktzugangsrechten oder des Einfrierens von Finanzhilfen nach sich.

Die Gemeinsame Erklärung zur Entwicklungspolitik „Der Europäische Konsens"[489] vermittelt eine gemeinsame Strategie für das Handeln in Bezug auf Armutsbekämpfung, sozial gerechte Gestaltung der Globalisierung, Umweltschutz und Friedenssicherung sowohl auf der Ebene der MS als auch auf Unionsebene. Sie legt darüber hinaus die konkreten Maßnahmen dar, die zur Umsetzung ergriffen werden müssen. Gleichzeitig hat sich die EU im Sinne der UN Millennium Development Goals[490] verpflichtet, die für die Entwicklungszusammenarbeit bereitgestellten Mittel bis zum Jahr 2015 auf 0,7 % des Bruttonationaleinkommens (BNE) zu erhöhen. Dieses Ziel scheint allerdings nicht erreichbar, weshalb verstärkte Anstrengungen zu setzen sind.[491]

Einige Abkommen – bilateral oder multilateral abgeschlossen – betreffen die Gesamtheit der Beziehungen zwischen der EU und

Drittstaaten oder Drittstaatengruppen. Die wichtigsten derartigen Abkommen sind die Assoziierungsabkommen mit Staaten Mittel- und Osteuropas, mit den Mittelmeeranrainerstaaten und mit 79 afrikanischen, karibischen und pazifischen Staaten (AKP-Staaten).[492] Die Beziehungen zwischen der EU und den AKP-Staaten sind aus historischen Gründen besonders eng. Mit dem aktuellen Partnerschaftsabkommen, dem Abkommen von Cotonou,[493] wird die politische Dimension der Partnerschaft gestärkt, mehr Flexibilität gewährleistet und den AKP-Staaten mehr Verantwortung übertragen.

Die Programme und Projekte werden von EuropAid,[494] dem Amt für Zusammenarbeit, abgewickelt.

Das Finanzierungsinstrument für die Entwicklungszusammenarbeit,[495] das 2007–2013 mit € 16,9 Mrd dotiert ist, fördert Maßnahmen auf zwei komplementären Ebenen: Die erste – geographische – Ebene bezieht sich auf Maßnahmen in Asien, Mittelasien, Lateinamerika, Südafrika und im Nahen und Mittleren Osten. Die zweite – thematische – Ebene ermöglicht die Verstärkung geographischer Programme. Es bestehen fünf thematische Programme für humanitäre und soziale Entwicklung, Umweltschutz und nachhaltige Bewirtschaftung natürlicher Ressourcen, nicht staatliche Akteure und lokale Behörden im Entwicklungsprozess, Ernährungssicherheit sowie Migrations- und Asylpolitik. Die AKP-Staaten und die ENP-Staaten sind ebenfalls Profiteure der thematischen Programme.

Abgesehen vom Haushalt der EU bestehen zwei zusätzliche spezielle Finanzierungsquellen: Der Europäische Entwicklungsfonds (EEF), in den die MS für die Zusammenarbeit mit den AKP Staaten und den assoziierten überseeischen Ländern und Gebieten Beiträge (2008–2013: € 23,9 Mrd) einzahlen. Die EIB gewährt nicht nur MS der EU, sondern auch Entwicklungsländern Darlehen.

Das Europäische Instrument für Demokratie und Menschenrechte[496] fördert folgende Ziele: Achtung der Menschenrechte und Grundfreiheiten und Unterstützung der Opfer von Repression und Misshandlung, Stärkung der Rolle der Zivilgesellschaft bei der Förderung der Menschenrechte und demokratischer Reformen und Förderung des Vertrauens in demokratische Wahlprozesse durch weiteren Ausbau der Wahlbeobachtung und -unterstützung. Die Hilfen müssen in Übereinstimmung mit der Politik zur Entwicklungszusammenarbeit und mit der Außenpolitik der EU als Ganzes stehen und die Hilfe ergänzen, die auf der Grundlage der finanziellen Instrumente für Entwicklungszusammenarbeit und der Abkommen mit den AKP-Staaten geleistet wird.

Die gemeinsame Außenhandelspolitik, handelsbezogene Hilfen und Wirtschaftspartnerschaftsabkommen (EPA) sind weitere Instrumente der Entwicklungszusammenarbeit, da sie auf multilateraler Ebene die Einbindung der Entwicklungsländer in die Weltwirtschaft fördern sowie auf bilateraler Ebene den Zugang zu den Märkten der Industrieländer erleichtern.

Die Ausverhandlung umfassender EPA gestaltet sich jedoch schwierig. Da das frühere Handelsregime der EU mit den AKP-Staaten auf Geheiß der WTO Ende 2007 auslief, wurden mit einem großen Teil der AKP-Staaten vorläufig weiterführende Abkommen geschlossen, die aber lediglich den Warenaustausch und nicht auch den Handel mit Dienstleistungen und die regionale Kooperation regeln. Seitens der EU werden die Bemühungen mit dem Ziel intensiviert, sechs EPA, die alle AKP-Staaten einbeziehen, zu vereinbaren.

Auf multilateraler Ebene, insbesondere in den Gremien der WTO, unterstützt die EU die Bestrebungen, die globalen Handelsströme der Entwicklungsländer zu erweitern. Auf bilateraler Ebene kann die Handelspolitik der EU durch eine Erleichterung des Zugangs zu ihrem Markt einen Beitrag zur Entwicklung leisten. In diesem Sinne gewährt die EU Entwicklungsländern Handelspräferenzen ohne Gegenseitigkeit (Allgemeines Präferenzsystem – APS) und garantiert sie stabile Exporterlöse für bestimmte Agrarprodukte (STABEX) und mineralische Rohstoffe (SYSMIN), wobei für die am wenigsten entwickelten Länder noch günstigere Regelungen gelten. Seit 2001 haben diese Länder im Rahmen der Initiative „Alles außer Waffen" einen nahezu uneingeschränkten zoll- und quotenfreien Zugang zu den Märkten der EU.

Die EU ist darüber hinaus mit rund der Hälfte der Mittel der weltweit größte Geber im Bereich der humanitären Hilfe. Das Amt für humanitäre Hilfe (ECHO)[497] ergreift Sofortmaßnahmen zugunsten von Katastrophenopfern und organisiert Nahrungsmittelhilfen.

Den Rahmen für die Maßnahmen der EU bilden auch im Bereich humanitäre Hilfe die Grundsätze und Ziele des auswärtigen Handelns der Union, die Grundsätze des Völkerrechts sowie die Grundsätze der Unparteilichkeit, der Neutralität und der Nichtdiskriminierung. Die Maßnahmen dienen dazu, Einwohnern von Drittländern, die von Naturkatastrophen oder von vom Menschen verursachten

Katastrophen betroffen sind, gezielt Hilfe, Rettung und Schutz zu bringen. Die Maßnahmen der Union und die Maßnahmen der MS ergänzen und verstärken sich gegenseitig.

Das EP und der Rat legen gemäß dem ordentlichen Gesetzgebungsverfahren die Maßnahmen zur Festlegung des Rahmens fest, innerhalb dessen die Maßnahmen der humanitären Hilfe durchgeführt werden. Die EU kann mit Drittländern und Internationalen Organisationen Übereinkünfte schließen, die zur Verwirklichung der Ziele beitragen.

Die Kommission kann alle Initiativen ergreifen, die der Koordinierung zwischen den Maßnahmen der Union und denen der MS förderlich sind, damit die Programme der EU und der MS im Bereich der humanitären Hilfe wirksamer sind und einander besser ergänzen. Die Union trägt dafür Sorge, dass ihre Maßnahmen der humanitären Hilfe mit den Maßnahmen der Internationalen Organisationen und anderer Einrichtungen abgestimmt werden und im Einklang mit ihnen stehen.

Unter Beachtung der Grundsätze der Neutralität, der Unabhängigkeit und der Unparteilichkeit wurden im sog Europäischen Konsens über die humanitäre Hilfe[498] folgende Ziele für die kollektive Reaktion auf humanitäre Krisen festgelegt:

- in Notsituationen Menschenleben zu retten und Bevölkerungsgruppen in Krisenregionen Hilfe zu leisten,
- unmittelbar nach Notsituationen kurzfristige Rehabilitations- und Wiederaufbauarbeiten einzuleiten,
- die Folgen von Bevölkerungsbewegungen durch Maßnahmen zur Rückführung und Erleichterung der Wiederansiedlung zu bewältigen,
- die Vorbereitung auf mögliche Gefahren zu gewährleisten,
- ein geeignetes Frühwarnsystem und Handlungsinstrumentarium einzuführen.

Die Finanzierung der humanitären Hilfe[499] erfolgt in Form nicht rückzahlbarer Zuschüsse und kann etwa die Bereitstellung von Hilfsgütern, Kosten für externes Personal und die Errichtung von Unterkünften umfassen. Das Instrument für Stabilität[500] zielt darauf ab, rasch, flexibel und kohärent auf Krisenfälle in Drittländern zu reagieren, bis im Rahmen eines der übrigen Finanzinstrumente für die Außenhilfe eine Zusammenarbeit möglich ist

Z. EU-Förderprogramme

Weitere Informationen:
www.europa.eu/grants (Förderportal der EU)

Zur Erreichung ihrer gemeinsamen Ziele setzt die EU nicht nur ausgefeilte politische Strategien und komplexe juristische Regelwerke, sondern auch beträchtliche finanzielle Mittel ein. Besonders deutlich wird dies bei den schwergewichtigen Bereichen Landwirtschaft und Regionalförderung, die beinahe 80 % des EU-Budgets binden, aber auch zu praktisch allen anderen Tätigkeitsfeldern existieren budgetär unterschiedlich ausgestattete Förderprogramme.

Die Mitwirkung an diesen kann nicht nur finanziell lukrativ sein, sondern ist auch wegen der damit verbundenen internationalen Vernetzung ein Zugewinn. Die obigen Ausführungen zu den Politiken der EU enthalten dazu jeweils punktuelle Hinweise. Während früher die Erschließung der zahllosen Förderquellen aufgrund ihrer Verstreutheit nahezu ein Geheimwissen und damit eine gute Einnahmequelle für Beratungsfirmen war, sorgen nun die Möglichkeiten des Internets sowie spezielle Informationsbüros der EU für Unternehmen[501] und die allgemeine Öffentlichkeit[502] für ein hohes Maß an Transparenz, Nutzerfreundlichkeit und kostenloser Beratung.

Da die meisten Förderprogramme nach einem gleichartigen Schema ausgestaltet sind, werden im Folgenden einige Grundsätze zusammengefasst:

- Inhaltliche und formale Voraussetzungen:
  Erfolgreiche Projekte haben einen innovativen und modellhaften Charakter oder zumindest Charakterzug. Aus diesem sollte sich in weiterer Folge ein europäischer Mehrwert ableiten lassen, dh die Ergebnisse sollen auf gleichartige Problemstellungen übertragbar sein, möglichst zum Best-Practice-Projekt und zur Benchmark für andere werden. Bessere Chancen haben Projekte, die Beschäftigungs-, Nachhaltigkeits- und Genderaspekte einbeziehen. Möglichst viele unterschiedliche und dauerhafte transnationale Kooperations- bzw Netzwerkpartner sowie ein ausgezeichneter Projektkoordinator erhöhen ebenfalls die Erfolgsquote. Der Projektantrag muss eine genaue Projektbeschreibung, ein klares Zielkonzept, einen realistischen Zeitplan sowie einen transparenten Finanzplan mit einem ausgewiesenen Eigenanteil enthalten.

Eine gut strukturierte, prägnante und auch graphisch attraktive Darstellung des Projekts ist hilfreich. Die exakte und vollständige Einhaltung aller Formvorschriften, Termine und Förderbedingungen ist eine weitere formale Grundvoraussetzung, da unvollständige Ansuchen bereits in der ersten Beurteilungsphase ausgeschieden werden.

- Vom Verfahren her ist zu berücksichtigen:
  Ein Förderansuchen kann nur eingebracht werden, wenn es sich auf ein konkretes Projekt bezieht und genau zu diesem Thema gerade eine offene Ausschreibungsfrist zur Einreichung von Projektanträgen läuft. Diese Informationen sind sehr gut und laufend aktuell über die themenspezifischen Homepages der Generaldirektionen der Kommission, von Bund und Ländern, Interessensvertretungen, Berufsvereinigungen etc verfolgbar. Das Projekt und die Projektpartnersuche müssen aber schon vor der offiziellen Ausschreibung weit gediehen sein, da sonst die Vorbereitungszeit zu knapp wird.

Die Projekte werden von der EU nur kofinanziert, es müssen also auch eigene Geldmittel und möglichst Gelder anderer öffentlicher und privater Institutionen eingesetzt werden. Die Kommission benötigt ca sechs Monate für die Projektbewertung. Bei manchen Aktionsprogrammen liegen aufgrund der großen Konkurrenz die Erfolgschancen nur bei 10 bis 25 %. Da die Vorbereitung der Antragstellung sehr aufwendig ist, sind frustrierte Aufwendungen durchaus einzukalkulieren. Durch gezielte Lobbyingmaßnahmen (siehe oben III.D.) wird die Möglichkeit, eine Förderung zu lukrieren, erhöht.

Genehmigung und Abwicklung der Projekte erfolgen durch direkte Kontaktaufnahmen mit der Kommission bzw mit zwischengeschalteten nationalen oder europäischen Koordinationsstellen. Begleitende Controlling- und Monitoringmaßnahmen, Evaluierungen, Berichterstattungen, Publizitätsmaßnahmen und Öffentlichkeitsarbeit gehören zu den Standardanforderungen im Zusammenhang mit der Abwicklung von EU-Projekten.

Aus Gründen der Transparenz werden Empfänger von EU-Finanzhilfen über ein Internetportal[503] veröffentlicht. Für die EU-Programme der neuen Förderperiode ab 2014 sind von der Kommission eine Erleichterung des Zuganges zu EU-Geldern sowie eine Reduktion des Verwaltungsaufwandes und der Kosten aufseiten der Empfänger in Aussicht gestellt worden.

Anmerkungen

1 ABl Nr C 306/2007, 1; s www.europa.eu/lisbon_treaty. Für eine konsolidierte Fassung des EUV und des AEUV s ABl Nr. C 83/2010, 1.

2 Zu dieser Säulenstruktur siehe in der 1. Auflage, II.A.1.

3 Vgl Art 3 des dem VvL angeschlossenen Prot Nr 2 zur Änderung des Vertrags zur Gründung der Europäischen Atomgemeinschaft, ABl Nr C 306/2007, 199.

4 Prot Nr 2 über die Anwendung der Grundsätze der Subsidiarität und Verhältnismäßigkeit.

5 Im Bereich des Raums der Freiheit, der Sicherheit und des Rechts beträgt das Quorum lediglich ein Viertel.

6 Diese sind im Internet auf der Homepage des Rates abrufbar unter www.european-council.europa.eu/council-meetings/conclusions.aspx?lang=de.

7 Für das Zustandekommen der qualifizierten Mehrheit gelten die Regelungen für die Beschlussfassung mit qualifizierter Mehrheit im Rat (zu diesen siehe gleich im Folgenden II.C.3.)

8 Beschluss 2009/878/EU, ABl Nr L 315/2009, 45.

9 Beschluss 2009/908/EU, ABl Nr L 322/2009, 28, idF ABl Nr L 344/2009, 56 (Berichtigung).

10 Die Teampräsidentschaften verfügen neuerdings auch über eine eigene Internetseite: www.eutrio.eu.

11 http://video.consilium.europa.eu.

12 ZB Art 31 Abs 3 EUV (GASP) oder Art 312 Abs 2 AEUV (mehrjähriger Finanzrahmen).

13 ZB Art 333 Abs 1 AEUV (verstärkte Zusammenarbeit).

14 ZB Art 81 Abs 3 AEUV (Familienrecht), Art 153 Abs 2 AEUV (bestimmte Bereiche des Arbeitsrechts) oder Art 192 Abs 2 AEUV (bestimmte Umweltschutzmaßnahmen).

15 ZB Art 81 Abs 3 AEUV (Maßnahmen zum Familienrecht mit grenzüberschreitendem Bezug).

16 Abstimmungsrechner zum System der Stimmgewichtung auf www.consilium.europa.eu/App/calculette/default.aspx?lang=de&cmsid=1690.

17 Abstimmungsrechner zum System der doppelten Mehrheit auf www.eu-info.de/static/ratsentscheidungen/.

18 Vgl die dazu gemäß Anhang III der Geschäftsordnung des Rates, ABl Nr L 325/2009, 35, festgelegten Bevölkerungszahlen (diese werden jährlich durch Ratsbeschluss aktualisiert).

19 Eine politische Festlegung erfolgte diesbezüglich in den Schlussfolgerungen des Europäischen Rates vom 18./19. Juni 2009 (abrufbar unter www.european-council.europa.eu/council-meetings/conclusions.aspx?lang=de). Die Beibehaltung des bisherigen Systems war eine wesentliche Forderung Irlands im Hinblick auf das zweite Referendum zum VvL.

20 Vgl Art 30 EUV und Art 76 AEUV.

[21] Vgl den Entwurf eines Protokolls zur Änderung des Protokolls Nr 36 über die Übergangsbestimmungen, der dem Beschluss des Europäischen Rates vom 17. Juni 2010 über die Prüfung der von der spanischen Regierung vorgeschlagenen Änderungen der Verträge in Bezug auf die Zusammensetzung des Europäischen Parlaments durch eine Konferenz von Vertretern der Regierungen der Mitgliedstaaten und die Nichteinberufung eines Konvents, ABl Nr L 160/2010, 5, als Anhang angeschlossen ist.

[22] Vgl die Entschließung des EP vom 9.2.2010 zu einer revidierten Rahmenvereinbarung zwischen dem EP und der Kommission für die nächste Wahlperiode (B7-0091/2010); danach soll die Kommission binnen drei Monaten über die Weiterbehandlung einer indirekten Initiative des EP berichten und spätestens nach einem Jahr einen Gesetzesvorschlag vorlegen müssen.

[23] Diese werden auch im Internet übertragen: www.europarltv.europa.eu/.

[24] Diese betreffen einerseits die Kontrolle der Abgrenzung von Angelegenheiten der GASP zu den anderen Zuständigkeiten der EU, andererseits die Überwachung der Rechtmäßigkeit von Beschlüssen über restriktive Maßnahmen gegenüber natürlichen oder juristischen Personen.

[25] EuGH 7.7.2005, Rs C-147/03, *Kommission/Österreich (Hochschulzugang)*, Slg 2005, I-5969.

[26] EuGH 4.7.2000, Rs C-387/97, *Kommission/Griechenland (Mülldeponie)*, Slg 2000, I-5047.

[27] EuGH 12.7.2005, Rs C-304/02, *Kommission/Frankreich (Fischbestände)*, Slg 2005, I-6263.

[28] EuGH 5.10.2000, Rs C-376/98, *Deutschland/Parlament und Rat (Tabakwerke-RL)*, Slg 2000, I-8419.

[29] Zu Bestellung und Aufgaben vgl im Einzelnen Art 41ff der VO 2001/45/EG, ABl Nr L 8/2001, 1.

[30] Interinstitutionelle Vereinbarung über die Haushaltsdisziplin und die wirtschaftliche Haushaltsführung, ABl Nr C 139/2006, 1, idF ABl Nr L 347/2009, 26.

[31] Beschluss 2007/436/EG, Euratom, ABl Nr L 163/2007, 17.

[32] Vor dem Inkrafttreten des VvL auf der Grundlage des EUV erlassene Rechtsakte („altes" Unionsrecht) werden aber nicht automatisch zu supranationalem Unionsrecht (neu), sondern bleiben so lange – lediglich völkerrechtlich – verbindlich, bis sie aufgehoben, für nichtig erklärt oder geändert werden (Art 9 des Protokolls Nr 36 über die Übergangsbestimmungen).

[33] Vgl den Vorschlag der Kommission für eine VO des EP und des Rates über die Regeln und allgemeinen Grundsätze betreffend den Kontrollmechanismus der Mitgliedstaaten gegenüber der Ausübung der Durchführungsbefugnisse durch die Kommission vom 9.3.2010, KOM(2010) 83 endg.

[34] VO 2007/717/EG, ABl Nr L 171/2007, 32, idF VO 2009/544/EG, ABl Nr L 167/2009, 12.

[35] VO 2913/1992/EWG, ABl Nr L 302/1992, 1, idF VO 1791/2006/EG, ABl Nr L 363/2006, 1.

[36] ö BGBl 50/1995, zuletzt geändert durch das Gesetz ö BGBl I 34/2010. Im Internet über das Rechtsinformationssystem abrufbar unter www. ris. bka.gv.at/bundesrecht.

[37] IdF der Bekanntmachung dt BGBl 2002 I 3866, zuletzt geändert durch das Gesetz dt BGBl 2009 I 2474. Im Internet über das Bundesministerium für Justiz abrufbar unter www.gesetze-im-internet.de.

[38] EuGH 14.12.2006, Rs C-252/06, *Kommission/Deutschland (RL Versicherungsvermittlung)*, Slg 2006, I-140.

[39] EuGH 10.5.2007, Rs C-508/04, *Kommission/Österreich (FFH-RL)*, Slg 2007, I-3787.

[40] EuGH 18.1.1982, Rs 8/81, *Becker*, Slg 1982, 53.

[41] EuGH 14.7.1994, Rs C-91/92, *Faccini Dori*, Slg 1994, I-3325.

[42] Empfehlung 2010/410/EU, ABl Nr L 191/2010, 28.

[43] ZB Art 81 Abs 3 AEUV (Maßnahmen zum Familienrecht mit grenzüberschreitendem Bezug), Art 153 Abs 2 AEUV (bestimmte Bereiche des Arbeitsrechts) oder Art 192 Abs 2 AEUV (bestimmte Umweltschutzmaßnahmen).

[44] Art 81 Abs 3 AEUV (Maßnahmen zum Familienrecht mit grenzüberschreitendem Bezug).

[45] Art 48 Abs 2 AEUV.

[46] Art 82 Abs 3 und 83 Abs 3 AEUV.

[47] Art. 86 Abs. 1 AEUV.

[48] Art 87 Abs 3 AEUV.

[49] Weitere Informationen auf www.europarl.europa.eu/parliament/expert/staticDisplay.do?id=65&pageRanc=1&language=de.

[50] KOM(2008) 323 vom 27.5.2008.

[51] www.ec.europa.eu/civil_society/index_de.htm.

[52] Siehe den einleitenden Hinweis.

[53] EuGH 5.2.1963, Rs 26/62, *van Gend & Loos*, Slg 1963, 11.

[54] EuGH 15.7.1964, Rs 6/64, *Costa/ENEL*, Slg 1964, 1251.

[55] Siehe Endnote 54.

[56] EuGH 9.3.1978, Rs 106/77, *Simmenthal II*, Slg 1978, 629.

[57] EuGH 17.12.1970, Rs 11/70, *Internationale Handelsgesellschaft*, Slg 1970, 1125.

[58] EuGH 22.10.1998, Rs C-10/97 ua, *IN.CO.GE 90 ua*, Slg 1998, I-6307.

[59] Siehe Endnote 56.

[60] EuGH 22.6.1989, Rs 103/88, *Fratelli Costanzo SPA*, Slg 1989, 1839.

[61] EuGH 25.7.2008, Rs C-127/08, *Metock*, Slg 2008, 6241.

[62] EuGH 19.6.1990, Rs C-213/89, *Factortame*, Slg 1990, I-2433.

[63] EuGH 23.3.1982, Rs 53/81, *Levin*, Slg 1982, 1035.

[64] EuGH 17.12.1980, Rs 149/79, *Kommission/Belgien (öffentliche Verwaltung)*, Slg 1982, 1845.

[65] EuGH 12.7.1990, Rs C-188/89, *Foster*, Slg 1990, I-3313.

[66] RL 76/207/EWG, zwischenzeitlich neu gefasst durch die RL 2006/54/EG, ABl Nr L 204/2006, 23.

[67] EuGH 4.7.2006, Rs C-212/04, *Adeneler ua*, Slg 2006, I-6057.

[68] EuGH 10.4.1984, Rs 14/83, *von Colson und Kamann*, Slg 1984, 1891.
[69] Siehe Endnote 66.
[70] EuGH 19.11.1991, Rs C-6/90, *Francovich*, Slg 1991, I-5359.
[71] EuGH 5.3.1996, Rs C-46/93 us, *Brasserie du pecheur und Factortame*, Slg 1996, I-1029.
[72] EuGH 30.9.2003, Rs C-224/01, *Köbler*, Slg 2003, I-10239.
[73] EuGH 26.09.2000, Rs C-205/98, *Kommission/Österreich (Brennermaut)*, Slg 2000, I-7367.
[74] RL 2000/78/EG, ABl Nr L 303/2000, 16.
[75] Siehe Endnote 35.
[76] EuGH 21.9.1983, Rs 215/82, *Deutsche Milchkontor*, Slg 1983, 2633.
[77] EuGH 2.10.2003, RsC-147/01, *Weber's Wine World*, Slg 2003, I-11365.
[78] EuGH 16.5.2000, Rs C-78/98, *Preston*, Slg 2000, I-3201.
[79] EuGH 12.12.2002, Rs C-470/99, *Universale Bau*, Slg 2002, I-11617.
[80] EuGH 17.11.1998, Rs C-228/96, *Aprile*, Slg 1998, I-7141.
[81] EuGH 24.3.2009, Rs C-445/06, *Danske Slagterrier*, Slg 2009, I-2119.
[82] EuGH 16.12.1986, Rs 45/76, *Comet*, Slg 1976, 2043.
[83] EuGH 19.9.2006, Rs C-506/04, *Wilson*, Slg 2006, I-8613.
[84] VO 2009/207/EG, ABI Nr L 78/2009, 1; beachte auch die RL 2008/95/EG zur Angleichung der Rechtsvorschriften der Mitgliedstaaten über die Marken, ABI Nr L 2008/299, 25.
[85] VO 2002/6/EG über das Gemeinschaftsgeschmackmuster, ABI Nr L 2002/3, 1.
[86] VO 1994/2100/EG über den gemeinschaftlichen Sortenschutz, ABI Nr L 227/1994, 1.
[87] „Eine neue Strategie für den Binnenmarkt", *Mario Monti*, 9.5.2010; abrufbar unter www.ec.europa.eu/internal_market/strategy/docs/monti_report_final_10_05_2010_de.pdf.
[88] ABl Nr. L 176/2009, 17.
[89] VO 1612/68/EWG, ABl Nr L 257/1968, 2, idF der RL 2004/38/EG, ABl Nr L 229/2004, 35. Eine Kodifikation ist aktuell in Vorbereitung (KOM[2010]204 endg vom 5.5.2010).
[90] VO 2004/883/EG, ABl Nr L 200/2004, 1, idF VO 2009/988/EG, ABl Nr L 284/2009, 43. Beachte auch die dazu erlassene Durchführungs-VO 2009/987/EG, ABl Nr. L 284/2009, 1.
[91] VO 2001/2157/EG, ABl Nr L 294/2001, 1.
[92] VO 2003/1435/EG, ABl Nr L 207/2003, 1.
[93] KOM(2008) 396 eng vom 25.6.2008.
[94] RL 96/71/EG, ABl Nr L 18/1997, 1.
[95] RL 2006/123/EG, ABl Nr L 376/2006, 36.
[96] http://ec.europa.eu/internal_market/imi-net/index_de.html.
[97] RL 2005/36/EG, ABl Nr L 255/2005, 22, idF VO 2009/279/EG, ABl Nr L 93/2009, 11. www.ec.europa.eu/internal_market/qualifications.
[98] Siehe bei Endnote 96.
[99] RL 2004/17/EG, ABl Nr L 134/2004, 1, und RL 2004/18/EG, ABl Nr L 134/2004, 114.

[100] Diese sind aktuell in der VO 2009/1177/EG, ABl Nr L 314/2009, 64, festgelegt.

[101] Siehe dazu das TED (Tenders Electronic Daily), die Onlineversion des Supplements zum ABl für das europäische öffentliche Auftragswesen unter http://ted.europa.eu/TED/main/HomePage.do.

[102] RL 89/665/EWG, ABl Nr L 395/1989, 33, idF ABl Nr L 2007/335, 31; RL 92/13/EG, ABl Nr L 76/1992, 14, idF ABl Nr L 335/2007, 31.

[103] EuGH 15.1.1998, Rs C-44/96, *Mannesmann Anlagenbau Austria AG*, Slg 1998, I-73.

[104] EuGH 27.2.2003, Rs C-373/00, *Truley*, Slg 2003, I-1931.

[105] EuGH 3.10.2000, Rs C-380/98, *University of Cambridge*, Slg 2000, I-8035.

[106] RL 2007/64/EG, ABl Nr L 2007/319, 1, berichtigt durch ABl Nr L 2009/187, 5.

[107] Weitere Informationen dazu auf http://ec.europa.eu/internal_market/payments/sepa/index_de.htm.

[108] VO 2009/924/EG, ABl Nr L 2009/266, 11.

[109] EuGH 26.11.1999, Rs C-18/95, *Terhoeve*, Slg 1999, I-345.

[110] EuGH 18.7.2007, Rs C-212/05, *Hartmann*, Slg 2007, I-6303.

[111] EuGH 11.7.2002, Rs C-60/00, *Carpenter*, Slg 2002, I-6279.

[112] Vgl – insbesondere hinsichtlich der Freizügigkeit der Arbeitnehmer – für Rumänien und Bulgarien die Anhänge VI und VII der Beitrittsakte, ABl Nr L 157/2005, 278 bzw 311.

[113] EuGH 30.11.2000, Rs C-195/98, *ÖGB/Östereich*, Slg 2000, I-10497.

[114] EuGH 29.11.2007, Rs C-393/05, *Kommission/Österreich (ökologischer Landbau)*, Slg 2007, I-10195.

[115] EuGH 15.12.1995, Rs C-415/93, *Bosman*, Slg 1995, I-4921.

[116] EuGH , Rs C-341/05, *Laval*, Slg 2007, I-11767.

[117] EuGH 11.12.2007, Rs C-438/05, *Viking Line*, Slg 2007, I-10779.

[118] EuGH 6.6.2000, Rs C-281/98, *Angonese*, Slg 2000, I-4139.

[119] EuGH 17.7.2008, Rs C-94/07, *Raccanelli*, Slg 2008, I-5939.

[120] EuGH 12.3.1987, Rs 178/84, *Kommission/Deutschland (Reinheitsgebot für Bier)*, Slg 1987, 1227.

[121] EuGH 16.3.2003, Rs C-388/01, *Kommission/Italien (Einheimischentarife)*, Slg 2003, I-721.

[122] EuGH 7.5.1998, Rs C-350/96, *Clean Car Autoservice*, Slg 1998, I-2521.

[123] EuGH 29.4.2004, Rs C-482/01, *Orfanopoulos*, Slg 2004, I-5257.

[124] EuGH 11.7.1974, Rs 8/74, *Dassonville*, Slg 1974, 837.

[125] EuGH 30.11.1995, Rs C-55/94, *Gebhard*, Slg 1995, I-4165.

[126] EuGH 24.11.2005, Rs C-366/04, *Schwarz*, Slg 2005, I-10139.

[127] EuGH 10.3.2009, Rs C-169/07, *Hartlauer*, Slg 2009, I-1721.

[128] EuGH 20.2.1979, Rs 120/78, *Cassis de Dijon*, Slg 1979, 649.

[129] Siehe Endnote 126.

[130] Siehe Endnote 126.

[131] Siehe Endnote 111.

[132] EuGH 24.11.1993, Rs C-267 ua, *Keck*, Slg 1993, I-6097.

[133] EuGH 2.6.1994, Rs C-69/93 ua, *Punto Casa*, Slg 1994, I-2355.

134 Siehe Endnote 132.
135 EuGH 25.3.2004, Rs C-71/02, *Karner*, Slg 2004, I-3025.
136 EuGH 5.4.2001, Rs C-123/00, *Bellamy*, Slg 2001, I-2795.
137 EuGH 29.6.1995, Rs C-391/92, *Kommission/Griechenland (Säuglingsmilch)*, Slg 1995, I-1621.
138 EuGH 11.12.2003, Rs C-322/01, *DocMorris*, Slg 2003, I-14887.
139 EuGH 10.11.2982, Rs 261/81, *Rau*, Slg 1982, 3961.
140 Siehe Endnote 120.
141 Siehe Endnote 126.
142 EuGH 6.7.1995, Rs C-470/93, *Mars*, Slg 1995, I-1936.
143 EuGH 26.10.1995, Rs C-51/94, *Kommission/Deutschland (Sauce hollandaise)*, Slg 1995, I-3599.
144 EuGH 10.2.2009, Rs C-110/05, *Kommission/Italien (Anhänger)*, Slg 2009, I-519.
145 EuGH 17.7.2008, Rs C-500/06, *Corporacion Dermoestetica*, Slg 2008, I-5785.
146 EuGH 17.6.1997, Rs C-70/95, *Sodemare*, Slg 1996, I-3395.
147 EuGH 17.1.2000, Rs C-190/98, *Graf*, Slg 2000, I-493.
148 EuGH 20.6.1996, Rs C-418/93, *Semeraro Casa Uno*, Slg 1996, I-2975.
149 EuGH 9.12.1997, Rs C-265/95, *Kommission/Frankreich (Bauernproteste)*, Slg 1997, I-6959.
150 Siehe Endnote 25.
151 EuGH 24.11.1998, Rs C-274/96; *Bickel und Franz*, Slg 1998, I-7637,.
152 EuGH 2.10.1997, Rs C-122/96, *Saldanha*, Slg 1997, I-5325.
153 EuGH 12.5.1998, Rs C-85/96, *Sala*, Slg 1998, I-2691.
154 EuGH 1.10.2009, Rs C-103/08, *Gottwald*, noch nicht in der Slg.
155 Siehe Endnote 152.
156 EuGH 2.3.2010, Rs C-135/08, *Rottmann*, noch nicht in der Slg.
157 EuGH 20.9.2001, Rs C-184/99, *Grzelczyk*, Slg 2001, I-6193.
158 RL 94/80/EG, ABl Nr L 268/1994, 39, idF RL 2006/106/EG, ABl Nr L 363/2006, 409.
159 RL 93/109/EG, ABl L 1993/329, 34.
160 ABl Nr L 145/2001, 43.
161 EuGH 9.11.2006, Rs C-520/04, *Turpeinen*, slg 2006, I-10685.
162 EuGH 17.1.2008, Rs C-152/05, *Kommission/Deutschland (Eigenheimzulage)*, Slg 2008, I-39.
163 RL 2004/38/EG, ABl Nr L 229/2004, 35.
164 EuGH 7.9.2004, Rs C-456/02, *Trojani*, Slg 2004, I-7573.
165 KOM(2010) 119 endg vom 31.3.2010.
166 ABl Nr C 2000/364, 1.
167 ABl Nr C 2007/303, 1.
168 *„nulla poena sine lege"* („keine Strafe ohne Gesetz").
169 *„ne bis in idem"* („nicht zweimal in derselben Sache").
170 Art 44a der VO 2005/1290/EG.
171 Schlussanträge liegen schon vor; GA *Sharpston*, EuGH, Rs C-92/09 ua, *Schecke*, SA vom 17.6.2010.

172 ABl Nr. L 105/2006, 54.

173 Bei Abschluss des Manuskripts war dieses jedoch noch nicht beim EuGH anhängig.

174 EuGH 25.11.1986, Rs 201/85, *Klensch*, Slg 1986, 3477.

175 EuGH 13.7.1989, Rs 5/88, *Wachauf*, Slg 19892609.

176 EuGH 29.1.2008, Rs C-275/06, *Promusicae*, Slg 2008, I-271.

177 EuGH 3.5.2005, Rs C-387/02, *Berlusconi*, Slg 2005, I-3565.

178 EuGH 12.6.2003, Rs C-112/00, *Schmidberger*, Slg 2003, I-5659.

179 EuGH 14.10.2004, Rs C-36/02, *Omega*, Slg 2004, I-9609.

180 Dok 10881/03, www.consilium.europa.eu/uedocs/cmsUpload/031208ESSIIDE.pdf.

181 Die wichtigsten Errungenschaften und künftigen Herausforderungen der Politik der EU zur Terrorismusbekämpfung werden in der Mitteilung der Kommission KOM(2010) 386 vom 20.7.2010 dargestellt. S auch das lange umstrittene und am 1.8.2010 in Kraft getretene sog SWIFT-Abkommen zwischen der EU und den USA über die Verarbeitung von Zahlungsverkehrsdaten und deren Übermittlung zum Aufspüren der Finanzierung des Terrorismus, ABl Nr L 195/2010, 5.

182 www.ec.europa.eu/world/enp.

183 www.ec.europa.eu/world/enp/funding_de.htm.

184 www.ec.europa.eu/europeaid/where/neighbourhood/regional-cooperation/irc/investment_de.htm.

185 www.ec.europa.eu/external_relations/euromed.

186 www.ec.europa.eu/external_relations/blacksea.

187 www.ec.europa.eu/external_relations/eastern.

188 www.ec.europa.eu/development/geographical/regionscountries/euafrica_en.cfm.

189 www.ec.europa.eu/external_relations/russia.

190 www.eeas.europa.eu.

191 ABl Nr L 201/2010, 30.

192 KOM(2009) 262 vom 10.6.2009.

193 Für das Vereinigte Königreich, Irland und Dänemark sind hinsichtlich der Beteiligung am gesamten Politikbereich Sonderregelungen in Protokollen zum VvL vereinbart.

194 Beschluss 2008/615/JI, ABl Nr L 210/2008, 1.

195 ABl Nr C 53/2005, 1.

196 ABl Nr C 115/2010, 1.

197 KOM(2010) 171 vom 20.4.2010.

198 Einen Überblick über die schon bestehenden, noch in Umsetzung begriffenen oder in Betracht gezogenen Maßnahmen, mit denen die Erhebung, die Speicherung und der grenzübergreifende Austausch personenbezogener Daten zu Zwecken der Strafverfolgung und Migrationssteuerung geregelt wird, enthält die Mitteilung der Kommission über das Informationsmanagement im Bereich Freiheit, Sicherheit und Recht, KOM(2010) 385 vom 20.7.2010. Alle Dokumente zu diesem Politikbereich s www.ec.europa.eu/justice_home/doc_centre.

[199] Dok 5842/2/10, www.register.consilium.europa.eu/pdf/de/10/st05/st05842-re02.de10.pdf.

[200] Schengen-Besitzstand, ABl Nr L 239/2000, 1, idF VO 2010/265/EG, ABl Nr L 85/2010, 1; Protokoll Nr 19 zum VvL. Näher dazu s auch www.ec.europa.eu/youreurope/nav/de/citizens/travelling/schengen-area/index.html.

[201] VO 2006/1987/EG, ABl Nr L 381/2006, 4; Beschluss 2007/533/JI, ABl Nr L 205/2007, 63.

[202] ECRIS steht für „European Criminal Records Information System".

[203] SIRENE steht für „Supplementary Information Request at the National Entry".

[204] Schengener Grenzkodex, VO 2006/562/EG, ABl Nr L 105/2006, 1.

[205] www.frontex.europa.eu.

[206] VO 2009/810/EG, ABl Nr L 243/2009 1.

[207] VO 2008/767/EG, ABl Nr L 218/2008, 60.

[208] VO 2003/343/EG, ABl Nr L 50/2003, 1. S Vorschlag für eine Neufassung KOM(2008) 820 vom 3.12.2008.

[209] RL 2003/9/EG, ABl Nr L 31/2003, 18. S Vorschlag für eine Neufassung KOM(2008) 815 vom 3.12.2008.

[210] RL 2001/55/EG, ABl Nr L 212/2001, 12.

[211] RL 2004/83/EG, ABl Nr L 304/2004, 12. S Vorschlag für eine Neufassung KOM(2009) 551 vom 23.10.2009.

[212] RL 2005/85/EG, ABl Nr L 326/2005, 13. S Vorschlag für eine Neufassung KOM(2009) 554 vom 22.10.2009.

[213] KOM(2008) 360 vom 17.6.2008.

[214] KOM(2008) 359 vom 17.6.2008.

[215] RL 2009/50/EG, ABl Nr L 155/2009, 17.

[216] KOM(2007) 638 vom 23.10.2007.

[217] KOM(2010) 379 vom 14.7.2010.

[218] KOM(2010) 378 vom 14.7.2010.

[219] KOM(2006) 402 vom 19.7.2006.

[220] Dok 13444/08, www.register.consilium.europa.eu/pdf/de/08/st13/st13440.de08.pdf.

[221] RL 2008/115/EG, ABl Nr L 348/2008, 98.

[222] RL 2009/52/EG, ABl Nr L 168/2009, 24.

[223] KOM (2010) 213 vom 6.5.2010.

[224] www.eurojust.europa.eu.

[225] www.ejn-crimjust.europa.eu.

[226] www.europol.europa.eu.

[227] www.cepol.europa.eu.

[228] Rahmenbeschluss 2002/584/JI, ABl Nr L 190/2002, 1.

[229] ABl Nr C 165/2010, 22.

[230] Rahmenbeschluss 2005/214/JI, ABl Nr L 76/2005, 16.

[231] KOM(2008) 151 vom 19.3.2008.

[232] VO 2001/44/EG, ABl Nr L 12/2001, 1.

[233] VO 2003/2201/EG, ABl Nr L 338/2003, 1, idF VO 2004/2116/EG, ABl Nr L 367/2004, 1.

234 VO 2008/593/EG, ABl Nr L 177/2008, 6.
235 VO 2007/864/EG; ABl Nr L 199/2007, 40.
236 VO 2009/4/EG, ABl Nr L 7/2009, 1.
237 KOM(2010) 105 vom 30.3.2010 und ABl Nr L 189/2010,12.
238 VO 2004/805/EG, ABl Nr L 143/2004, 15.
239 VO 2006/1896/EG, ABl Nr L 399/2006, 1.
240 VO 2007/861/EG, ABl Nr L 199/2007, 1.
241 RL 2008/52/EG, ABl Nr L 136/2008, 3.
242 KOM(2009) 0154 vom 14.10.2009.
243 www.successions-europe.eu.
244 KOM(2010) 348 vom 1. 7. 2010.
245 www.ec.europa.eu/civiljustice.
246 ABl Nr C 75/2009, 1. Ein nützliches Produkt ist das Europäische E-Justiz-Portal https://e-justice.europa.eu.
247 VO 2005/1290/EG, ABl Nr L 209/2005, 1, idF VO 2009/473/EG, ABl Nr L 144, 1; näher dazu www.ec.europa.eu/agriculture/fin/index_de.htm.
248 VO 2007/1234/EG, ABl Nr L 299/2007, 1, idF VO 2009/73/EG, ABl Nr L 30/2009, 16.
249 Den Erfordernissen des Wohlergehens der Tiere als fühlenden Wesen ist nach Art 13 AEUV bei der Festlegung und Durchführung der Politik der Union in den Bereichen Landwirtschaft, Fischerei, Verkehr, Binnenmarkt, Forschung, technologische Entwicklung und Raumfahrt in vollem Umfang Rechnung zu tragen, weshalb dazu ein spezieller Aktionsplan aufgestellt wurde.
250 VO 2005/1290/EG, ABl Nr L 209/2005, 1, idF VO 2009/473/EG, ABl Nr L 144/2009, 3.
251 VO 2005/1698/EG, ABl Nr L 277/2005, 1, idF VO 2009/473/EG, ABl Nr L 144/2009, 3.
252 Entscheidung 2009/782/EG, ABl Nr L 278/2009, 62.
253 Beschluss 2006/144/EG, ABl Nr L 55/2006, 20.
254 VO 2008/479/EG, ABl Nr. L 148/2008, 1, Berichtigung ABl Nr L 220/2008, 35; näher dazu www.ec.europa.eu/agriculture/capreform/wine.
255 www.ec.europa.eu/agriculture/cap-debate.
256 www.ec.europa.eu/fisheries/index_de.htm.
257 VO 2000/104/EG, ABl Nr L 17/2000, 22, idF VO 2006/1759/EG, ABl Nr L 335/2006, 3.
258 VO 2002/2371/EG, ABl Nr L 358/2002, 59, idF VO 2007/865/EG, ABl Nr L 192/2007, 1.
259 VO 2008/1005/EG, ABl Nr L 286/2008, 1; www.cfca.europa.eu.
260 VO 2006/1198/EG, ABl Nr L 223/2006, 1.
261 VO 2007/498/EG, ABl Nr L 120/2007, 1.
262 www.ec.europa.eu/fisheries/reform/index_de.htm.
263 Siehe zuletzt 5. Köhäsionsbericht www.ec.europa.eu/regional_policy/sources/docoffic/official/repor_de.htm.

[264] VO 2006/1083/EG, ABl Nr L 210/2006, 25, idF VO 2010/539/EU, ABl Nr L 158/2010, 5; Durchführungs-VO 2006/1828/EG, ABl Nr L 45/2007, 3, idF VO 2010/832/EU, ABl Nr L 248/2010, 1.

[265] VO 2006/1080/EG, ABl Nr L 210/2006, 1; näher dazu www.ec.europa.eu/regional_policy/funds/feder/index_de.htm.

[266] VO 2006/1081/EG, ABl Nr L 210/2006, 12; näher dazu www.ec.europa.eu/regional_policy/funds/fse/index_de.htm.

[267] VO 2006/1084/EG, ABl Nr L 210/2006, 79; näher dazu www.ec.europa.eu/regional_policy/funds/cf/index_de.htm.

[268] VO 2006/1082/EG, ABl Nr L 210/2006, 19; näher dazu www.ec.europa.eu/regional_policy/glossary/european_grouping_for_territorial_cooperation_de.htm.

[269] Zudem erleichtert die EIB durch Darlehen und Bürgschaften die Finanzierung von Vorhaben zur Erschließung strukturell benachteiligter Gebiete.

[270] Entscheidung 2006/594/EG, ABl Nr L 243/2006, 37, idF Entscheidung 2007/191/EG, ABl Nr L 87/2007, 18.

[271] Das BIP ist immer noch Standard-Benchmark für die makroökonomische Tätigkeit. In Diskussion steht die Ergänzung des BIP durch ökologische und soziale Indikatoren.

[272] Entscheidung 2006/593/EG, ABl Nr L 243/2006, 32.

[273] Entscheidung 2007/349/EG, ABl Nr L 131/2007, 24.

[274] Entscheidung 2006/702/EG, ABl Nr L 291/2006, 11.

[275] www.ec.europa.eu/regional_policy/sources/docoffic/official/reports/som_de.htm.

[276] www.bmvbs.de/Raumentwicklung/Europaeische-Raumentwicklung-,2951/Territoriale-Agenda-der-EU.htm.

[277] Zur städtischen Dimension der Gemeinschaftspolitik s www.ec.europa.eu/regional_policy/sources/docgener/guides/urban/index_de.htm.

[278] www.ec.europa.eu/regional_policy/consultation/index_de.htm.

[279] Teil I der integrierten Leitlinien zu Europa 2020, s http://register.consilium.europa.eu/pdf/de/10/st11/st11646.de10.pdf.

[280] Teil II der integrierten Leitlinien zu Europa 2020; s unten I.

[281] www.ec.europa.eu/europe2020.

[282] www.ec.europa.eu/economy_finance/euro/adoption.

[283] Entschließung des Europäischen Rates über den Stabilitäts- und Wachstumspakt, VO des Rates über den Ausbau der haushaltspolitischen Überwachung und der Überwachung und Koordinierung der Wirtschaftspolitiken, VO des Rates über die Beschleunigung und Klärung des Verfahrens bei einem übermäßigen Defizit: s www.ec.europa.eu/economy_finance/sgp.

[284] KOM(2010) 367 vom 30.6.2010, KOM(2010) 522-527 vom 29.9.2010.

[285] KOM(2010) 310 vom 2.6.2010, www.ec.europa.eu/internal_market/finances.

[286] VO 407/2010/EU, ABl Nr L 118/2010, 1.

[287] s VO 2003/1/EG, ABl Nr L 1/2003, 1.

[288] s VO 2003/1/EG, ABl Nr L 1/2003, 1.

289 s Fusionskontroll-VO 2004/139/EG, ABl Nr L 24/2004, 1.
290 VO 2004/139/EG, ABl Nr L 24/2004, 1.
291 KOM(2005) 107 vom 7.6.2005.
292 VO 2008/800/EG, ABl Nr L 214/2008, 3.
293 s hauptsächlich VO 2006/1998/EG, ABl Nr L 379/2006, 5.
294 Zu den damit verbundenen Informationspflichten der MS s die Transparenz-RL, RL 1980/723/EG, ABl Nr L 195/1980, 35.
295 RL 1997/67/EG, ABl Nr L 15/1998, 14, idF RL 2008/6/EG, ABl Nr L 52/2008, 3.
296 www.ec.europa.eu/services_general_interest/index_de.htm.
297 EuGH 24.7.2003, Rs C-280/00 *Altmark Trans GmbH*, Slg 2003, I-7747.
298 Datenbank zu den Steuern in Europa s www.ec.europa.eu/taxation_customs/taxinv.
299 KOM(2006) 823 vom 19.12.2006.
300 RL 2003/48/EG, ABl Nr L 157/2003, 38.
301 RL 2006/112/EG, ABl Nr L 347/2006, 1.
302 RL 2007/74/EG, ABl Nr L 346/2007, 6.
303 www.ec.europa.eu/taxation_customs/taxation/tax_cooperation/fiscalis_programme.
304 www.ec.europa.eu/taxation_customs/customs/cooperation_programmes/customs2013.
305 Im modernisierten Zollkodex, VO 450/2008/EG, ABl Nr L 145/2008, 1, sind die allgemeinen Vorschriften und Verfahren festgelegt, die auf die in das und aus dem Zollgebiet der Union verbrachten Waren Anwendung finden.
306 www.ec.europa.eu/enterprise/policies/sme/best-practices/charter.
307 www.ec.europa.eu/enterprise/policies/sme/small-business-act/index_de.htm.
308 KOM(2005) 474 vom 5.10.2005; näher dazu www.ec.europa.eu/enterprise/enterprise_policy/industry/index_de.htm.
309 Beschluss 2006/1639/EG, ABl Nr L 310/2006, 15; näher dazu www.ec.europa.eu/cip.
310 KOM(2010) 193 vom 27.4.2010.
311 KOM(2009) 257 vom 3.6.2009.
312 KOM(2007) 359 vom 27.6.2007.
313 www.ec.europa.eu/eulisses.
314 www.ec.europa.eu/eures.
315 www.europa.eu/epso.
316 KOM(2008) 412 vom 2.7.2008.
317 KOM(2008) 418 vom 2.7.2008.
318 KOM(2007) 62 vom 21.2.2007.
319 www.osha.europa.eu.
320 www.ec.europa.eu/social/main.jsp?langId=de&catId=418.
321 KOM(2010) 78 vom 5.3.2010, KOM(2010) 491 vom 21.9.2010.
322 www.eige.europa.eu.
323 Beschluss 2007/779/EG, ABl Nr L 173/2007, 19; näher dazu www.ec.europa.eu/justice_home/funding/daphne3/funding_daphne3_en.htm.

[324] KOM(2008) 420 vom 2.7.2008.
[325] VO 2006/1081/EG, ABl Nr L 210/2006, 12; näher dazu www.ec.europa.eu/employment_social/esf2000/2007–2013_de.html.
[326] Beschluss 2006/1672/EG, ABl Nr L 315/2006, 1 idF Beschluss 284/2010/EU, ABl Nr L 87/2010, 6; näher dazu www.ec.europa.eu/employment_social/progress/index_de.html.
[327] Beschluss 283/2010/EU, ABl Nr L 87/2010, 1.
[328] VO 2006/1927/EG, ABl Nr L 406/2006, 1.
[329] Beschluss 2003/174/EG, ABl Nr L 70/2003, 31.
[330] S RL 2010/18/EU, ABl Nr L 68/2010, 13.
[331] KOM(2007) 244 vom 10.5.2007.
[332] www.ec.europa.eu/employment_social/families.
[333] KOM(2010) 365 vom 7.7.2010.
[334] www.missoc.org.
[335] www.ec.europa.eu/environment/eussd.
[336] www.ec.europa.eu/environment/nature_biodiversity.
[337] Beschluss 2002/1600/EG, ABl Nr L 242/2002, 1; näher dazu www.ec.europa.eu/environment/newprg/strategies_en.htm.
[338] www.ec.europa.eu/environment/nature/home.htm.
[339] RL 1992/43/EWG, ABl Nr L 206/1992, 7, idF RL 2006/105/EG, ABl Nr L 363/2006, 368. Zu den neun biogeografischen Regionen Europas werden im ABl regelmäßig aktualisierte Listen von Gebieten von gemeinschaftlicher Bedeutung veröffentlicht, s zB ABl Nr L 30/2010, 1ff.
[340] RL 2009/147/EG, ABl Nr L 20/2010, 7.
[341] RL 2000/60/EG, ABl Nr L 327/2000, 1, idF RL 2008/105/EG, ABl Nr L 348/2008, 84.
[342] VO 2006/1907/EG, ABl Nr L 136/2007, 3, idF RL 453/2010/EU, ABl Nr L 133/2010; näher dazu www.echa.europa.eu.
[343] RL 2008/98/EG, ABl Nr L 312/2008, 3.
[344] RL 1999/31/EG ABl Nr L 182/1999, 1.
[345] VO 1013/2006/EG, ABl Nr L 190/2006, 1.
[346] www.ec.europa.eu/environment/soil.
[347] RL 2008/50/EG, ABl Nr L 152/2008, 1.
[348] RL 1985/337/EWG, ABl Nr L 175/1985, 40, idF RL 2003/35/EG, ABl Nr L 156/2003, 17.
[349] RL 2004/35/EG, ABl Nr L 143/2004, 56.
[350] RL 2008/99/EG, ABl Nr L 2008/328, 28.
[351] RL 2003/4/EG, ABl Nr L 41/2003, 26.
[352] VO 66/2010/EG, ABl Nr L 27/2010, 1; näher dazu www.ec.europa.eu/environment/ecolabel.
[353] VO 2009/1221/EG, ABl Nr L 342/2009, 1 (Öko-Audit-VO); näher dazu www.ec.europa.eu/environment/emas.
[354] www.ec.europa.eu/environment/air/pollutants/stationary/ippc/summary.htm.
[355] www.ec.europa.eu/environment/seveso.
[356] KOM(2007) 140 vom 28.3.2007.

357 KOM(2004) 38 vom 28.1.2004.

358 VO 2007/614/EG, ABl Nr L 149 /2007, 1; näher dazu www.ec.europa.eu/environment/life/home.htm.

359 www.eea.europa.eu.

360 KOM(2008) 46 vom 1.2.2008.

361 www.inspire.jrc.ec.europa.eu.

362 www.eper.ec.europa.eu.

363 Übereinkommen zum Schutz der Alpen, ABl Nr. L 61/1996, 32; näher dazu www.alpconv.org.

364 Beschluss 94/69/EG des Rates, ABl. Nr L 33/1994, 11.

365 ABl Nr L 130/2002, 1. S auch www.unfccc.int.

366 www.ec.europa.eu/environment/climat/home_en.htm. S. Entscheidung 406/2009/EG über die Anstrengungen der MS zur Reduktion ihrer Treibhausgasemissionen mit Blick auf die Erfüllung der Verpflichtungen der Gemeinschaft zur Reduktion der Treibhausgasemissionen bis 2020, ABl Nr L 140/2009, 136 sowie beispielhaft die weiteren in ABl Nr L 140/2009 veröffentlichten Rechtsakte.

367 Schlussfolgerungen vom 8./9. 3. 2007, Dok. 7224/01/07, 13.

368 www.ec.europa.eu/environment/climat/emission/ets_post2012_en.htm.

369 RL 2003/87/EG, ABl Nr L 275/2003, 32, idF RL 29/2009/EG, ABl Nr L 140/2009, 63; näher dazu www.ec.europa.eu/environment/climat/emission.htm.

370 KOM(2009) 147 vom 1.4.2009.

371 S die drei VO und zwei RL in ABl Nr L 211/2009.

372 Agency for the Cooperation of Energy Regulators.

373 Entscheidung 2006/1364/EG, ABl Nr L 262/2006, 1.

374 www.ec.europa.eu/energy/strategies.

375 www.ec.europa.eu/energy/technology/set_plan/set_plan_en.htm.

376 RL 2006/32/EG, ABl Nr L 114/2006, 64.

377 RL 2010/31/EU, ABl Nr L 153/2010, 13, berichtigt mit ABl Nr L 155/2010, 61.

378 RL 2009/125/EG, ABl Nr L 285/2009, 10.

379 RL 2010/30/EU, ABl Nr L 153/2010, 1.

380 Beschluss 2006/1639/EG, ABl Nr L 310/2006, 15; näher dazu www.ec.europa.eu/energy/intelligent/index_en.html.

381 Konsolidierte Fassung des Vertrages zur Gründung der Europäischen Atomgemeinschaft ABl Nr C 84/2010, 1, berichtigt mit ABl Nr C 181/2010, 1. s. www.ec.europa.eu/energy/nuclear/euratom/euratom_en.htm.

382 KOM(2009) 279 vom 17.6.2009.

383 RL 2010/40/EU, ABl Nr L 207/2010,1.

384 KOM(2010) 186 vom 28.4.2010.

385 KOM(2007) 606 vom 18.10.2007.

386 VO 2009/1072/EG, ABl Nr L 300/2009, 72 und VO 2009/1073/EG, ABl Nr L 300/2009, 88.

387 www.ec.europa.eu/transport/rail, KOM(2010) 474 vom 17.9.2010.

388 S die in ABl Nr L 315/2007 veröffentlichten Rechtsakte.
389 RL 2008/57/EG, ABl Nr L 191/2008, 1.
390 www.era.europa.eu.
391 www.ec.europa.eu/transport/air.
392 www.eurocontrol.int.
393 www.easa.europa.eu.
394 www.ec.europa.eu/transport/air-ban/list_de.htm.
395 www.ec.europa.eu/transport/maritime.
396 KOM(2009) 11 vom 21.1.2009.
397 www.emsa.europa.eu.
398 www.ec.europa.eu/transport/road.
399 RL 2006/38/EG, ABl Nr L 157/2006, 8.
400 KOM(2008) 436 vom 8.7.2008, s zum Werdegang www.ec.europa.eu/prelex/detail_dossier_print.cfm?CL=de&DosID=197238.
401 KOM(2008) 435 vom 8.7.2008.
402 www.alpconv.org/theconvention/conv02_de.
403 KOM(2010) 389 vom 20.7.2010; s www.ec.europa.eu/transport/road_safety.
404 RL 2008/68/EG, ABl Nr L 260/2008, 13.
405 www.ec.europa.eu/ten. Eine Revision des TEN-V mit Fokus auf die für ein Kernnetz prioritären Verbindungen und auf die Beseitigung insbesondere grenzüberschreitender Flaschenhälse ist in Ausarbeitung.
406 VO 2010/67/EG, ABl Nr L 27/2010, 20.
407 ABl Nr L 204/2010,1. www.bbt-se.com.
408 S Neufassung der Führerschein-RL, RL 126/2006/EG, ABl Nr L 403/2006, 18.
409 Entschließung 2009/C323/01, ABl Nr C 323/2009, 1; www.ec.europa.eu/research/rea.
410 www.ec.europa.eu/euraxess.
411 Beschluss 2006/1982/EG, ABl Nr L 412/2006, 1; näher dazu www.ec.europa.eu/research/fp7, cordis.europa.eu/fp7 und www.ec.europa.eu/research/sme-techweb.
412 www.ec.europa.eu/biotechnology.
413 www.eit.europa.eu.
414 www.erc.europa.eu.
415 www.jrc.ec.europa.eu.
416 www.cost.esf.org.
417 www.eurekanetwork.org.
418 www.esa.int; ABL Nr L 261/2004, 64 (Rahmenabkommen mit der ESA und Einrichtung eines Weltraumrates).
419 KOM(2007) 212 vom 26.4.2007 und KOM(2008) 561 vom 11.9.2008.
420 ABl Nr C 136/2007,1 und ABl Nr C 268/2008, 1.
421 VO 683/2008, ABl Nr L 196/2008, 1; KOM(2010) 308 vom 14.6.2010, näher dazu www.ec.europa.eu/galileo.
422 www.ec.europa.eu/gmes.
423 www.eumetsat.int.

424 RL 2002/77/EG, ABl Nr L 249/2002, 21.

425 ABl Nr L 108/2002.

426 ABl Nr L 337/2009.

427 RL 2010/13/EU, ABl Nr L 95/2010, 1.

428 www.ec.europa.eu/information_society/digital-agenda, KOM(2010) 245 vom 26.8.2010.

429 Beschluss 2006/1718/EG, ABl Nr L 327/2006, 12; näher dazu www.ec.europa.eu/information_society/media.

430 Schlussfolgerungen des Rates 2009/C 119/02, ABl Nr C 119/2009, 2.

431 ABl Nr C 135/2010.

432 www.ec.europa.eu/education/policies/educ/bologna/bologna_en.html.

433 www.ec.europa.eu/education/lifelong-learning-policy/doc48_de.htm.

434 www.ec.europa.eu/education/vocational-education/doc1143_de.htm.

435 Neue Impulse für die europäische Zusammenarbeit in der beruflichen Aus- und Weiterbildung gibt die Kommission in der Mitteilung KOM(2010) 296 vom 9.6.2010. Zum Europäischen Zentrum für die Förderung der Berufsbildung s www.cedefop.europa.eu..

436 www. ec.europa.eu/education/lifelong-learning-policy/doc50_de.htm.

437 Empfehlung 2008/C 111/01, ABl Nr C 111/2008, 1.

438 www.ec.europa.eu/education/lifelong-learning-policy/doc46_de.htm.

439 Beschluss 2006/1720/EG, ABl Nr L 327/2006, 45; näher dazu www.ec.europa.eu/education/lifelong-learning-programme/doc78_de.htm.

440 www.eurydice.org.

441 www.enic-naric.net.

442 www.conventions.coe.int/Treaty/ger/Treaties/Html/015.htm.

443 KOM(2007) 99 vom 30.3.2007.

444 KOM(2006) 744 vom 8.2.2007.

445 S zB Vorschlag für eine RL über Rechte der Verbraucher, KOM(2008) 614 vom 8.10.2008.

446 VO 2008/764/EG, ABl Nr L 218, 21 und VO 2008/765/EG, ABl Nr L 218, 30.

447 VO 2007/834/EG, ABl Nr L 189/2007, 1, idF VO 2008/967/EG, ABl Nr L 264/2008, 1; näher dazu www.organic-farming.europa.eu.

448 VO 2006/1924/EG, ABl Nr L 404/2006, 9, idF VO 2006/1924/EG, ABl Nr L 39/2008, 14.

449 ABl Nr L 354/2008.

450 www.efsa.europa.eu.

451 Die Neuerlassung der VO 1997/258/EG, ABl Nr L 43/1997, 1 steht unmittelbar bevor. Näher dazu www.ec.europa.eu/food/food/biotechnology/novelfood/index_en.htm.

452 RL 2001/18/EG, ABl Nr L 106/2001, 1, idF VO 2003/1830/EG, ABl Nr L 268/2003, 24. Der Vorschlag der Kommission KOM(2010) 375 vom 13.7.2010 zur Änderung dieser RL sieht die Möglichkeit nationaler Anbauverbote vor und erwartet sich im Gegenzug eine Vereinfachung des Zulassungsverfahrens. Näher dazu www.ec.europa.eu/food/food/biotechnology/index_de.htm.

[453] VO 2003/1829/EG, ABl Nr L 268/2003, 1, idF VO 2006/1981/EG, ABl Nr L 368/2006, 99.

[454] VO 2003/1830/EG, ABl Nr L 268/2003, 24.

[455] Beschluss 2006/1926/EG, ABl Nr L 404/2006, 39; näher dazu www.ec.europa.eu/consumers/overview/programme_2007–2013_de.htm.

[456] www.ec.europa.eu/consumers/ecc. Speziell zur außergerichtlichen Streitbeilegung im Bereich von Finanzdienstleistungen, zB grenzüberschreitende Überweisungen, s www.ec.europa.eu/internal_market/fin-net.

[457] www.ec.europa.eu/rapex.

[458] www.ec.europa.eu/information_society/eyouguide.

[459] KOM(2007) 630 vom 23.10.2007; www.ec.europa.eu/health/strategy/policy/index_en.htm.

[460] KOM(2004) 356 vom 30.4.2004.

[461] www.ehic.europa.eu. Die Karte soll – während eines vorübergehenden Aufenthalts in einem anderen MS – den gleichen Zugang zur öffentlichen Gesundheitsversorgung (Krankenhäuser, Ambulanzen, Ärzte, Apotheken) garantieren und die Erstattung der Sachleistungen beschleunigen. Die Karte gilt nicht für Behandlungen durch Ärzte und Krankenhäuser, die nicht dem gesetzlichen Versicherungssystem angehören, und nicht bei planmäßigen ärztlichen Behandlungen im Ausland.

[462] KOM(2009) vom 20.10.2009.

[463] www.ec.europa.eu/health-eu/care_for_me/mobility_in_europe/index_de.htm.

[464] Beschluss 2007/1350/EG, ABl Nr L 301/2007, 3; näher dazu www.ec.europa.eu/health/programme/policy/2008-2013/index_en.htm und www.ec.europa.eu/eahc.

[465] www.emea.europa.eu.

[466] KOM(2008) 130 vom 5.3.2008.

[467] KOM(2009) 82 vom 23.2.2009.

[468] RL 2007/60/EG, ABl Nr L 288/2007, 27.

[469] Entscheidung 2007/779/EG, ABl Nr L 314/2007, 9.

[470] Entscheidung 2007/162/EG, ABl Nr L 71/2007, 9.

[471] VO 2002/2012/EG, ABl Nr L 311/2002, 3.

[472] Entschließung 2007/C 287/01, ABl Nr C 287/2007, 1.

[473] KOM(2010) 183 vom 27.4.2010.

[474] Beschluss 2006/1855/EG, ABl Nr L 372/2006, 1, idF Beschluss 2008/1352/EG, ABl Nr L 348/2008, 128; näher dazu www.ec.europa.eu/culture/our-programmes-and-actions/doc411_de.htm.

[475] Schlussfolgerungen des Rates über den Beitrag der Kultur zur lokalen und regionalen Entwicklung, ABl Nr C 135/2010, 15.

[476] Beschluss 2006/1622/EG, ABl Nr L 304/2006, 1; näher dazu www.ec.europa.eu/culture/our-programmes-and-actions/doc413_de.htm.

[477] www.europeana.eu.

[478] Beschluss 2006/1904/EG, ABl Nr L 181/2007, 15, idF Beschluss 2008/1358/EG, ABl Nr L 350/2008, 58; näher dazu www.ec.europa.eu/citizenship/index_de.html.

479 KOM(2009) 200 vom 27.4.2009. S auch KOM(2010) 477 vom 15.9.2010.

480 Entschließung 2009/C 311/01, ABl Nr C 311/2009, 1.

481 Beschluss 2006/1719/EG, ABl Nr L 327/2006, 30, idF Beschluss 2008/1349/EG, ABl Nr L 348/2008, 113; näher dazu www.ec.europa.eu/youth/youth-in-action-programme/doc74_de.htm.

482 KOM(2006) 367 vom 4.7.2006.

483 KOM(2007) 391 vom 11.7.2007.

484 EuGH 15.12.1995, Rs C-415/93, *Bosman*, Slg 1995, I-4921 (s oben IV.A.7.b.).

485 KOM(2010) 352 vom 30.6.2010.

486 VO 1997/2026/EG, ABl Nr L 288/1997, 1; VO 1996/384/EG, ABl Nr L 56/1996, 1; VO 2003/452/EG, ABl Nr L 69/2003, 8.

487 www.wto.org. Die EU ist neben ihren MS Mitglied der WTO.

488 KOM(2006) 567 vom 4.10.2006.

489 Gemeinsame Erklärung 2006/C 46/2006, ABl Nr C 46/2006, 1.

490 www.un.org/millenniumgoals.

491 KOM(2010) 159 vom 21.4.2010.

492 www.acp.int.

493 ABl Nr L 317/2000 idF ABl Nr L 209/2005, 26.

494 www.ec.europa.eu/europaid.

495 VO 2006/1905/EG, ABl Nr L 378/2006, 41.

496 VO 2006/1889/EG, ABl Nr L 386/2006, 1.

497 www.ec.europa.eu/echo.

498 Gemeinsame Erklärung 2007/C 25/01, ABl Nr C 25/2007, 1; näher dazu www.ec.europa.eu/echo/policies/consensus_en.htm.

499 VO 1996/1257/EG, ABl Nr L 163/1996, 1.

500 VO 2006/1717/EG, ABl Nr L 327/2006, 1.

501 www.enterprise-europe-network.ec.europa.eu.

502 www.ec.europa.eu/europedirect.

503 www.ec.europa.eu/contracts_grants/beneficiaries_de.htm.

Sachregister